Treehouse Comix präsentieren stolz

DOG MAN

Von der Leine gelassen

Geschrieben und illustriert von DAV PILKEY
als George Beard und Harold Hutchins
Koloriert von Jose Garibaldi

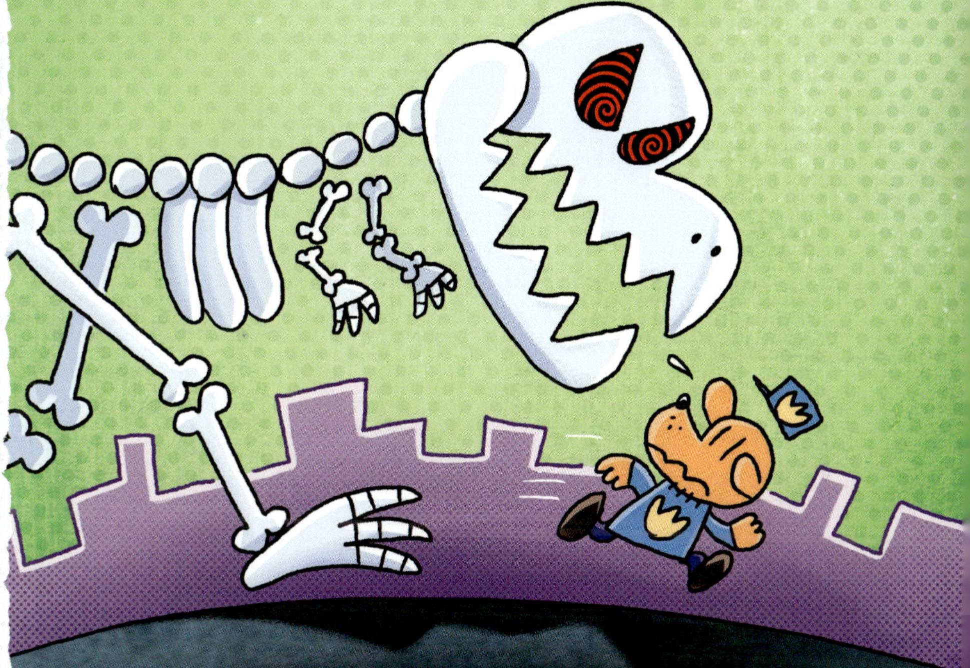

Für Phil Falco

Originally published in English as Dog Man Unleashed

www.pilkey.com

Dieses Werk wurde vermittelt durch die
Literarische Agentur Thomas Schlück GmbH, 30161 Hannover

www.adrian-verlag.de
Adrian & Wimmelbuchverlag GmbH
Friedrichstr. 126
10117 Berlin

Bei Fragen zur Produktsicherheit wenden Sie sich bitte an
post@wimmelbuchverlag.de

Korrektorat deutsche Ausgabe: Anne-Marie Schikowsky
Satz deutsche Ausgabe: Nicolaus-Johannes Heyse
Übersetzung: Gerda Maria Pum

ISBN 978-3-947-18859-8

 Printed 2026 in EU

Englische Ausgabe lektoriert von Anamika Bhatnagar
Buch Design von Dav Pilkey und Phil Falco
Koloriert von Jose Garibaldi
Kreativ-Direktor: David Saylor

Kapitel

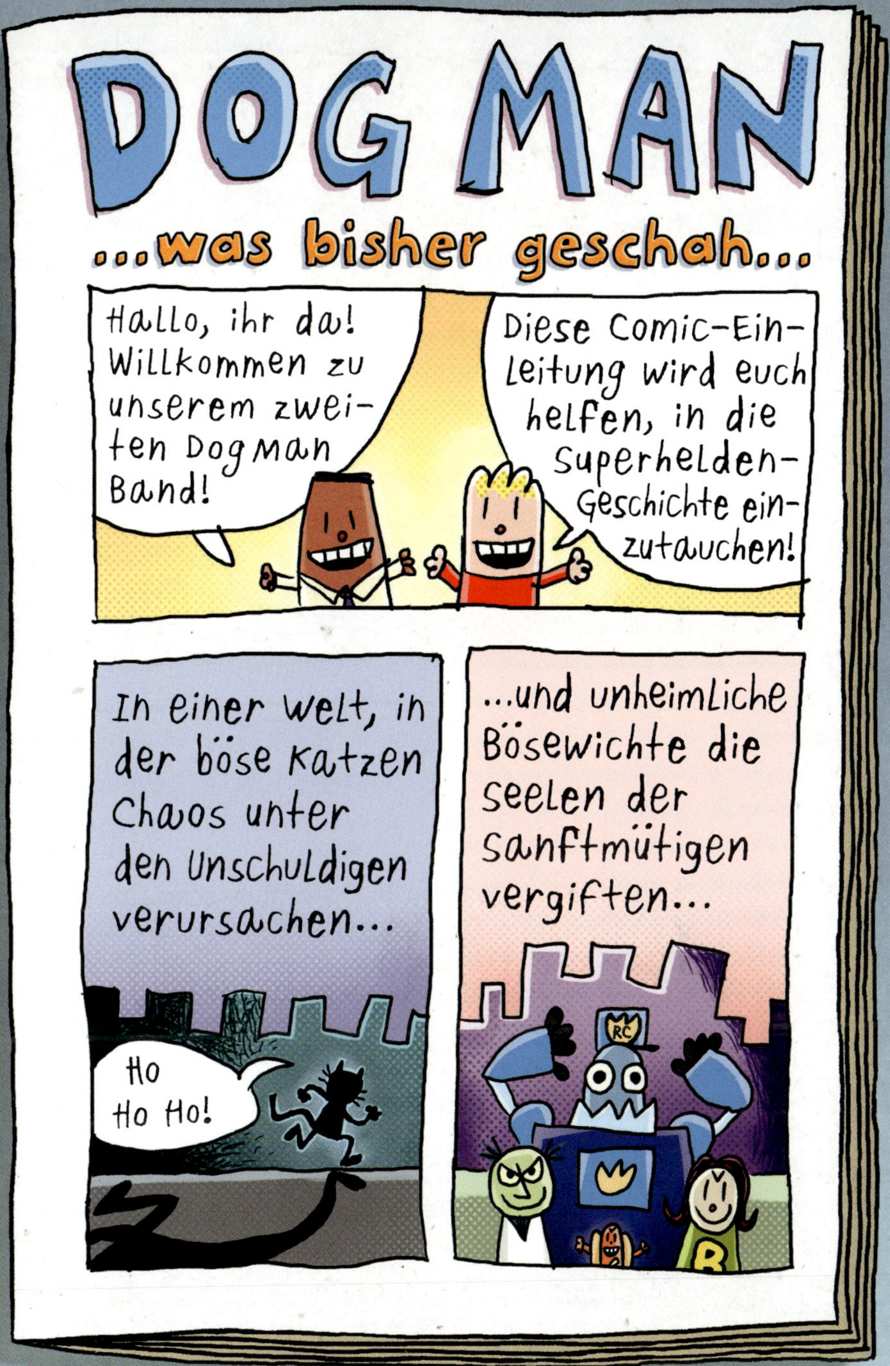
DOG MAN
...was bisher geschah...
Hallo, ihr da! Willkommen zu unserem zweiten Dog Man Band!
Diese Comic-Einleitung wird euch helfen, in die Superhelden-Geschichte einzutauchen!
In einer Welt, in der böse Katzen Chaos unter den Unschuldigen verursachen...
Ho Ho Ho!
...und unheimliche Bösewichte die Seelen der Sanftmütigen vergiften...
RC
B

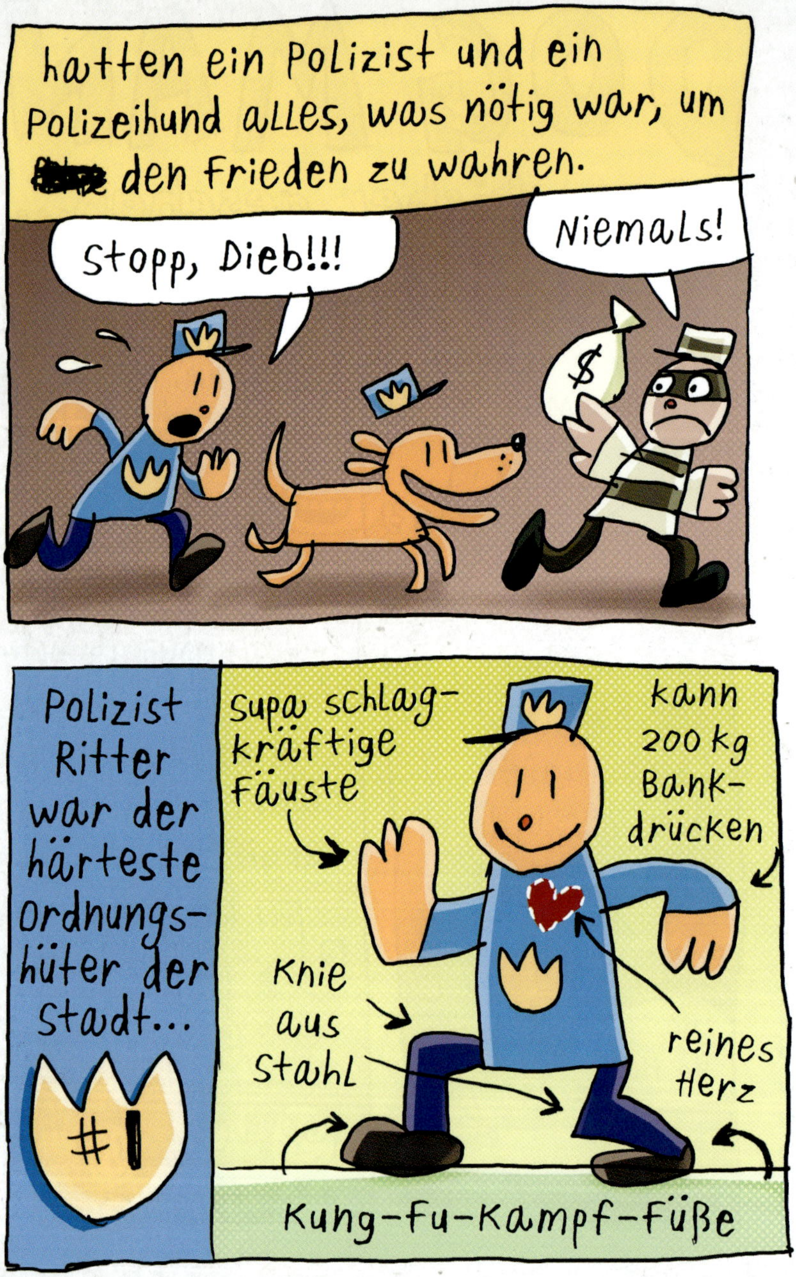
hatten ein Polizist und ein Polizeihund alles, was nötig war, um den Frieden zu wahren.
Stopp, Dieb!!!
Niemals!
$
Polizist Ritter war der härteste Ordnungshüter der Stadt …
#1
Supa schlagkräftige Fäuste
kann 200 kg Bankdrücken
Knie aus Stahl
reines Herz
Kung-Fu-Kampf-Füße

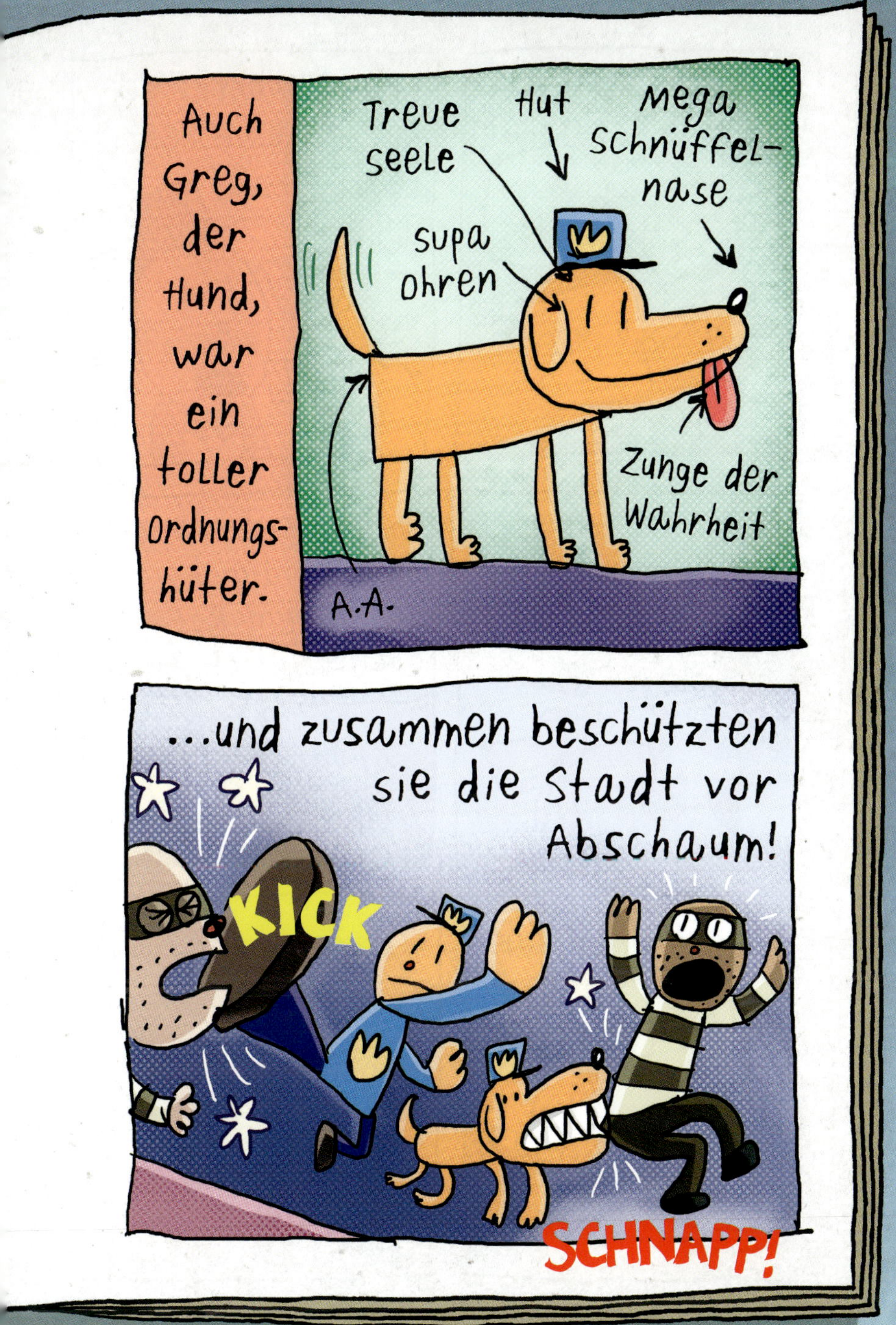
Auch Greg, der Hund, war ein toller Ordnungshüter.
Treue seele
Hut
Mega Schnüffelnase
supa ohren
Zunge der Wahrheit
A.A.
...und zusammen beschützten sie die Stadt vor Abschaum!
KICK
SCHNAPP!

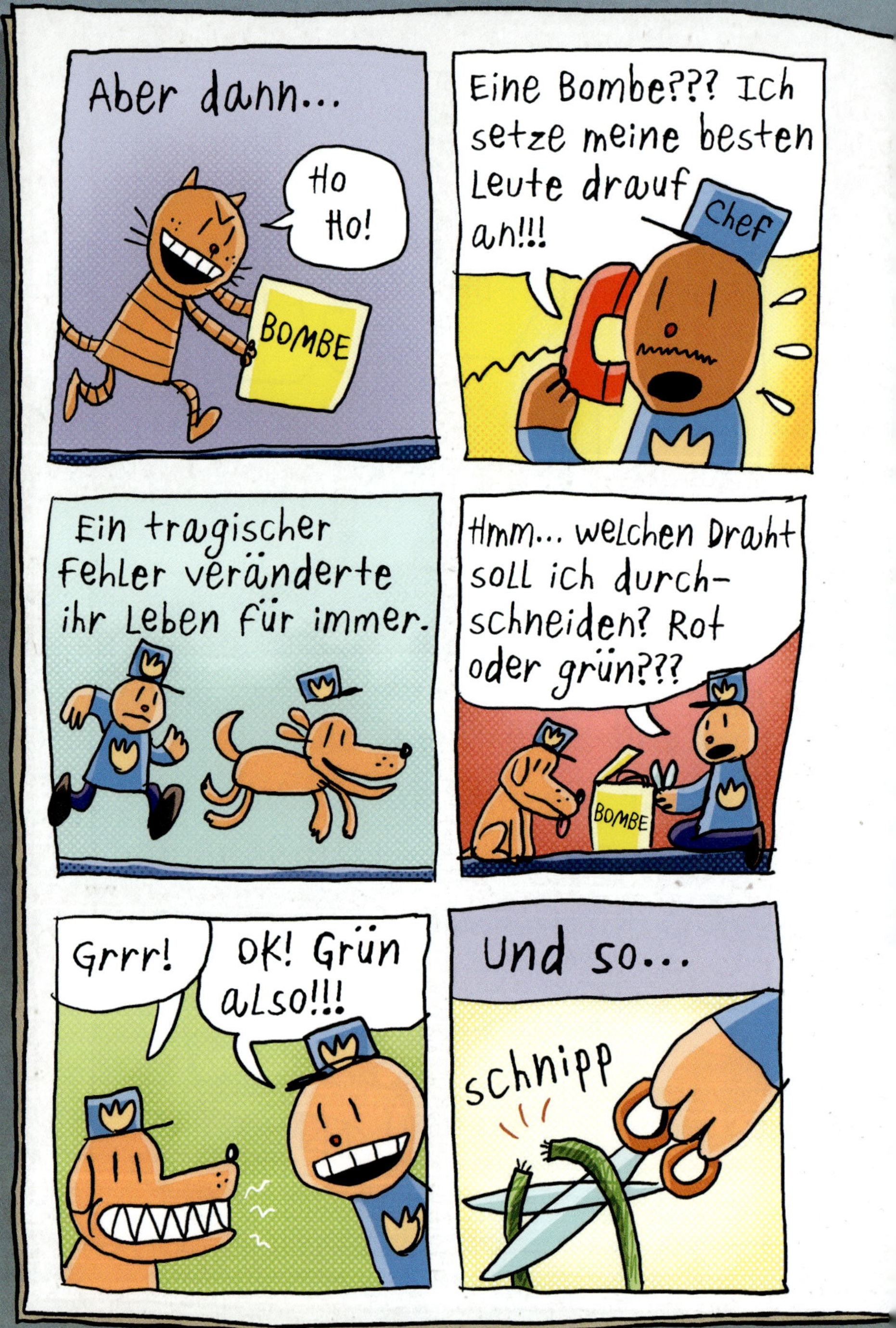
Aber dann...
Ho Ho!
BOMBE
Eine Bombe??? Ich setze meine besten Leute drauf an!!!
Chef
Ein tragischer Fehler veränderte ihr Leben für immer.
Hmm... welchen Draht soll ich durchschneiden? Rot oder grün???
BOMBE
Grrr!
OK! Grün also!!!
Und so...
schnipp

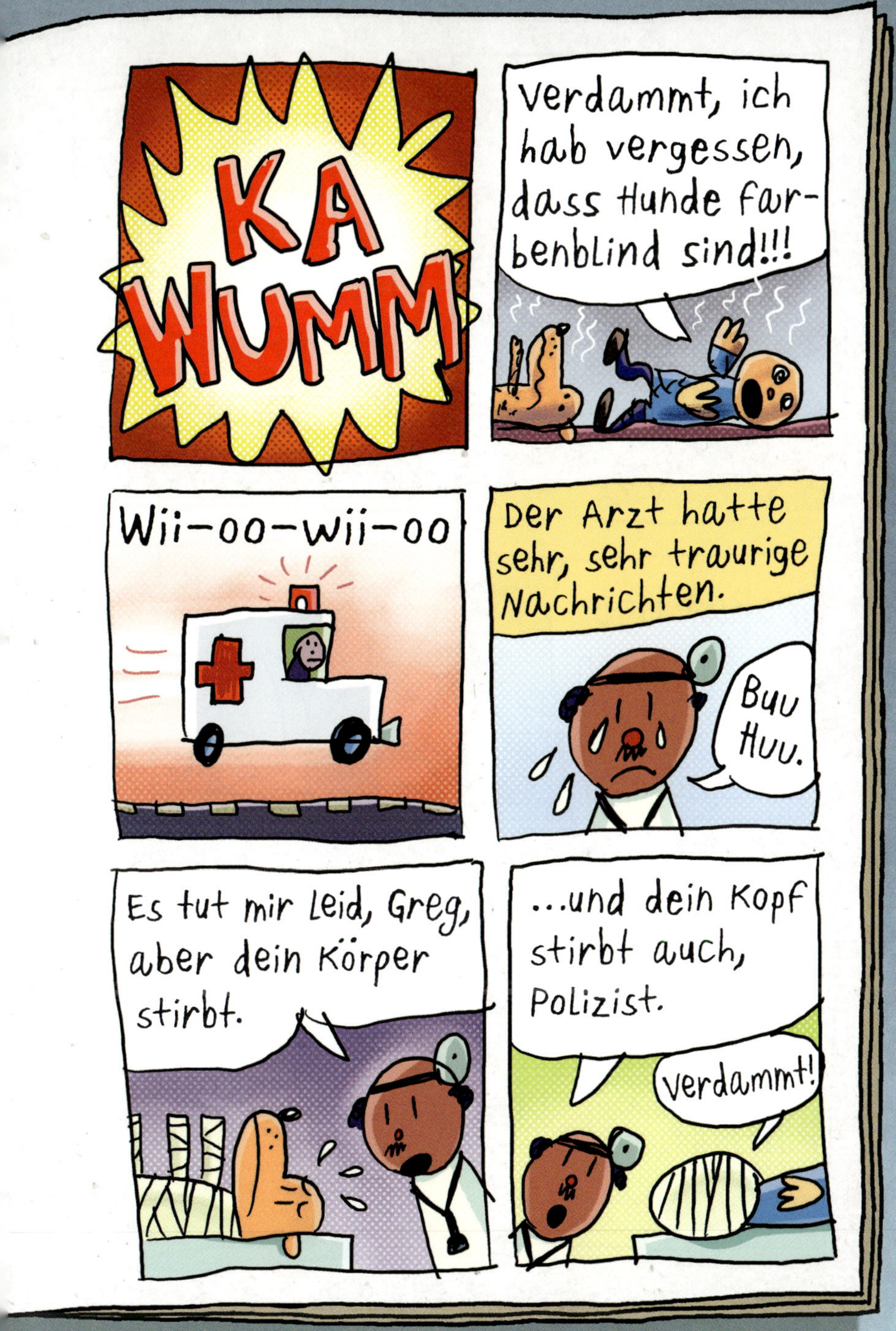
KA WUMM
Verdammt, ich hab vergessen, dass Hunde farbenblind sind!!!
Wii-oo-wii-oo
Der Arzt hatte sehr, sehr traurige Nachrichten.
Buu Huu.
Es tut mir Leid, Greg, aber dein Körper stirbt.
...und dein Kopf stirbt auch, Polizist.
Verdammt!

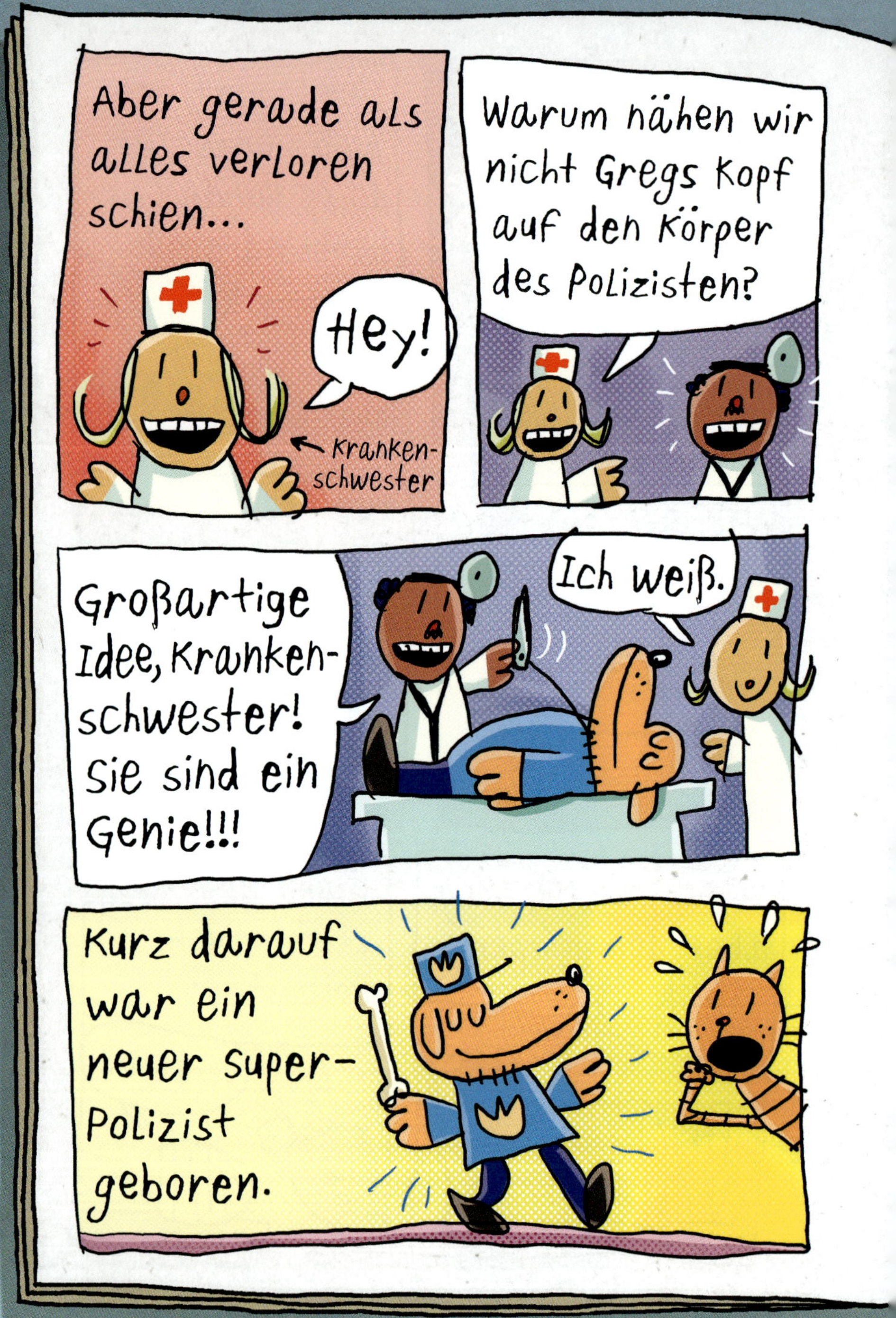
Aber gerade als alles verloren schien...
Hey!
Kranken-schwester
Warum nähen wir nicht Gregs Kopf auf den Körper des Polizisten?
Großartige Idee, Kranken-schwester! Sie sind ein Genie!!!
Ich weiß.
Kurz darauf war ein neuer Super-Polizist geboren.

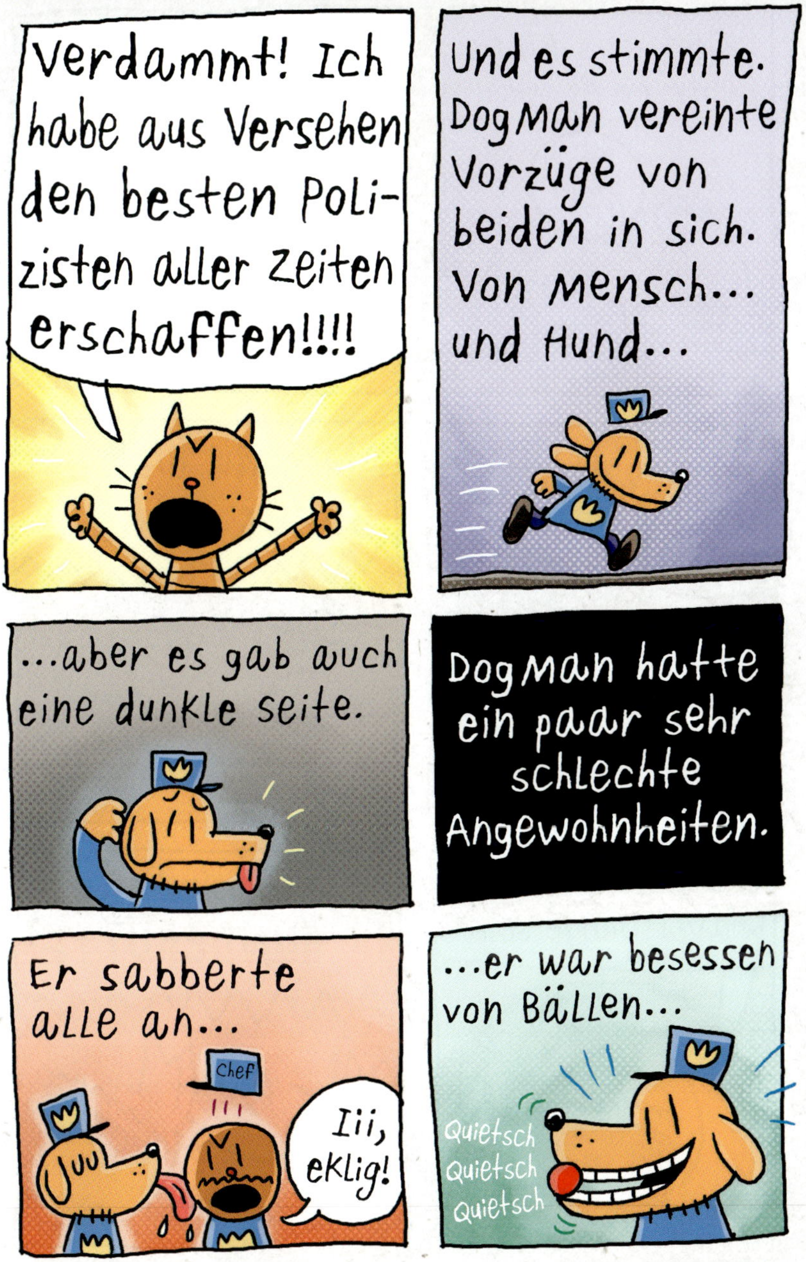
Verdammt! Ich habe aus Versehen den besten Polizisten aller Zeiten erschaffen!!!!
Und es stimmte. Dogman vereinte Vorzüge von beiden in sich. Von Mensch... und Hund...
...aber es gab auch eine dunkle Seite.
Dogman hatte ein paar sehr schlechte Angewohnheiten.
Er sabberte alle an...
Chef
Iii, eklig!
...er war besessen von Bällen...
Quietsch Quietsch Quietsch

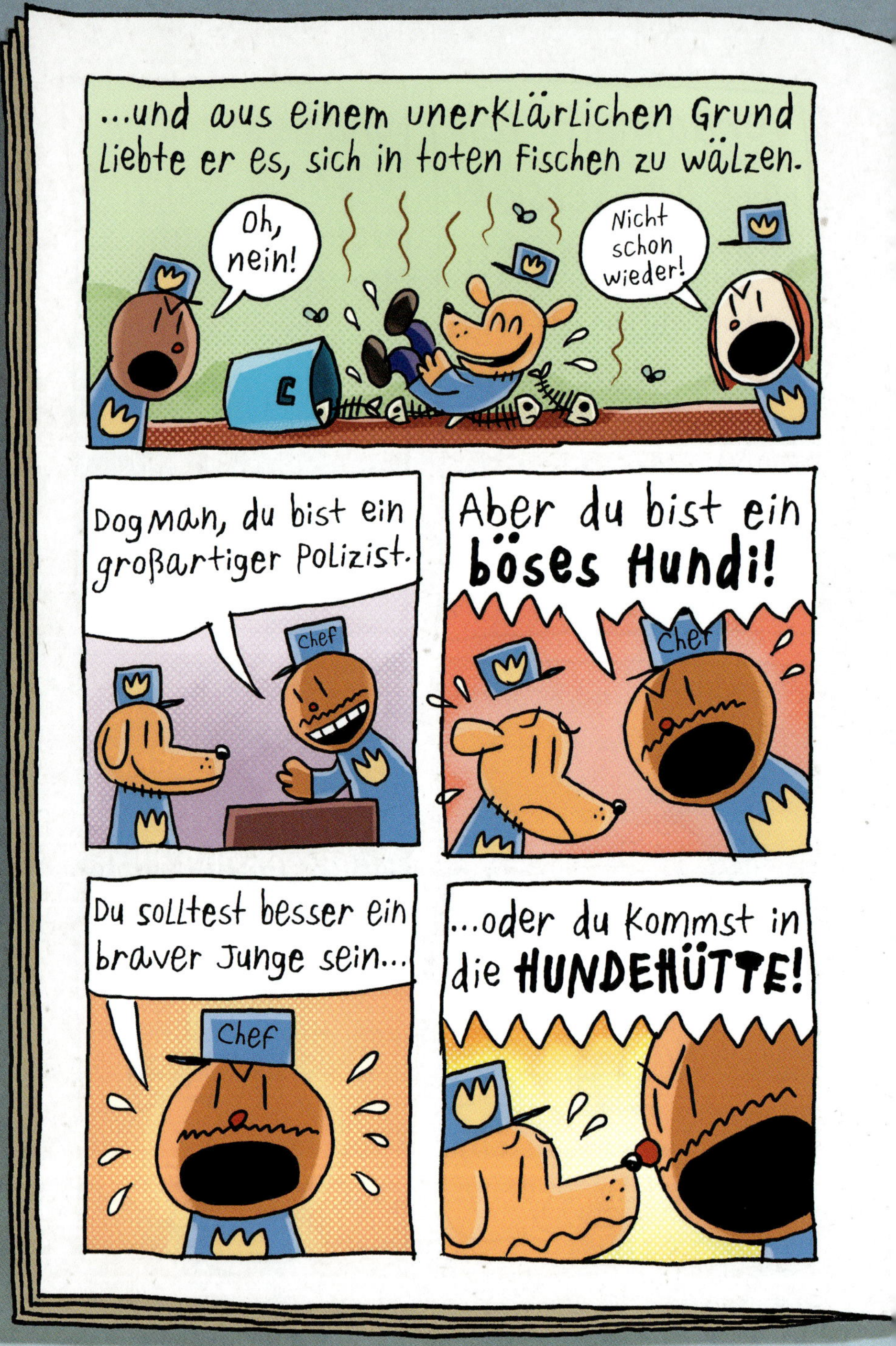
...und aus einem unerklärlichen Grund liebte er es, sich in toten Fischen zu wälzen.
Oh, nein!
Nicht schon wieder!
DogMan, du bist ein großartiger Polizist.
Chef
Aber du bist ein böses Hundi!
Chef
Du solltest besser ein braver Junge sein...
Chef
...oder du kommst in die HUNDEHÜTTE!

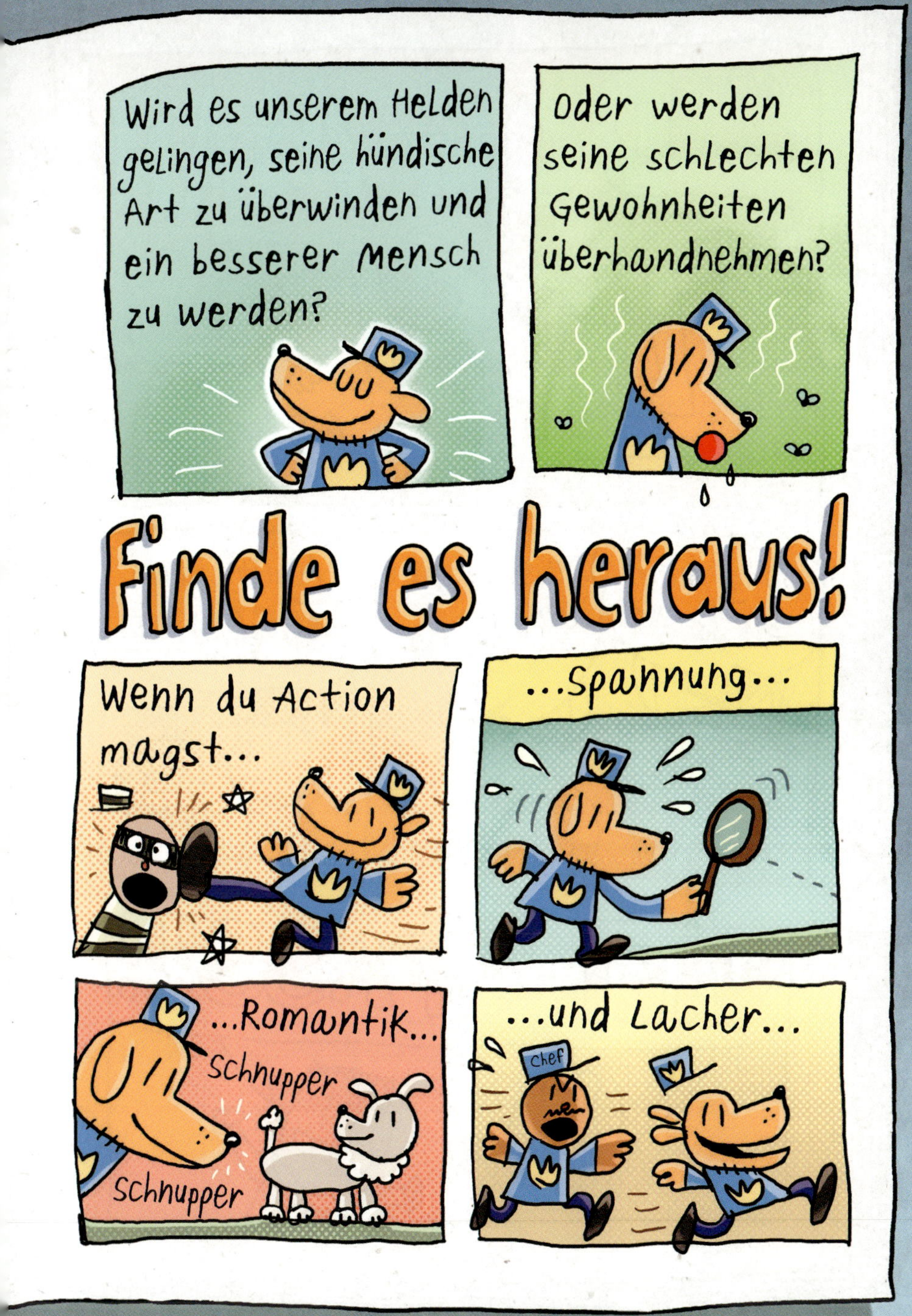
Wird es unserem Helden gelingen, seine hündische Art zu überwinden und ein besserer Mensch zu werden?
Oder werden seine schlechten Gewohnheiten überhandnehmen?
Finde es heraus!
Wenn du Action magst…
…Spannung…
…Romantik…
Schnupper
Schnupper
…und Lacher…
Chef

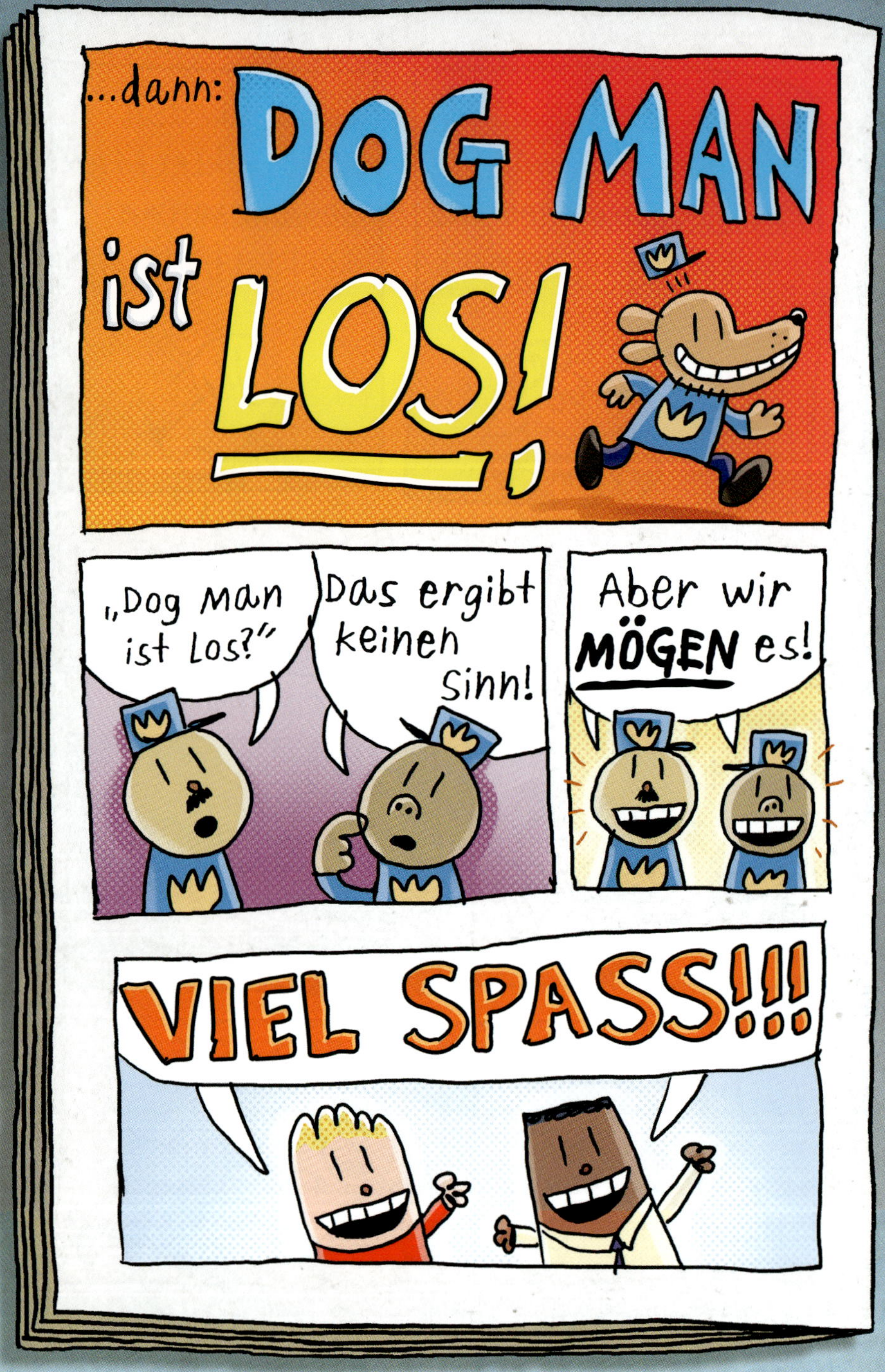
...dann: DOG MAN ist LOS!
„Dog Man ist Los?"
Das ergibt keinen Sinn!
Aber wir MÖGEN es!
VIEL SPASS!!!

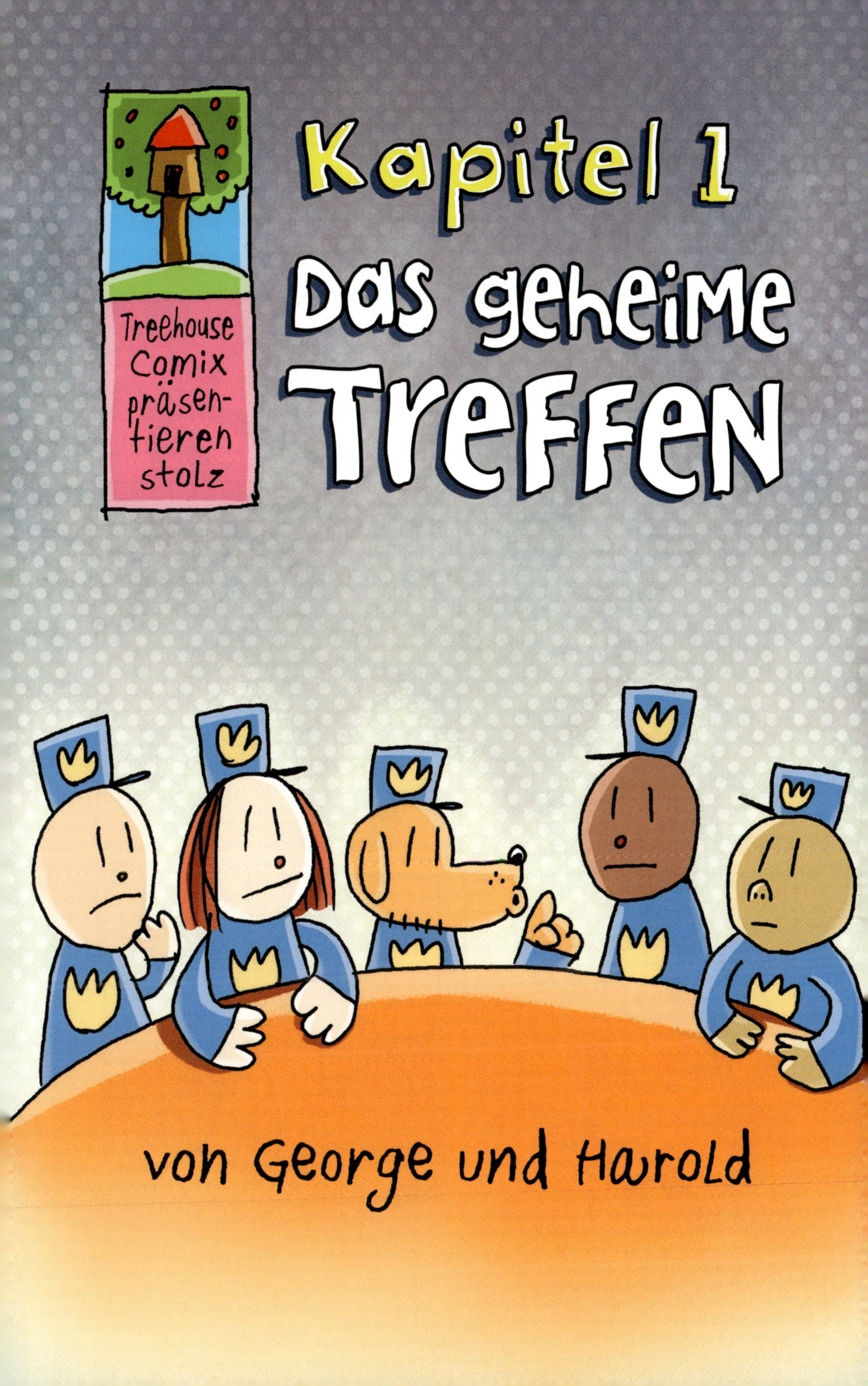
Treehouse Comix präsentieren stolz
Kapitel 1
Das geheime Treffen
von George und Harold

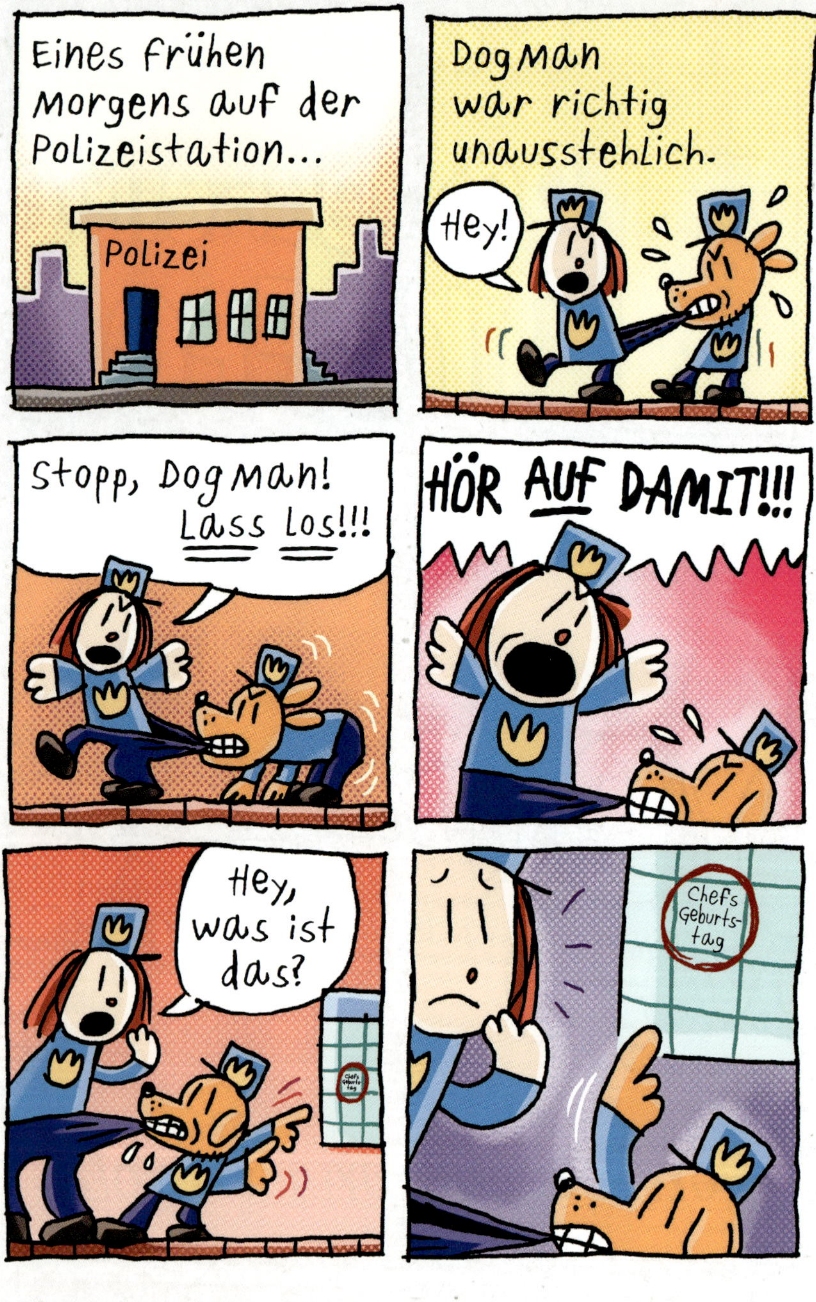
Eines frühen Morgens auf der Polizeistation…
Polizei
Dog Man war richtig unausstehlich.
Hey!
Stopp, Dog Man! Lass los!!!
HÖR AUF DAMIT!!!
Hey, was ist das?
Chefs Geburtstag

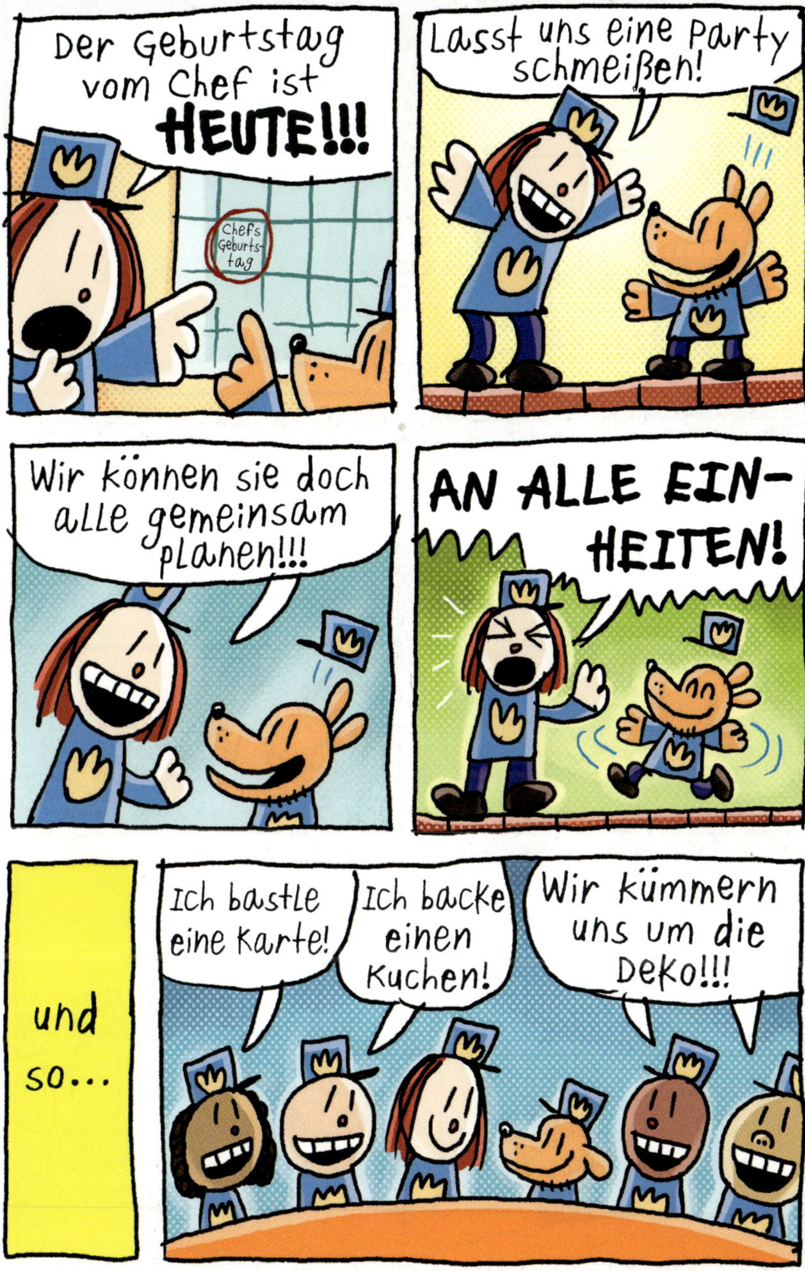
Der Geburtstag vom Chef ist HEUTE!!!
Chefs Geburtstag
Lasst uns eine Party schmeißen!
Wir können sie doch alle gemeinsam planen!!!
AN ALLE EIN-HEITEN!
und so…
Ich bastle eine Karte!
Ich backe einen Kuchen!
Wir kümmern uns um die Deko!!!

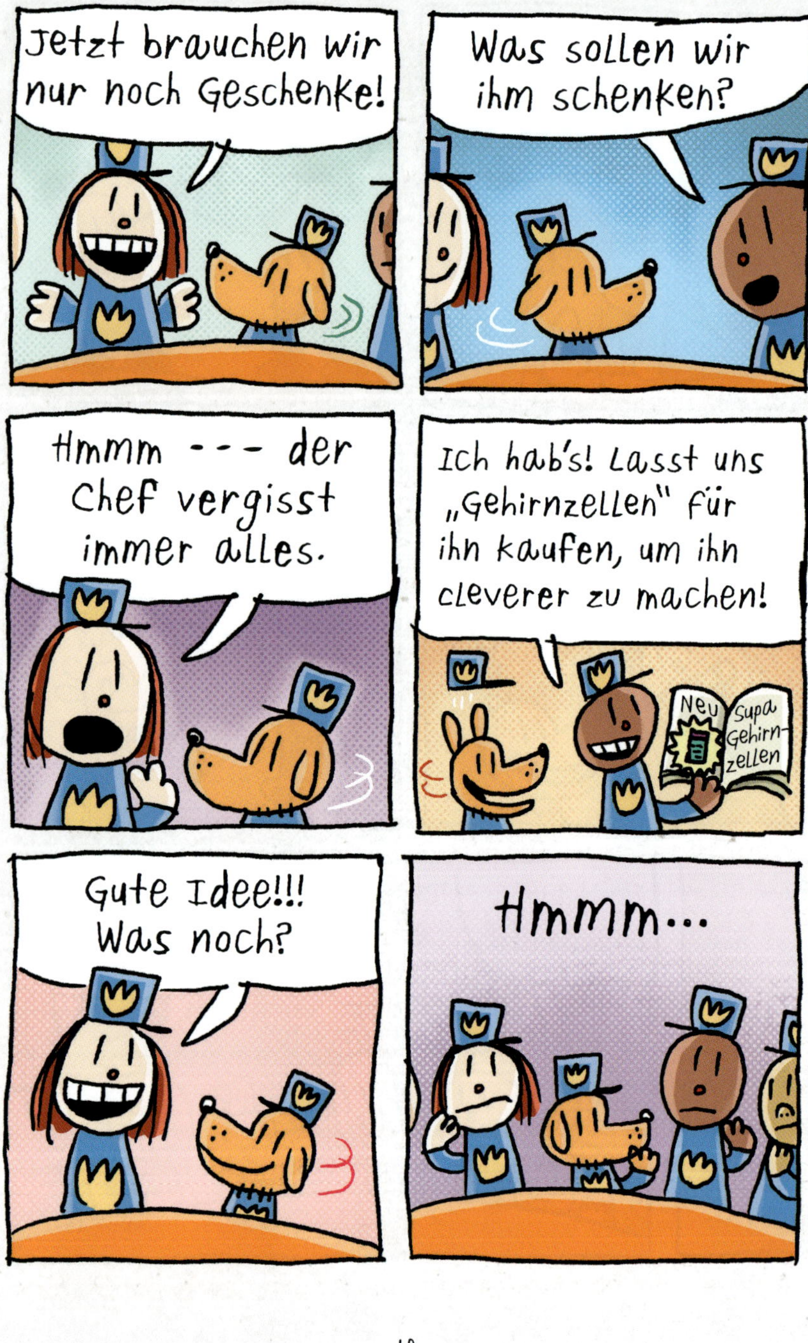
Jetzt brauchen wir nur noch Geschenke!
Was sollen wir ihm schenken?
Hmmm --- der Chef vergisst immer alles.
Ich hab's! Lasst uns „Gehirnzellen" für ihn kaufen, um ihn cleverer zu machen!
Neu
Supa Gehirn-zellen
Gute Idee!!! Was noch?
Hmmm...

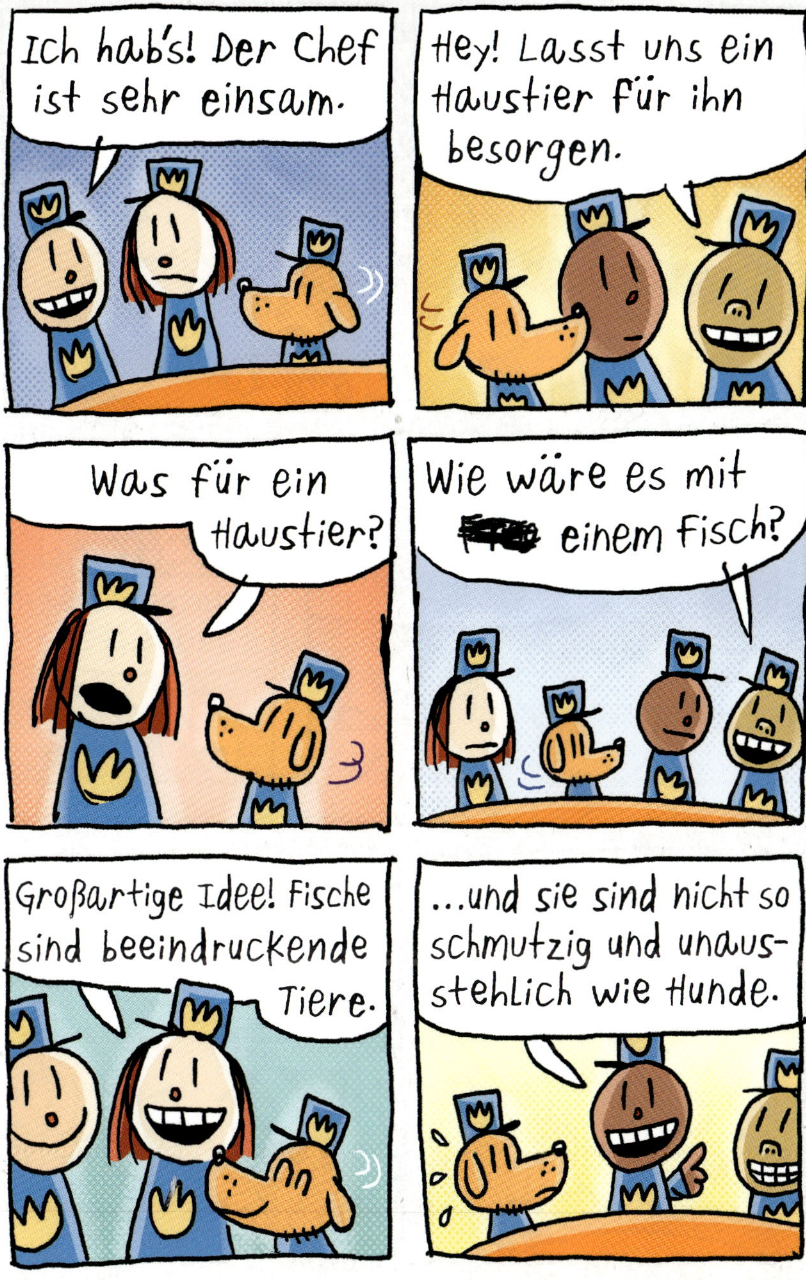
Ich hab's! Der Chef ist sehr einsam.
Hey! Lasst uns ein Haustier für ihn besorgen.
Was für ein Haustier?
Wie wäre es mit einem Fisch?
Großartige Idee! Fische sind beeindruckende Tiere.
...und sie sind nicht so schmutzig und unaus-stehlich wie Hunde.

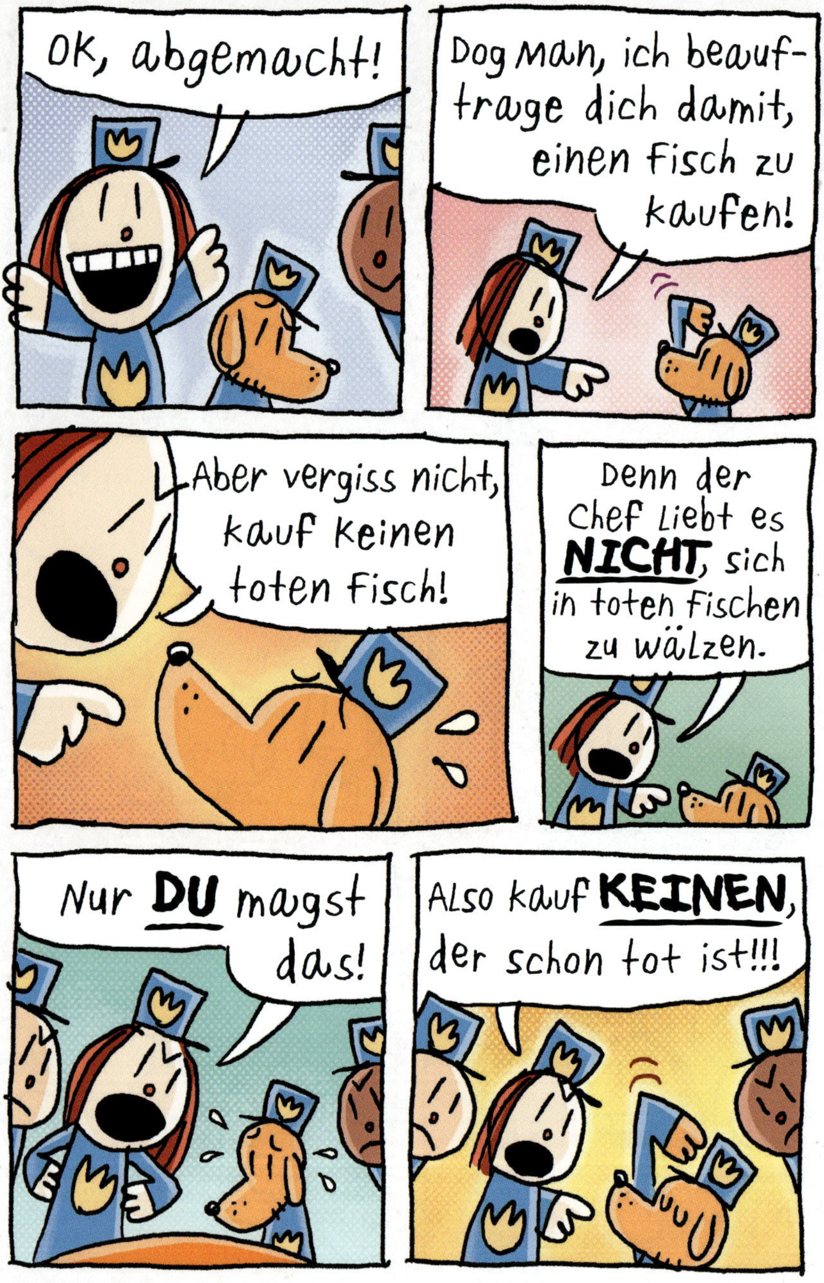
OK, abgemacht!
Dog Man, ich beauftrage dich damit, einen Fisch zu kaufen!
Aber vergiss nicht, kauf keinen toten Fisch!
Denn der Chef liebt es NICHT, sich in toten Fischen zu wälzen.
Nur DU magst das!
Also kauf KEINEN, der schon tot ist!!!

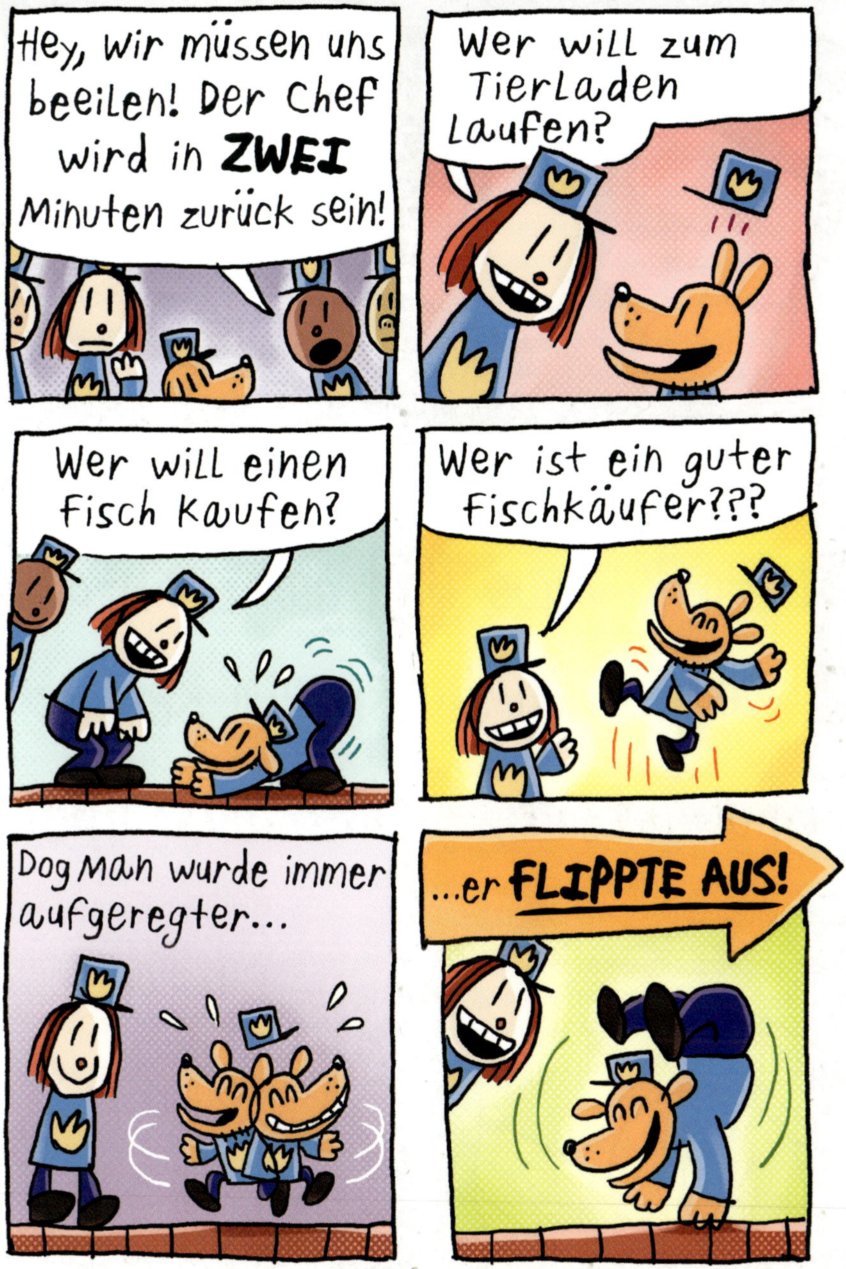
Hey, wir müssen uns beeilen! Der Chef wird in ZWEI Minuten zurück sein!
Wer will zum Tierladen laufen?
Wer will einen Fisch kaufen?
Wer ist ein guter Fischkäufer???
Dog Man wurde immer aufgeregter...
...er FLIPPTE AUS!

Wir stellen vor

FLIP-O

WERDE ZUM FLIPMEISTER!

Flip-o-Ramas sind ganz einfach,
wenn man die Regeln kennt:
umblättern, nicht rausreißen!

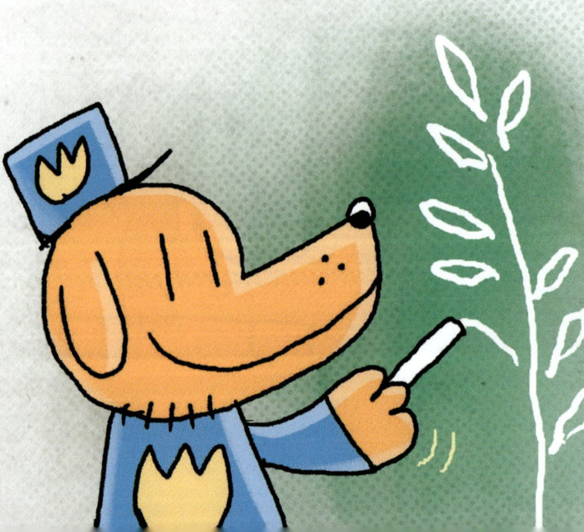

Ein Haiku
von
Dog Man.

犬男

-RAMA

Daumen-kino

SO FUNKTIONIERT ES:

Schritt 1

Lege zuerst deine linke Hand auf die gestrichelten Linien, da wo „Linke Hand hier" draufsteht. Halte das Buch FLACH geöffnet.

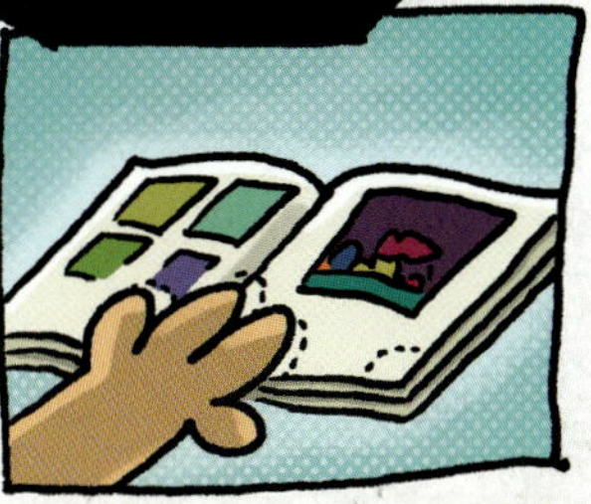

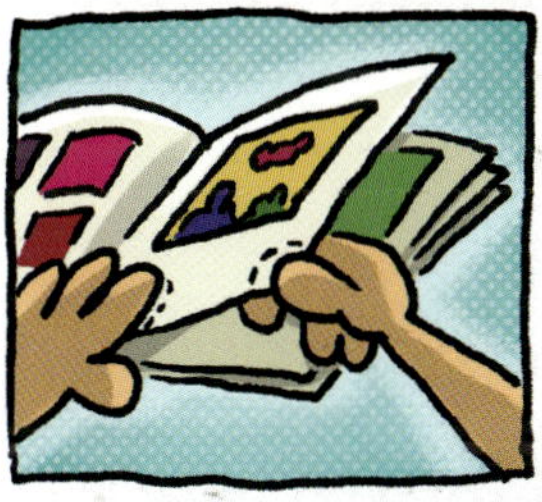

Schritt 2

Greif dir die Seite für die rechte Hand mit dem Daumen und Zeigefinger (dort wo „Rechter Daumen hier" draufsteht).

Schritt 3

Jetzt schlage die rechte Seite schnell vor und zurück, bis ein Bild entsteht, das sich bewegt.

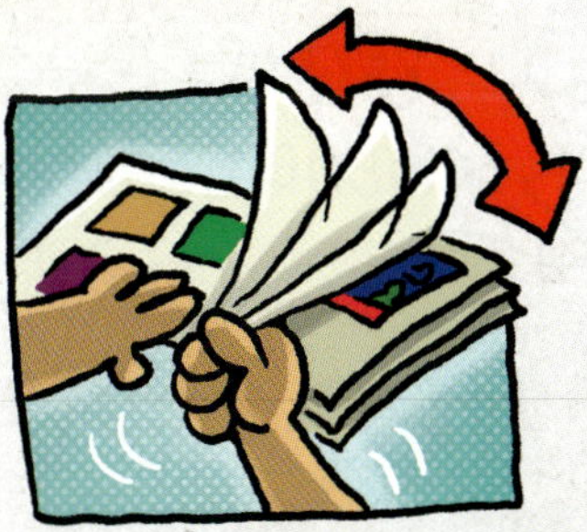

(Für Extraspaß mach ein paar eigene Soundeffekte dazu!)

Achte darauf,

dass du beide Bilder auf Seite 25 **UND** Seite 27 sehen kannst, während du umblätterst.

Wenn du schnell umblätterst, beginnen die Bilder wie ein **ANIMIERTER** Comicfilm auszusehen!

Vergiss nicht, deine eigenen Soundeffekte zu machen!

Linke Hand hier.

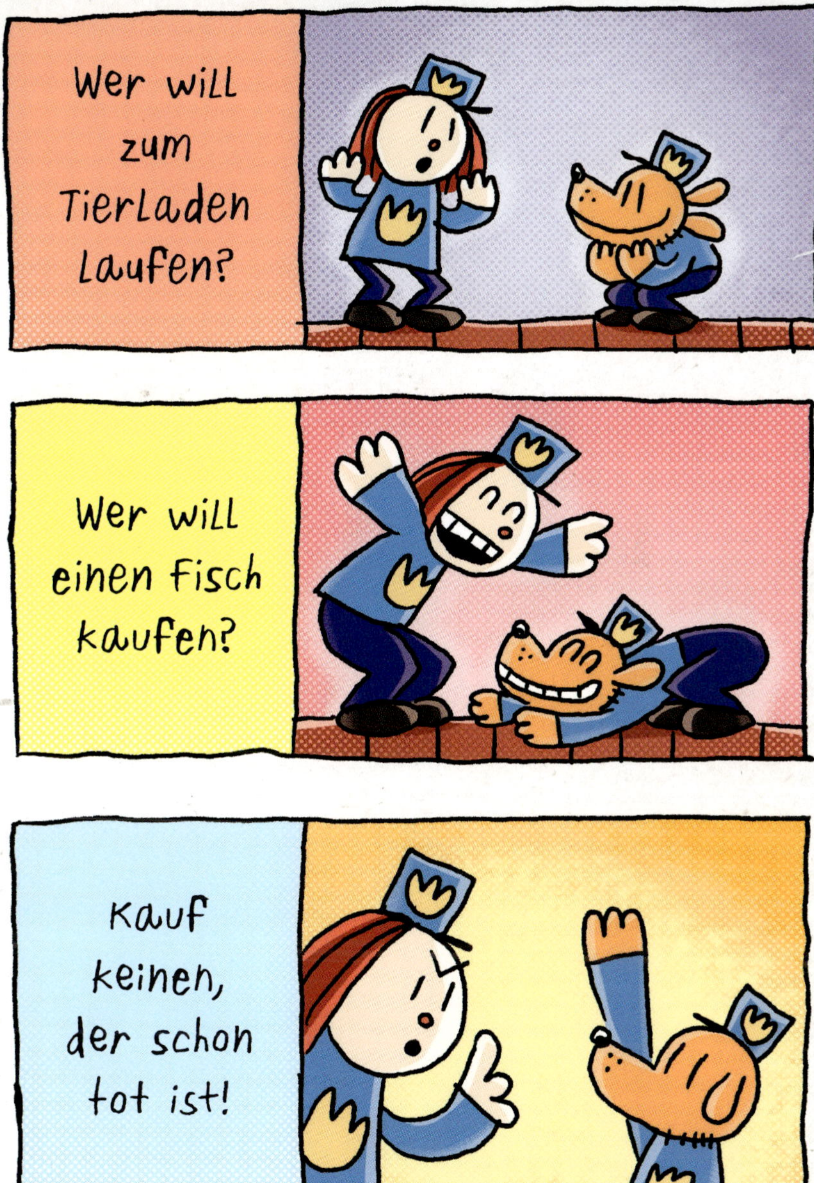

Rechter Daumen hier.

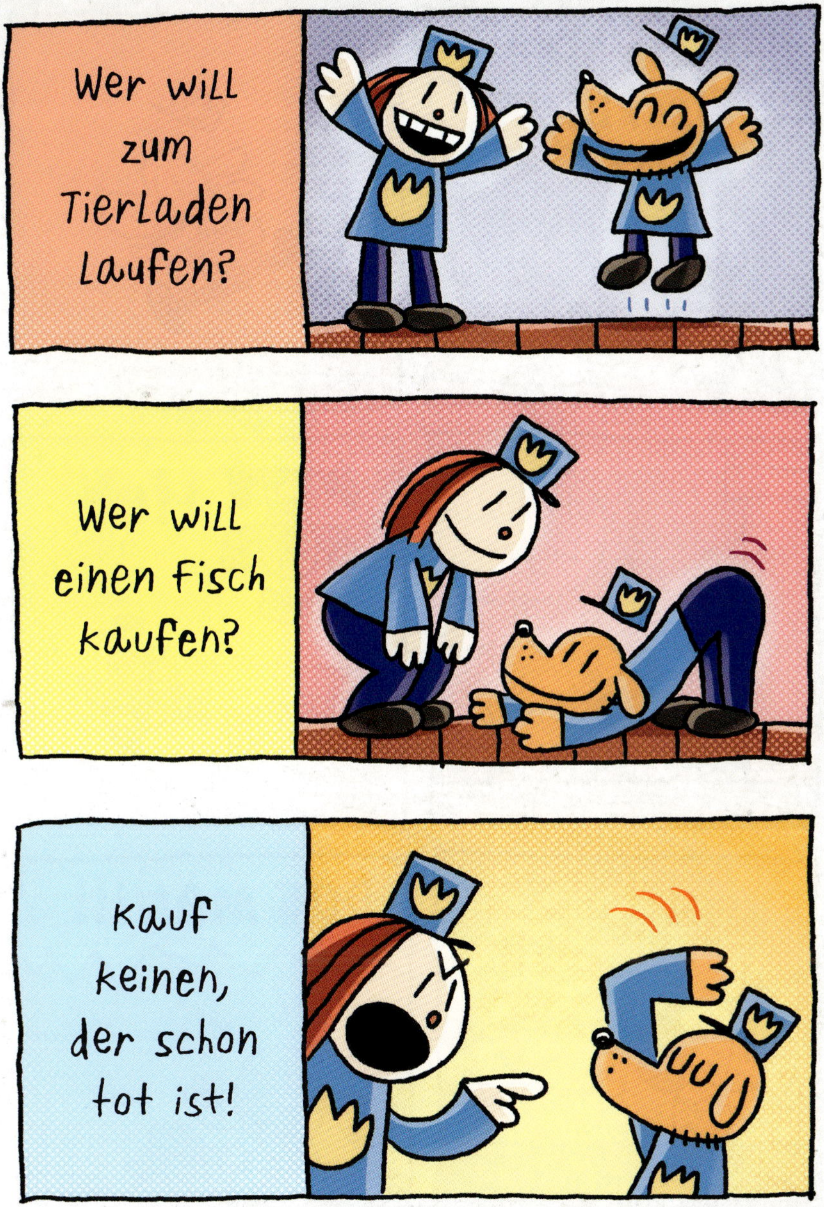
Wer will zum Tierladen laufen?
Wer will einen Fisch kaufen?
Kauf keinen, der schon tot ist!

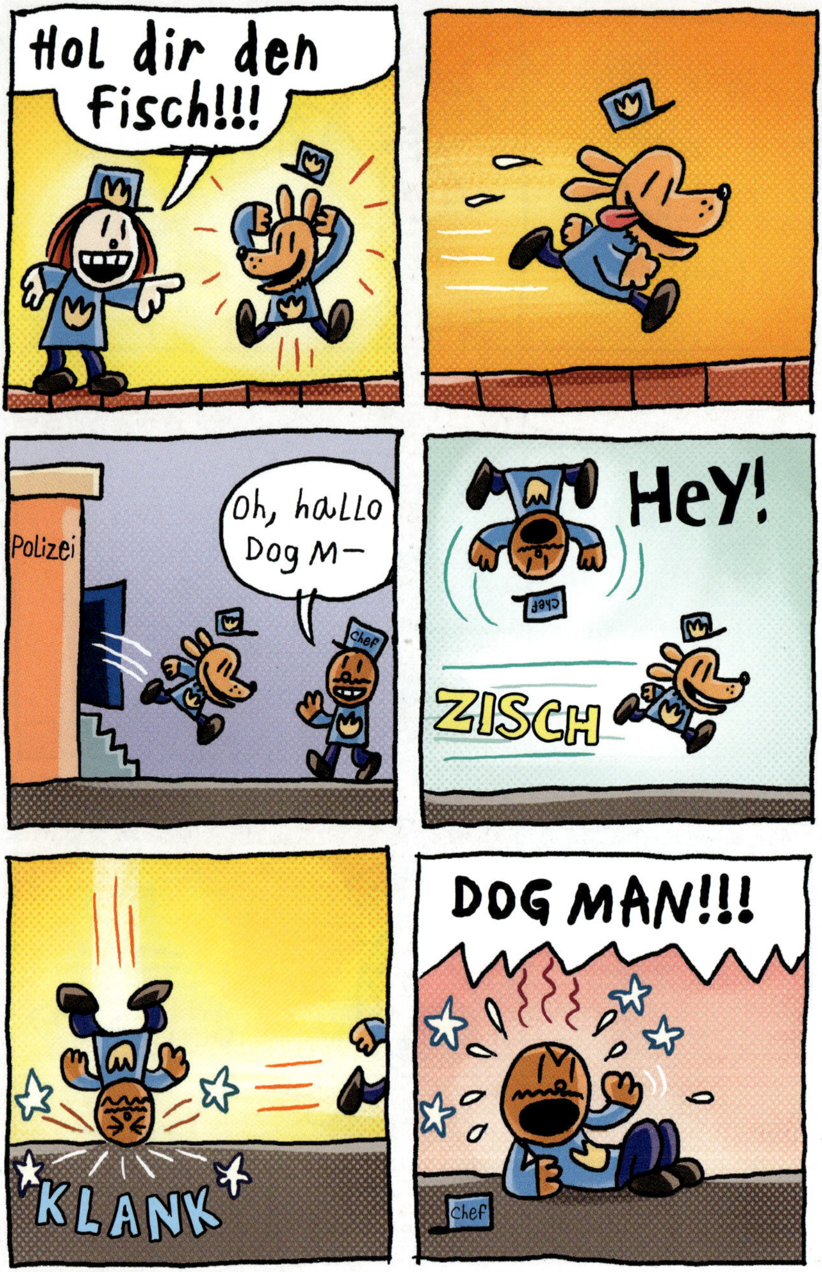
Hol dir den Fisch!!!
Polizei
Oh, hallo Dog M–
Chef
HeY!
ZISCH
KLANK
DOG MAN!!!
Chef

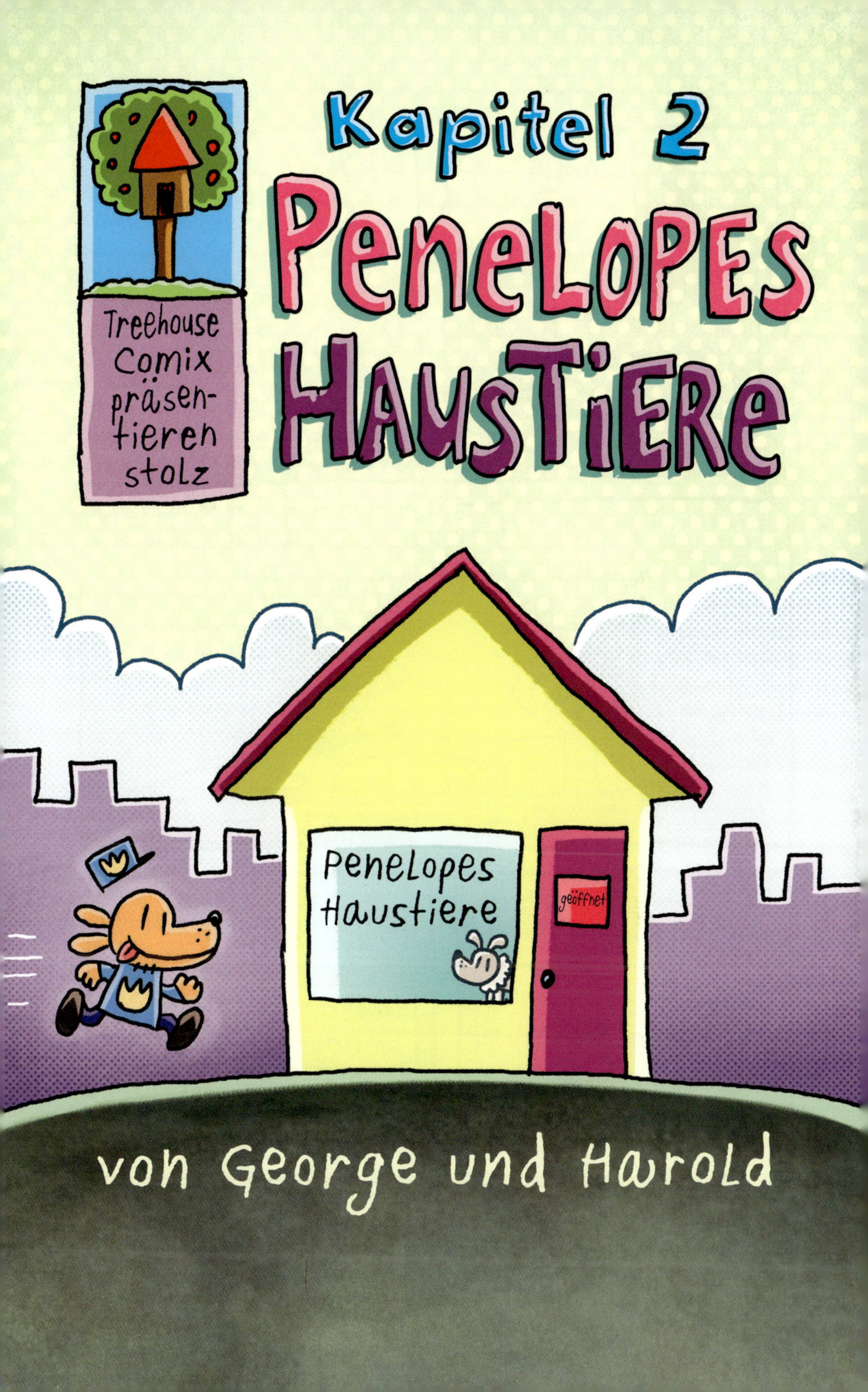
Treehouse Comix präsentieren stolz
Kapitel 2
Penelopes Haustiere
Penelopes Haustiere
geöffnet
von George und Harold

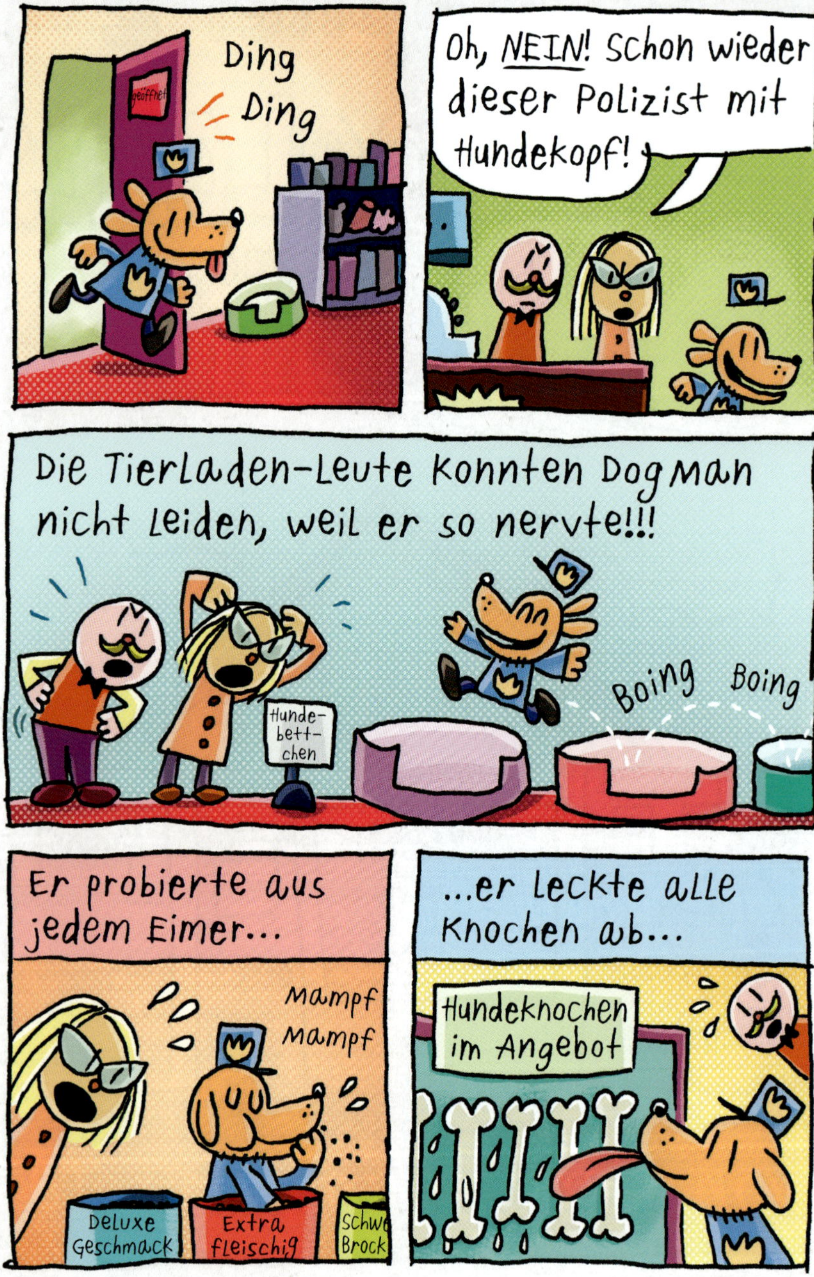
geöffnet
Ding
Ding
Oh, NEIN! Schon wieder dieser Polizist mit Hundekopf!
Die Tierladen-Leute konnten Dogman nicht leiden, weil er so nervte!!!
Hunde-bett-chen
Boing
Boing
Er probierte aus jedem Eimer...
Mampf
Mampf
Deluxe Geschmack
Extra fleischig
...er leckte alle Knochen ab...
Hundeknochen im Angebot

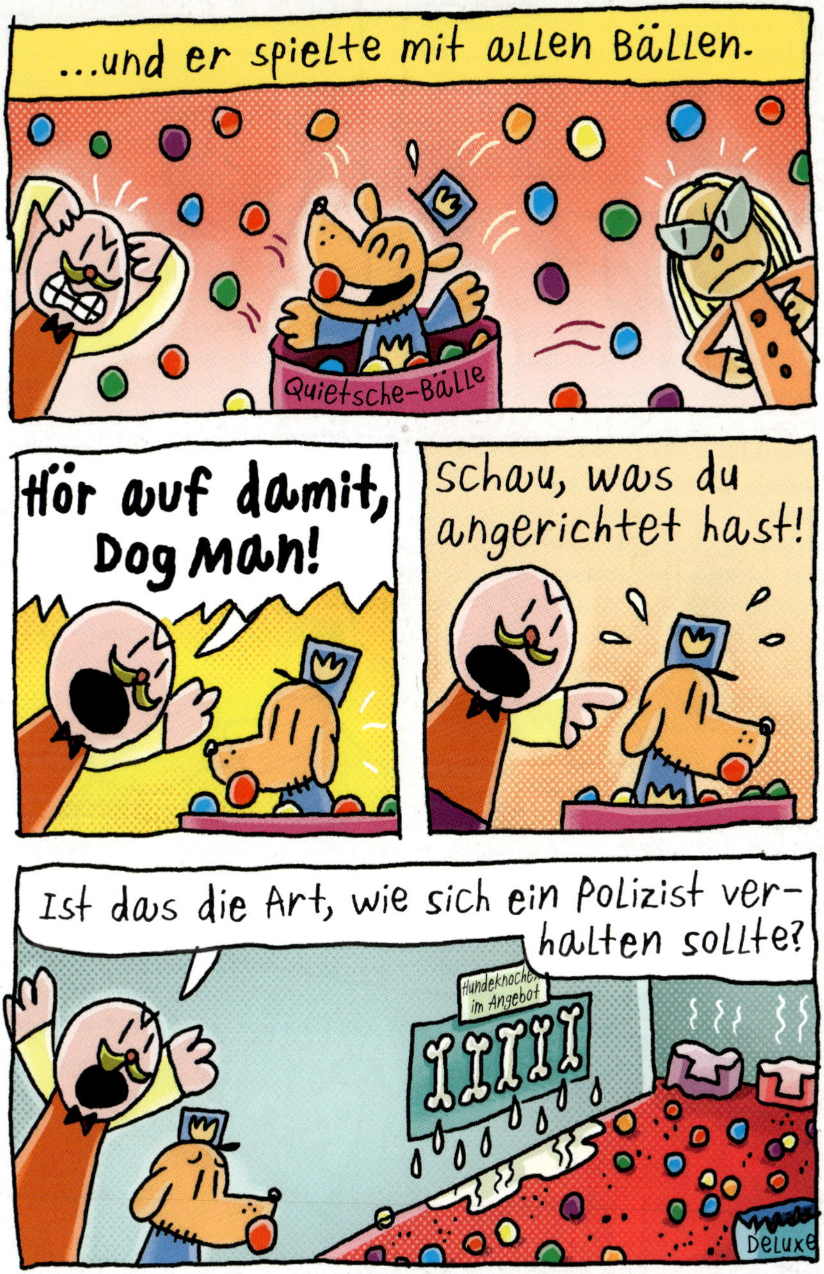
...und er spielte mit allen Bällen.
Quietsche-Bälle
Hör auf damit, Dog Man!
Schau, was du angerichtet hast!
Ist das die Art, wie sich ein Polizist verhalten sollte?
Hundeknochen im Angebot
Deluxe

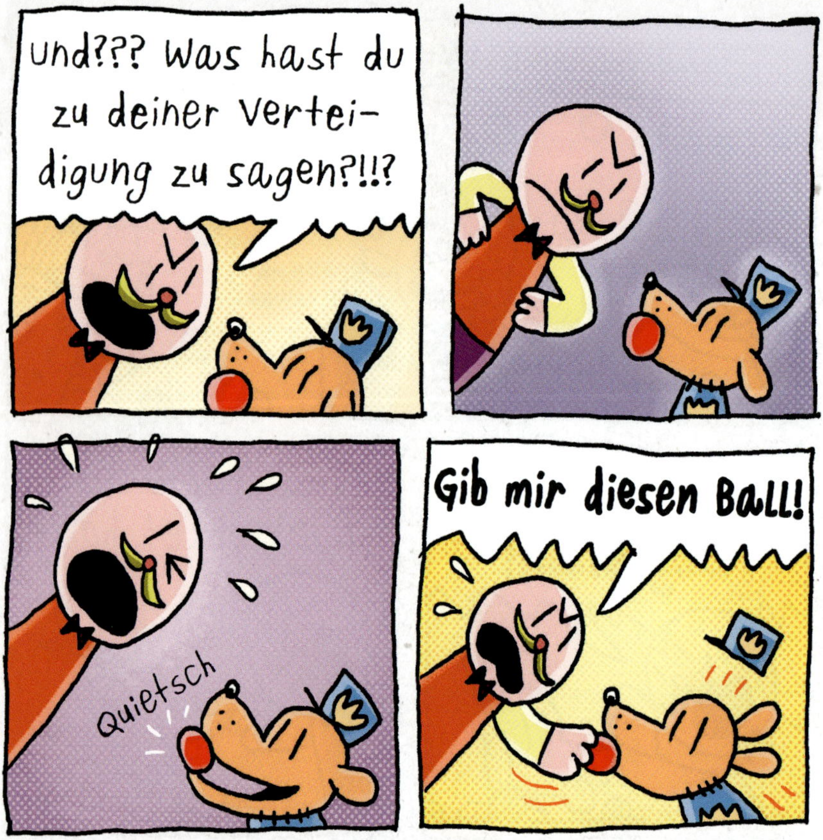
Und??? Was hast du zu deiner Vertei-digung zu sagen?!!?
Quietsch
Gib mir diesen BALL!

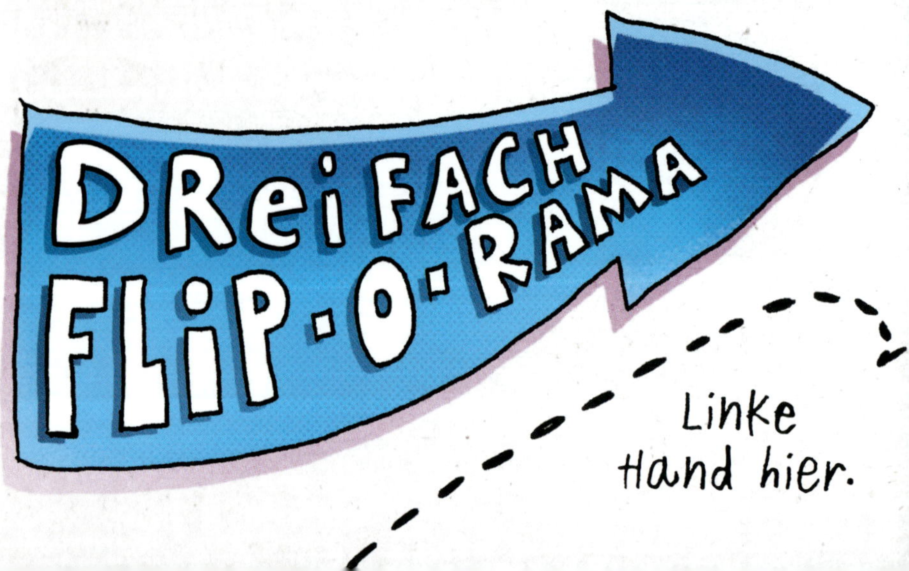
DREIFACH FLIP-O-RAMA
Linke Hand hier.

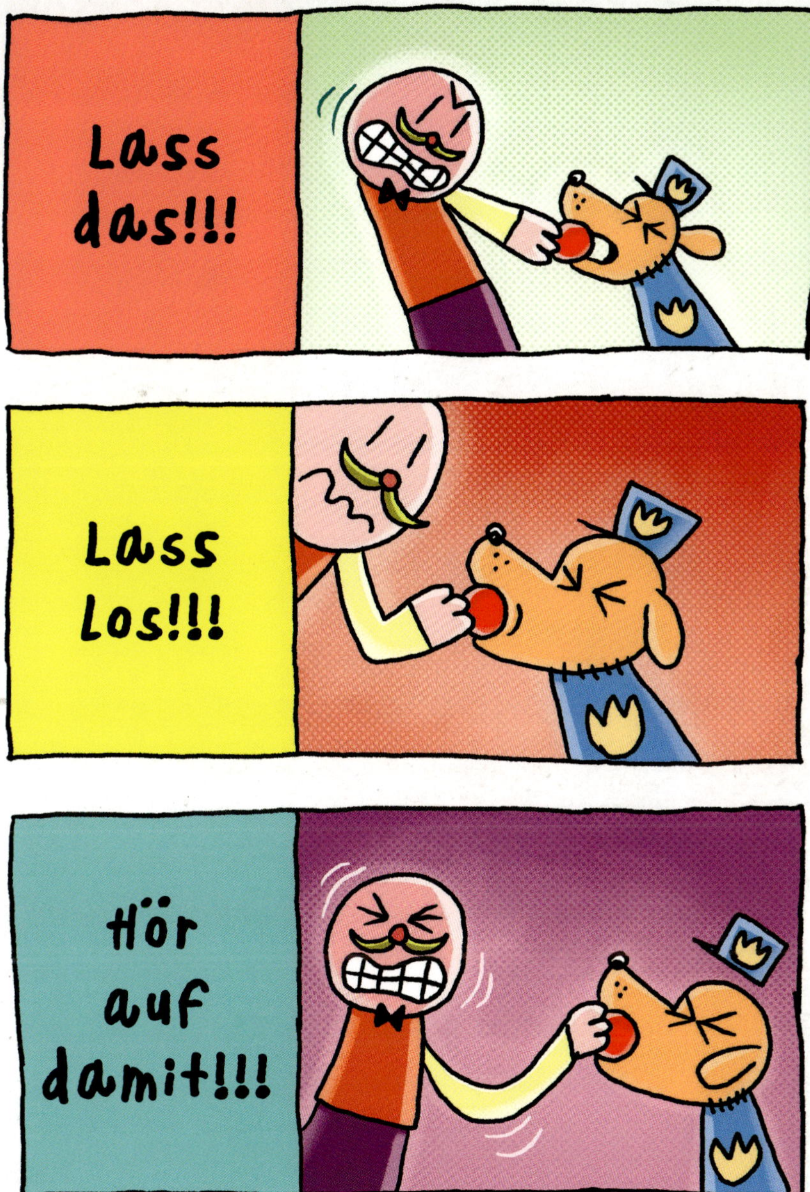

Rechter Daumen hier.

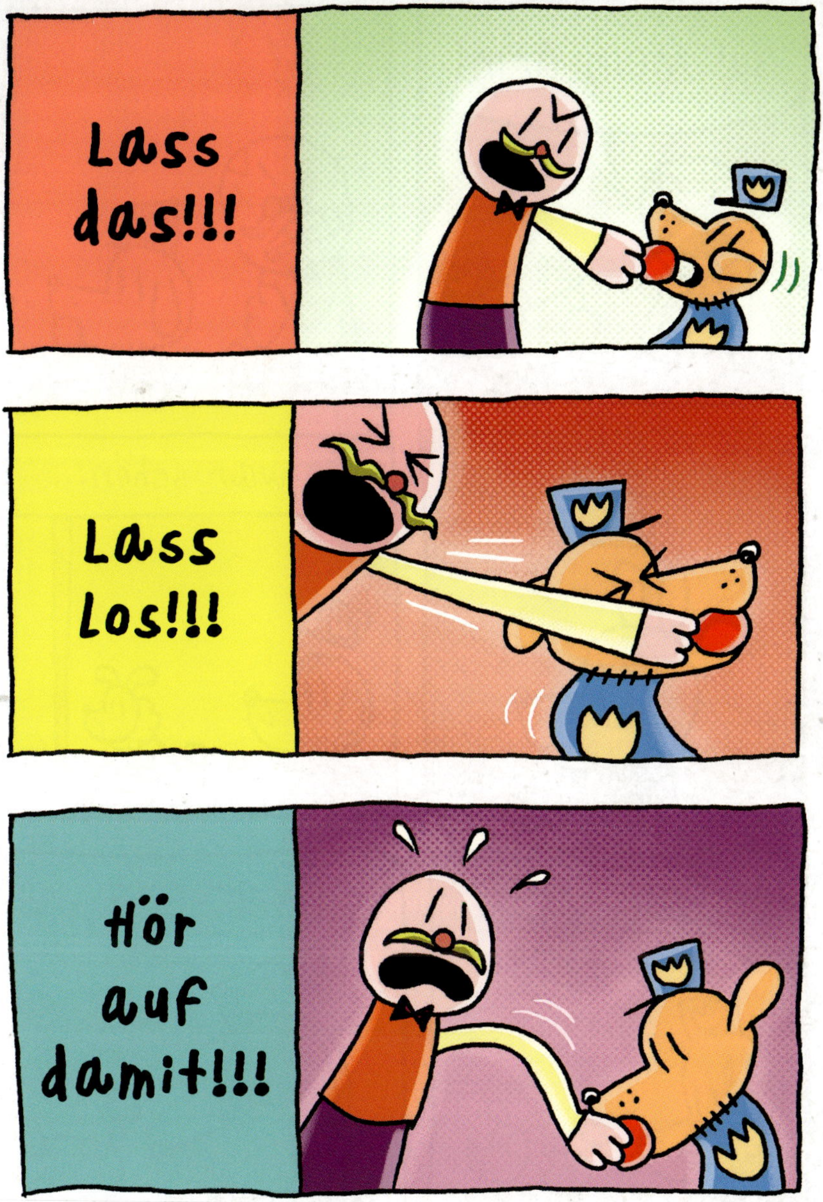
Lass das!!!
Lass Los!!!
Hör auf damit!!!

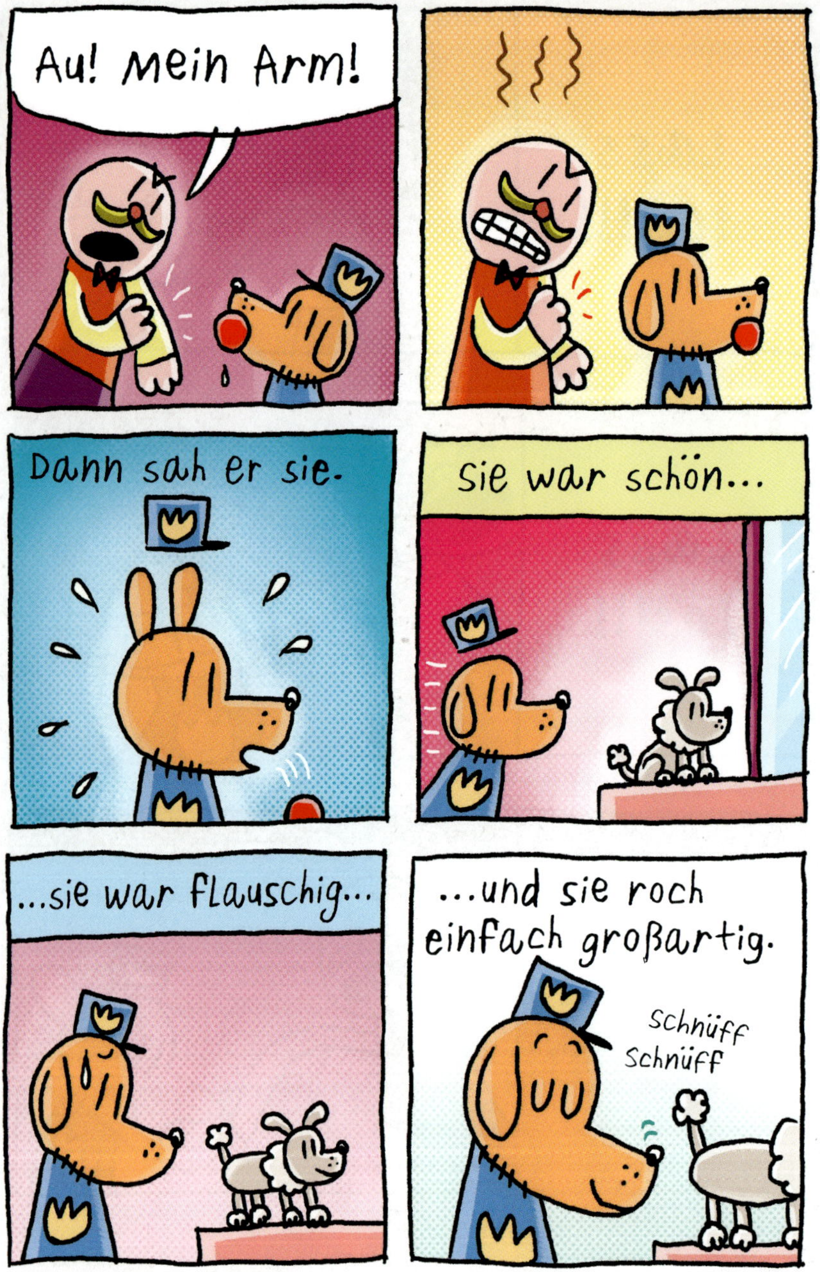
Au! Mein Arm!
Dann sah er sie.
Sie war schön...
...sie war flauschig...
...und sie roch einfach großartig.
Schnüff
Schnüff

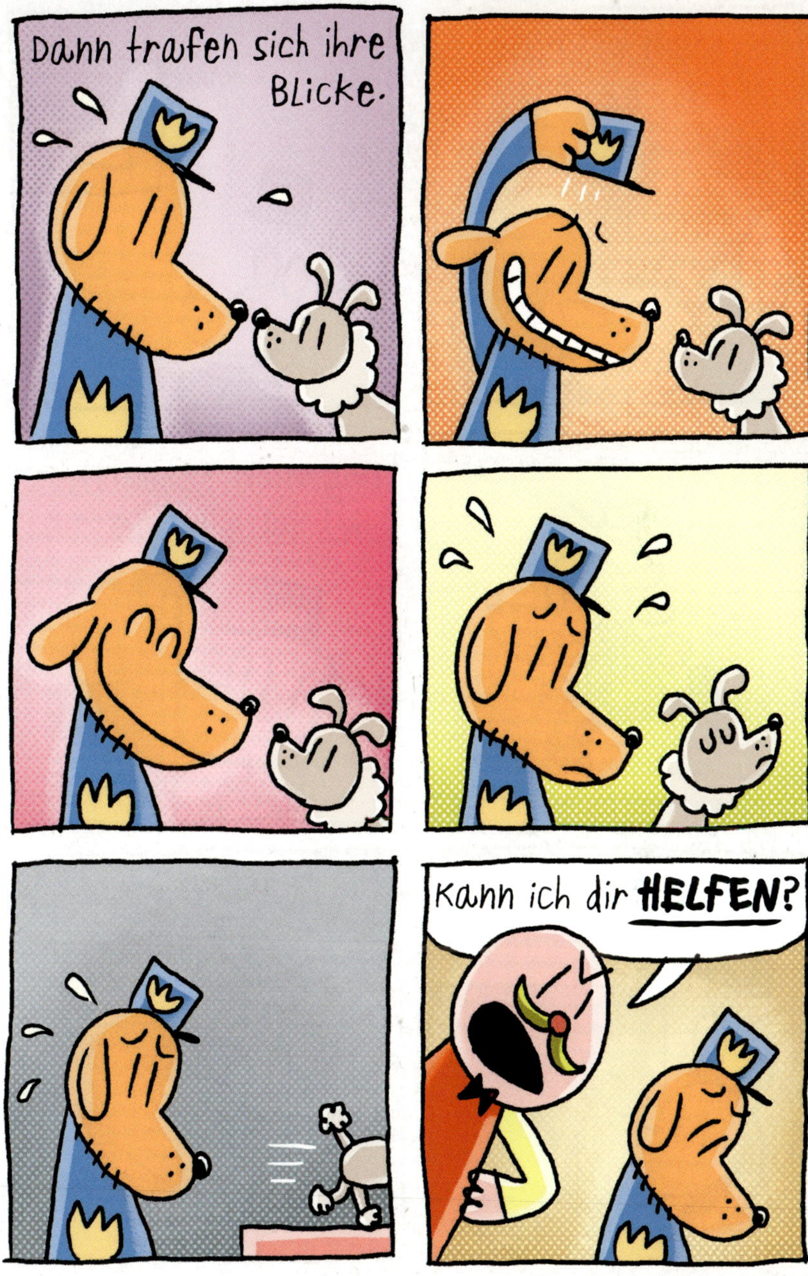
Dann trafen sich ihre Blicke.
Kann ich dir **HELFEN**?

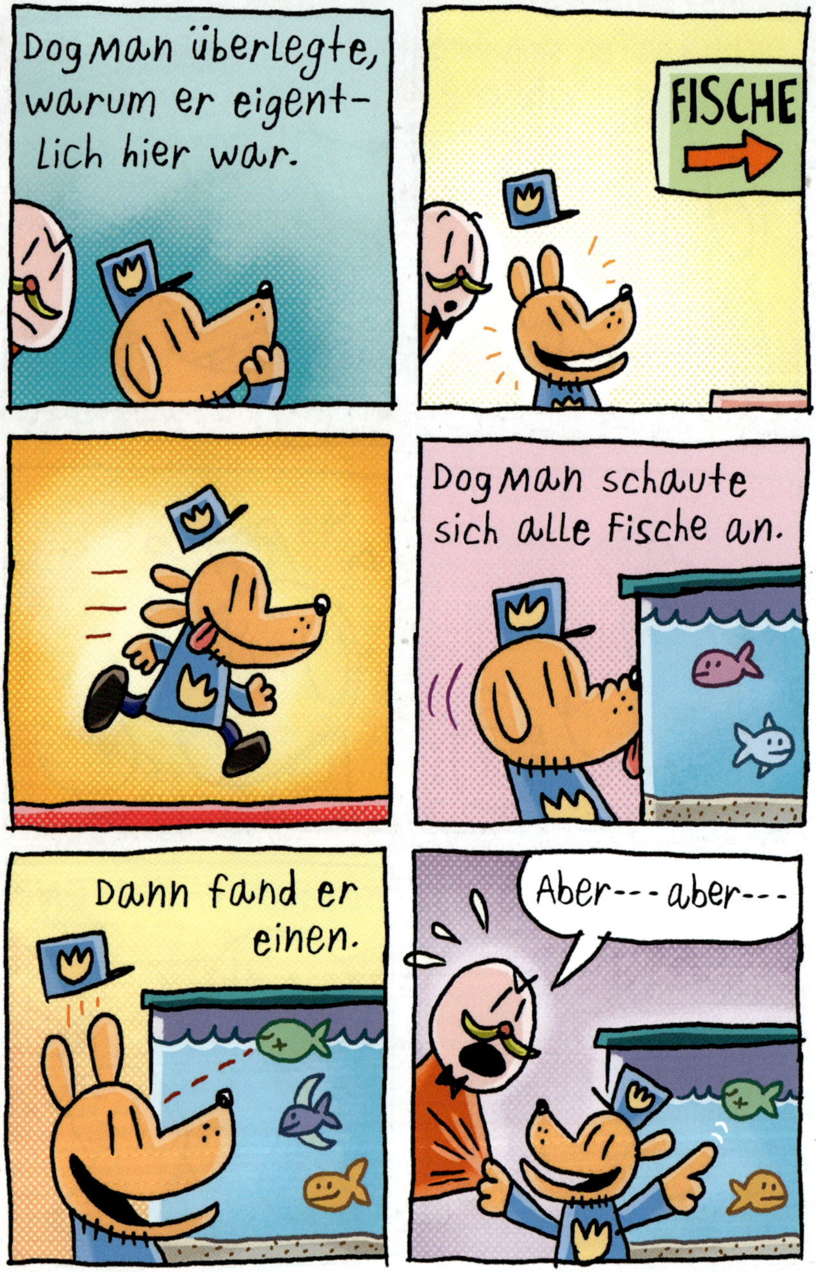
Dog Man überlegte, warum er eigentlich hier war.
FISCHE
Dog Man schaute sich alle Fische an.
Dann fand er einen.
Aber--- aber---

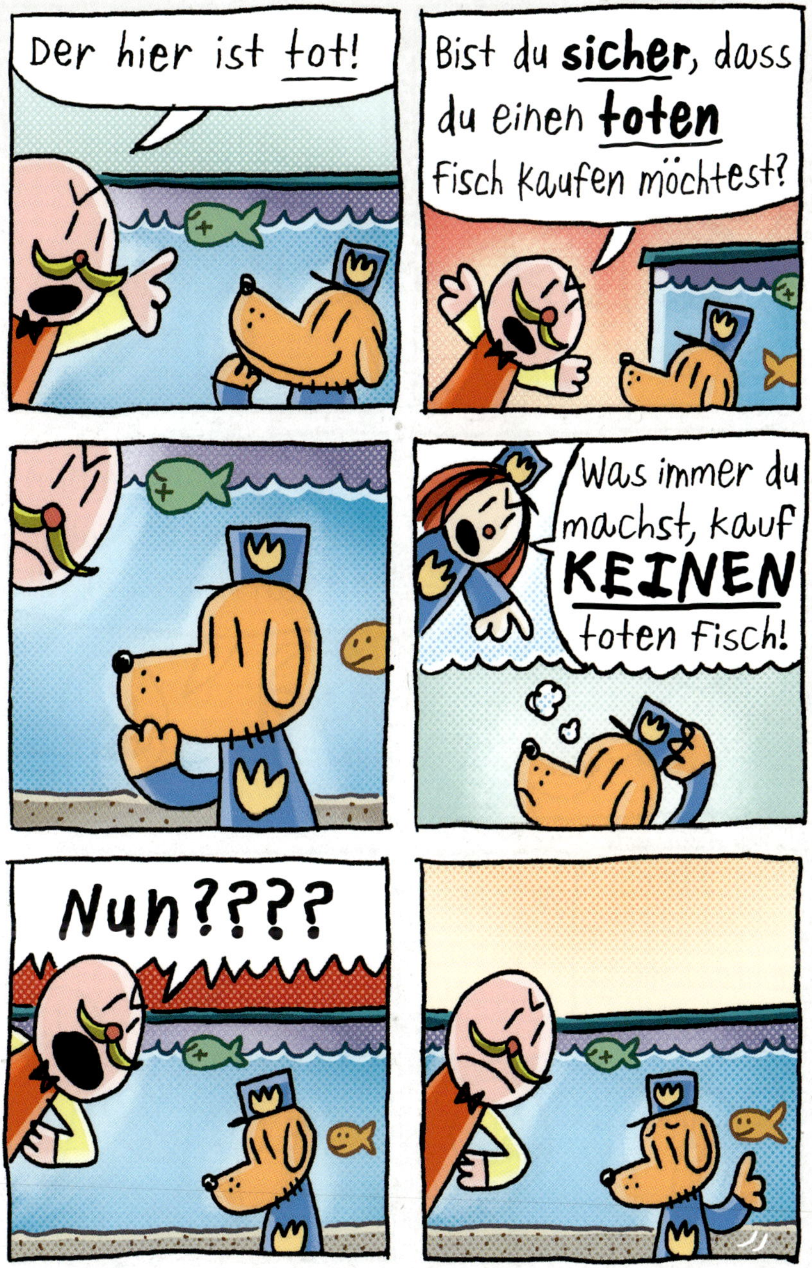
Der hier ist tot!
Bist du sicher, dass du einen toten Fisch kaufen möchtest?
Was immer du machst, kauf KEINEN toten Fisch!
Nun????

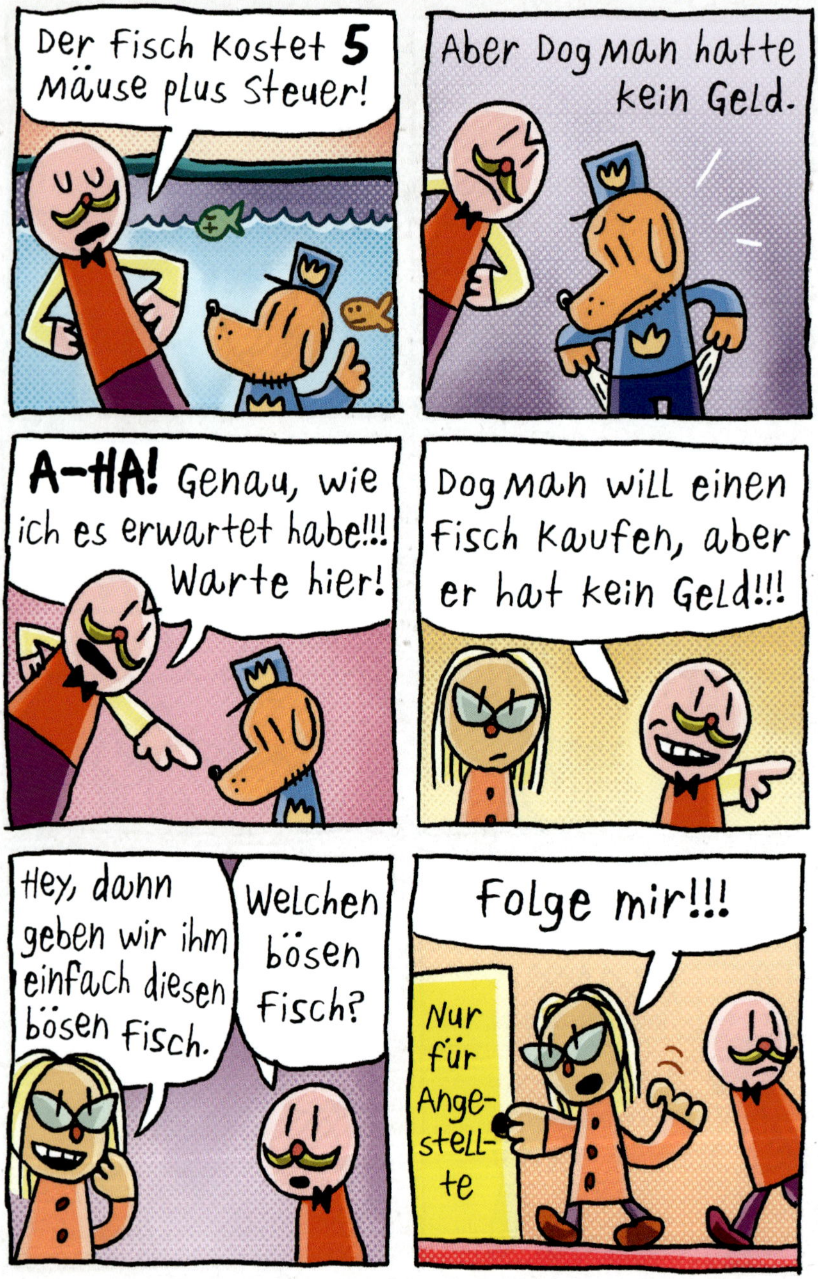
Der Fisch kostet 5 Mäuse plus Steuer!
Aber Dog Man hatte kein Geld.
A-HA! Genau, wie ich es erwartet habe!!! Warte hier!
Dog Man will einen Fisch kaufen, aber er hat kein Geld!!!
Hey, dann geben wir ihm einfach diesen bösen Fisch.
Welchen bösen Fisch?
Folge mir!!!
Nur für Angestellte

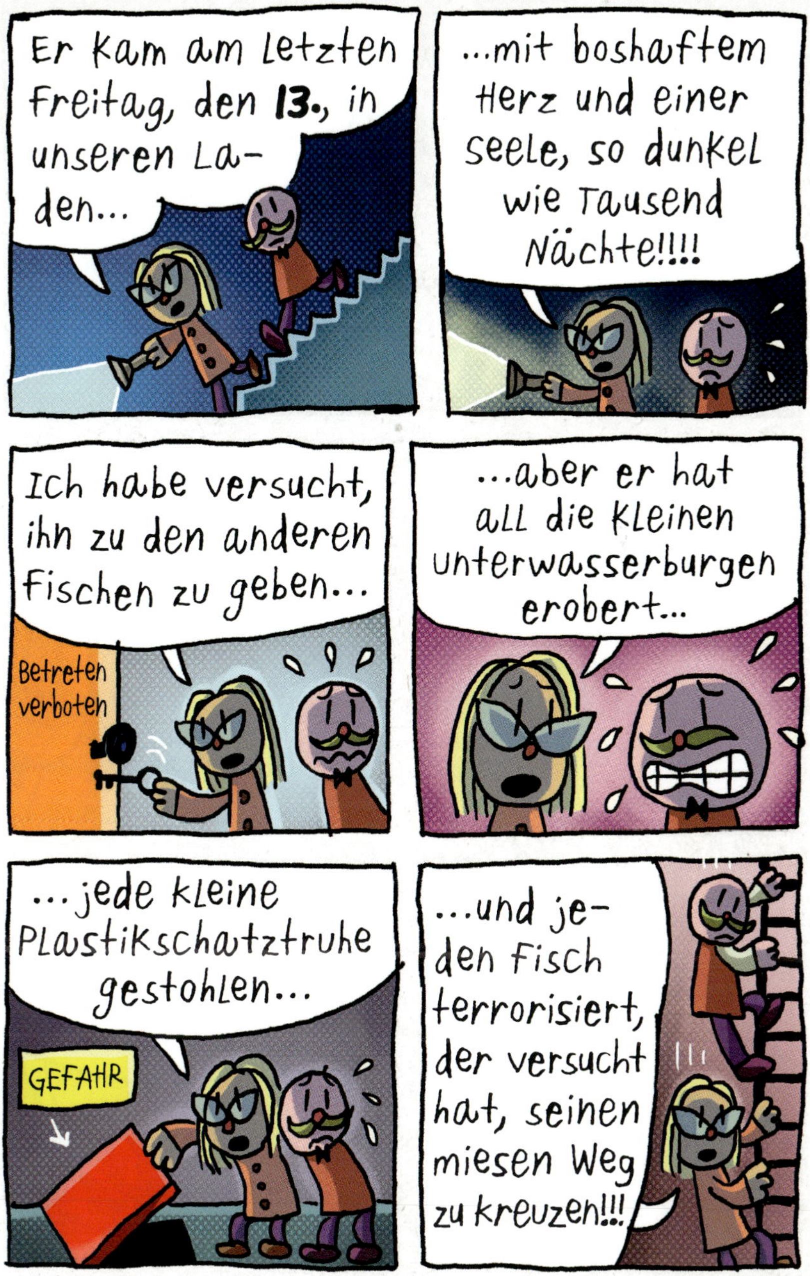
Er kam am letzten Freitag, den 13., in unseren Laden...
...mit boshaftem Herz und einer Seele, so dunkel wie Tausend Nächte!!!!
Ich habe versucht, ihn zu den anderen Fischen zu geben...
Betreten verboten
...aber er hat all die kleinen Unterwasserburgen erobert...
...jede kleine Plastikschatztruhe gestohlen...
GEFAHR
...und jeden Fisch terrorisiert, der versucht hat, seinen miesen Weg zu kreuzen!!!

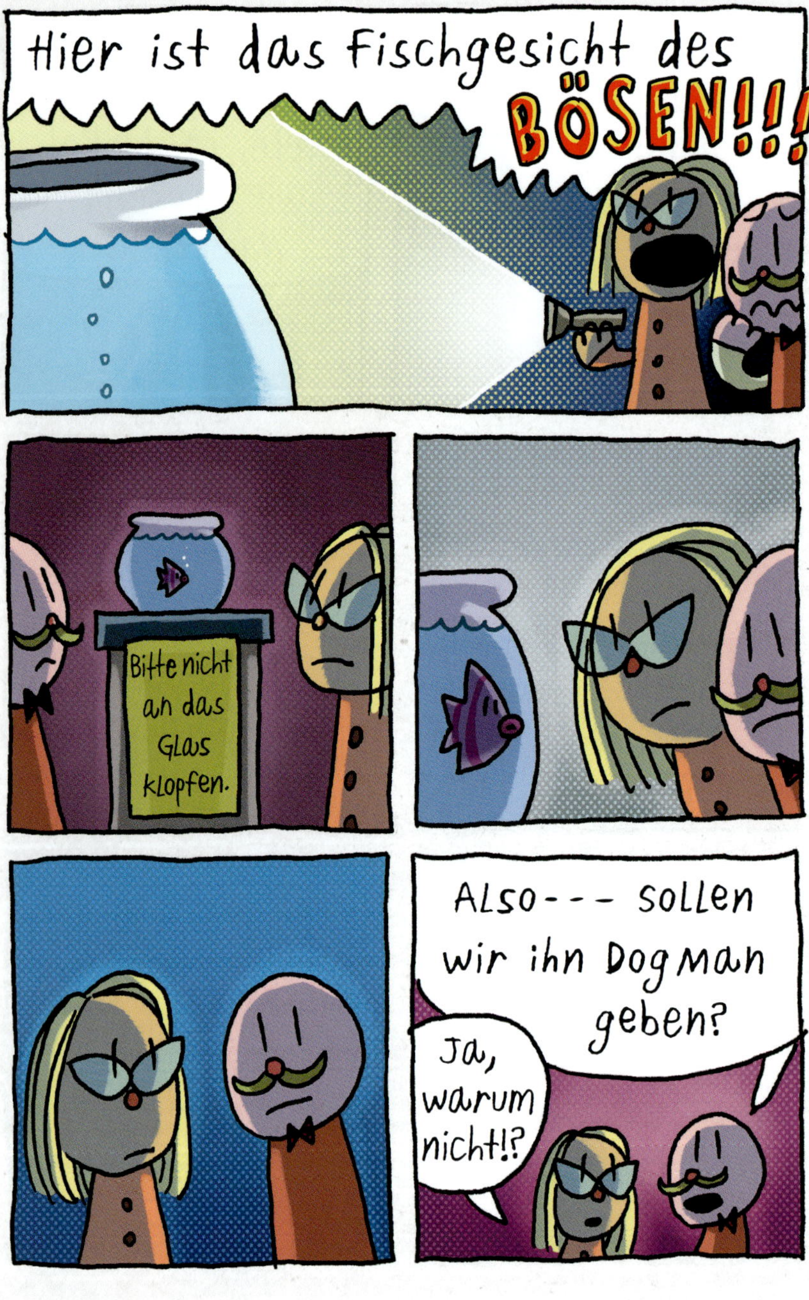
Hier ist das Fischgesicht des BÖSEN!!!
Bitte nicht an das Glas klopfen.
Also--- sollen wir ihn Dogman geben?
Ja, warum nicht!?

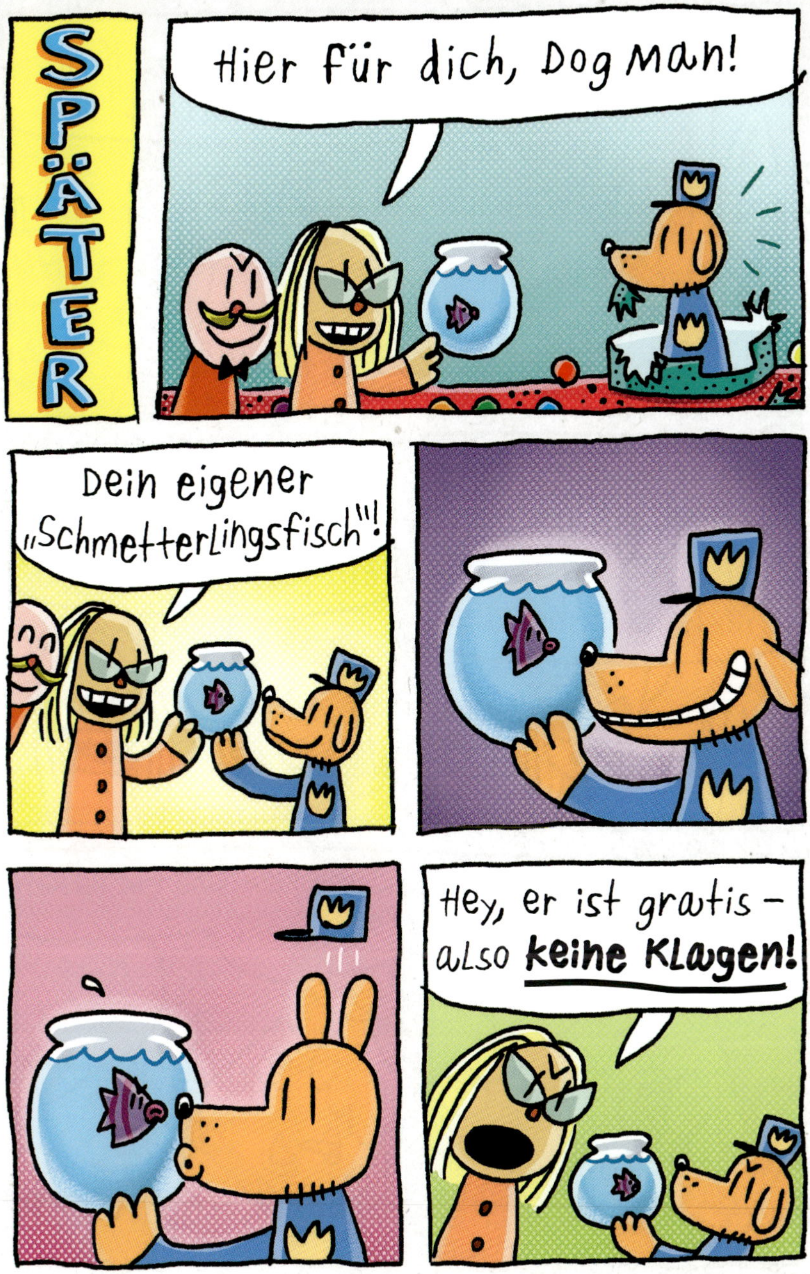
SPÄTER
Hier für dich, Dog Man!
Dein eigener „Schmetterlingsfisch"!
Hey, er ist gratis – also keine Klagen!

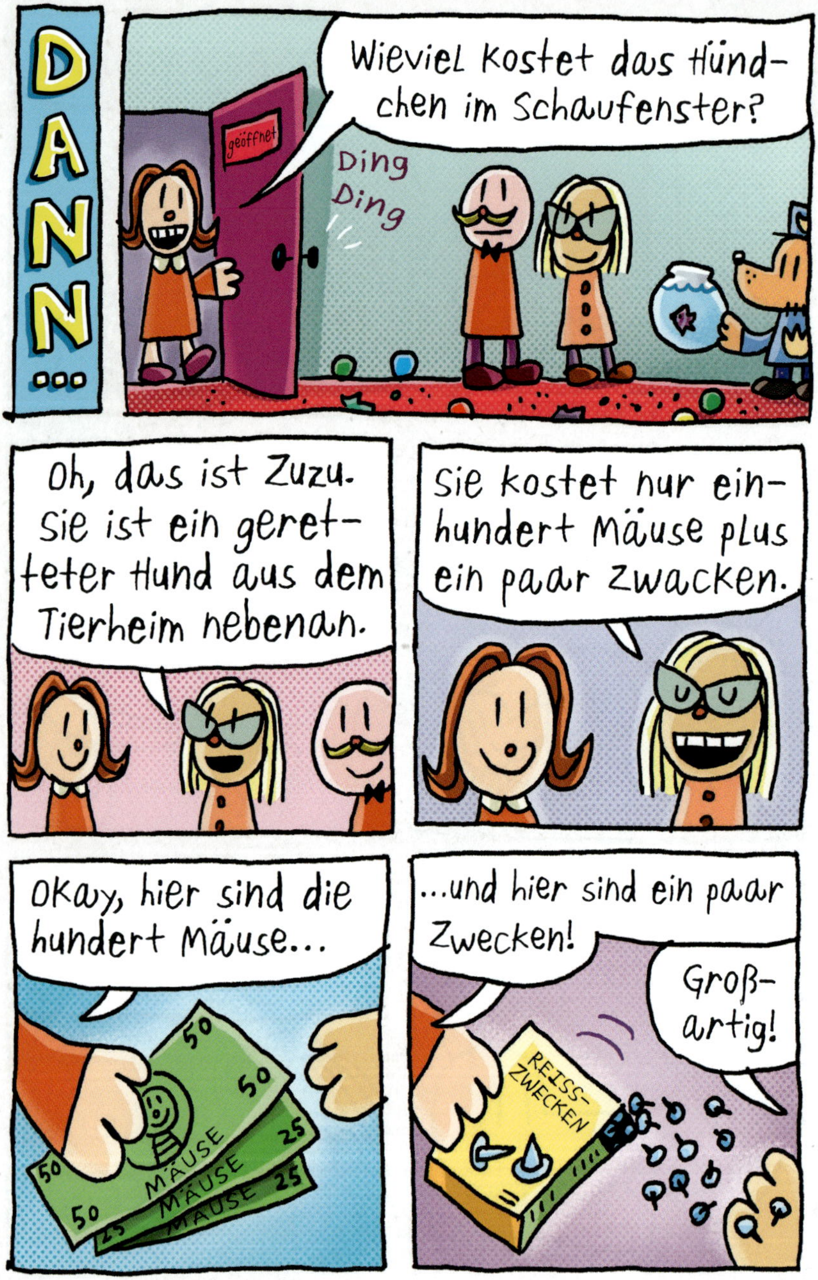
DANN...
Wieviel kostet das Hündchen im Schaufenster?
geöffnet
Ding Ding
Oh, das ist Zuzu. Sie ist ein geretteter Hund aus dem Tierheim nebenan.
Sie kostet nur einhundert Mäuse plus ein paar Zwacken.
Okay, hier sind die hundert Mäuse...
50
50
25
25
50
50
MÄUSE
MÄUSE
MÄUSE
...und hier sind ein paar Zwecken!
Großartig!
REISS-ZWECKEN

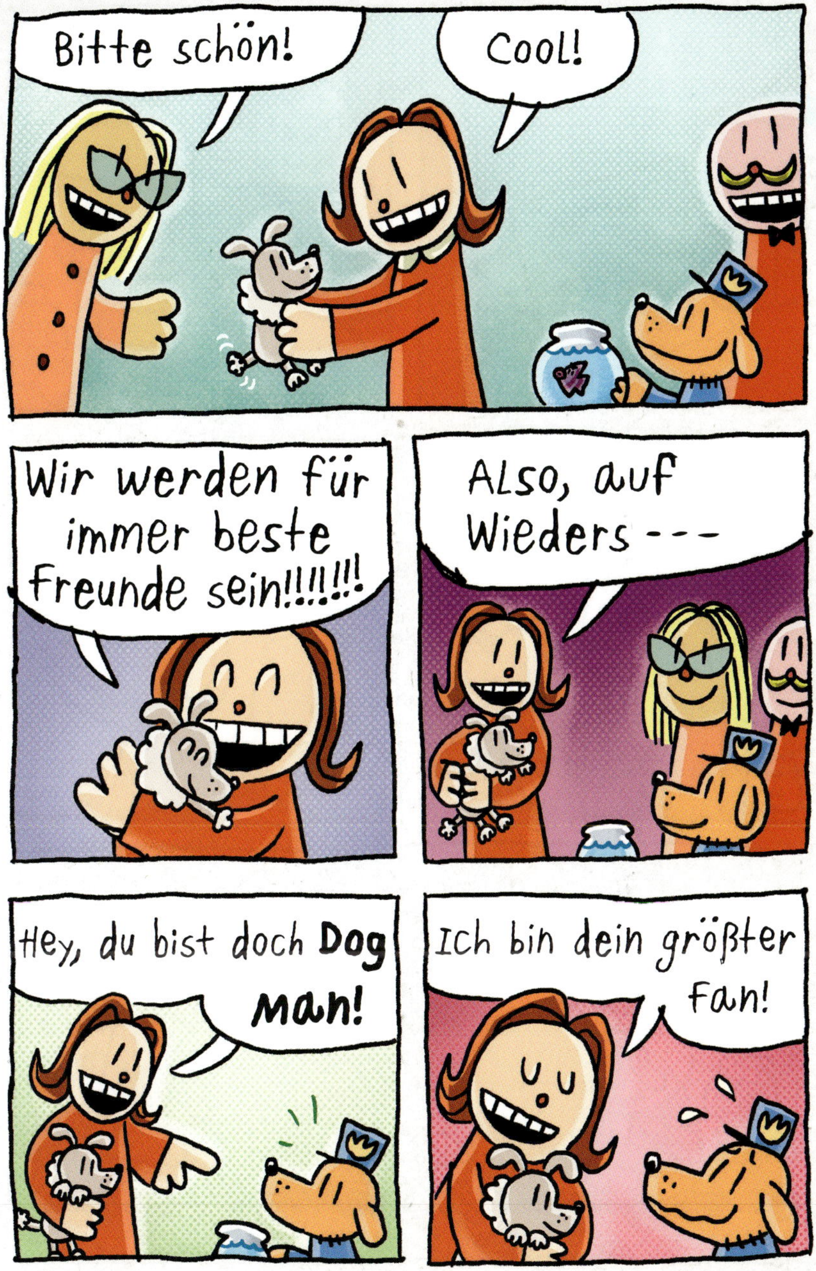
Bitte schön!
Cool!
Wir werden für immer beste Freunde sein!!!!!!!
Also, auf Wieders ---
Hey, du bist doch **Dog Man!**
Ich bin dein größter Fan!

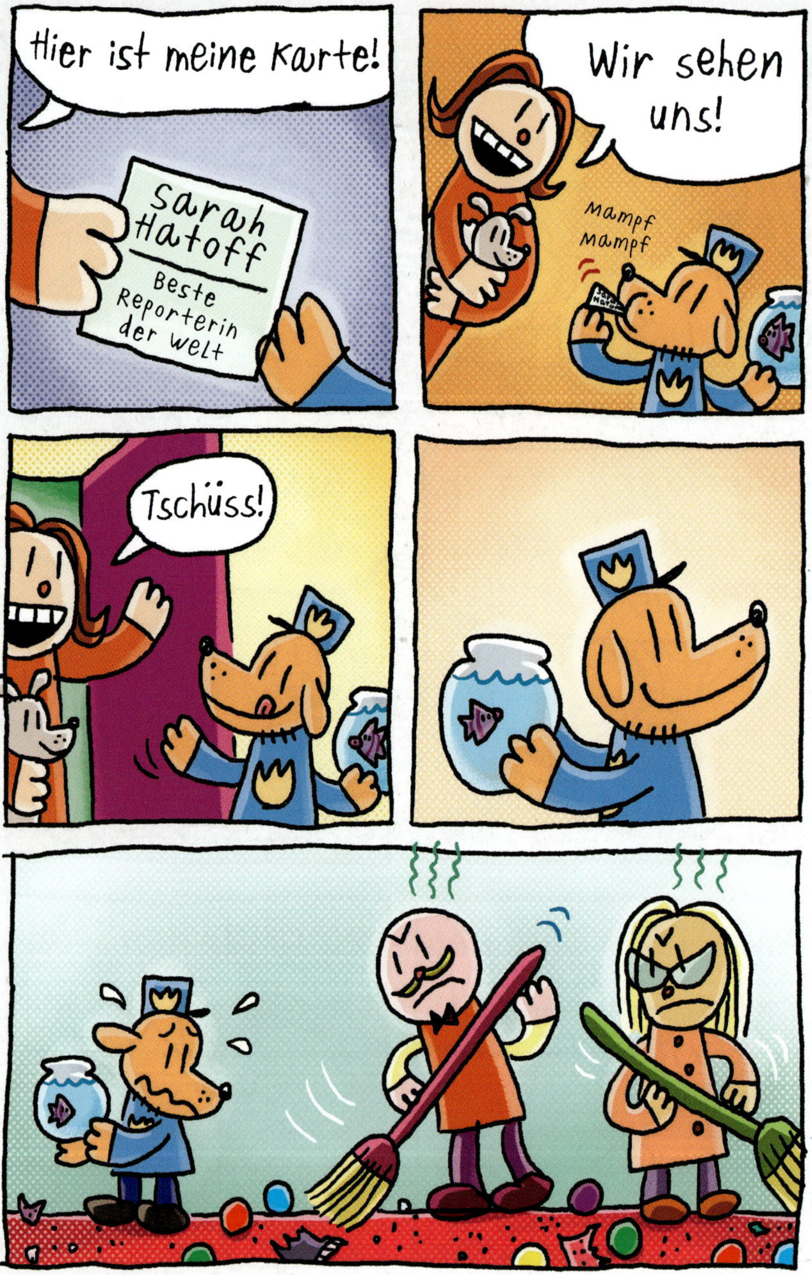
Hier ist meine Karte!
Sarah Hatoff
Beste Reporterin der Welt
Wir sehen uns!
Mampf Mampf
Tschüss!

Kapitel 3

HAPPY BirThdaY, CHEF

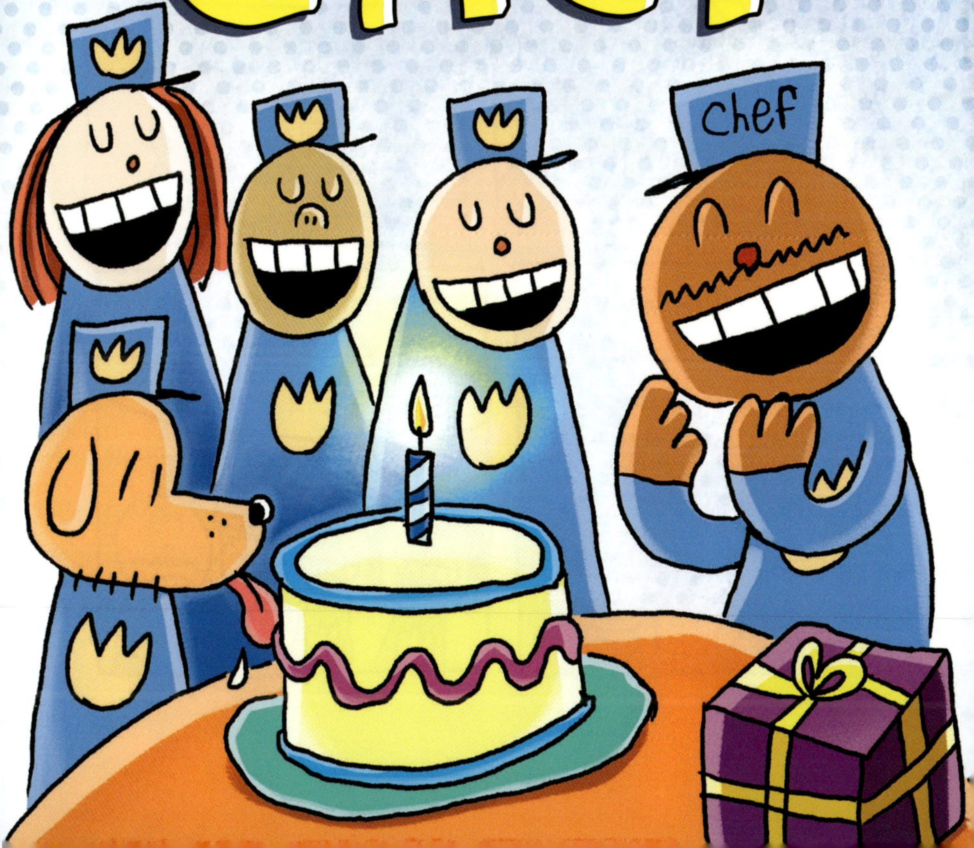

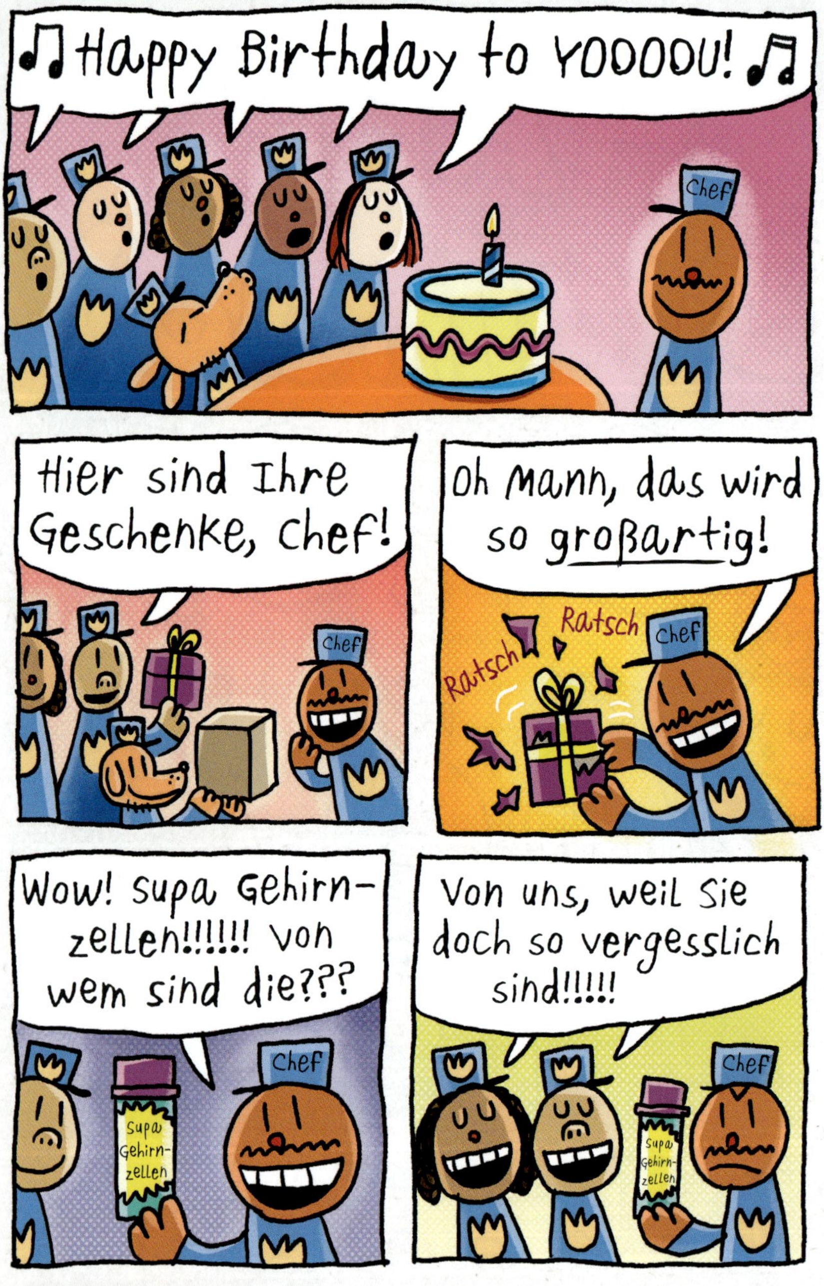
Happy Birthday to YOOOOU!
Chef
Hier sind Ihre Geschenke, Chef!
Chef
Oh Mann, das wird so großartig!
Ratsch
Ratsch
Chef
Wow! Supa Gehirnzellen!!!!!! Von wem sind die???
Chef
Supa Gehirnzellen
Von uns, weil Sie doch so vergesslich sind!!!!!
Chef
Supa Gehirnzellen

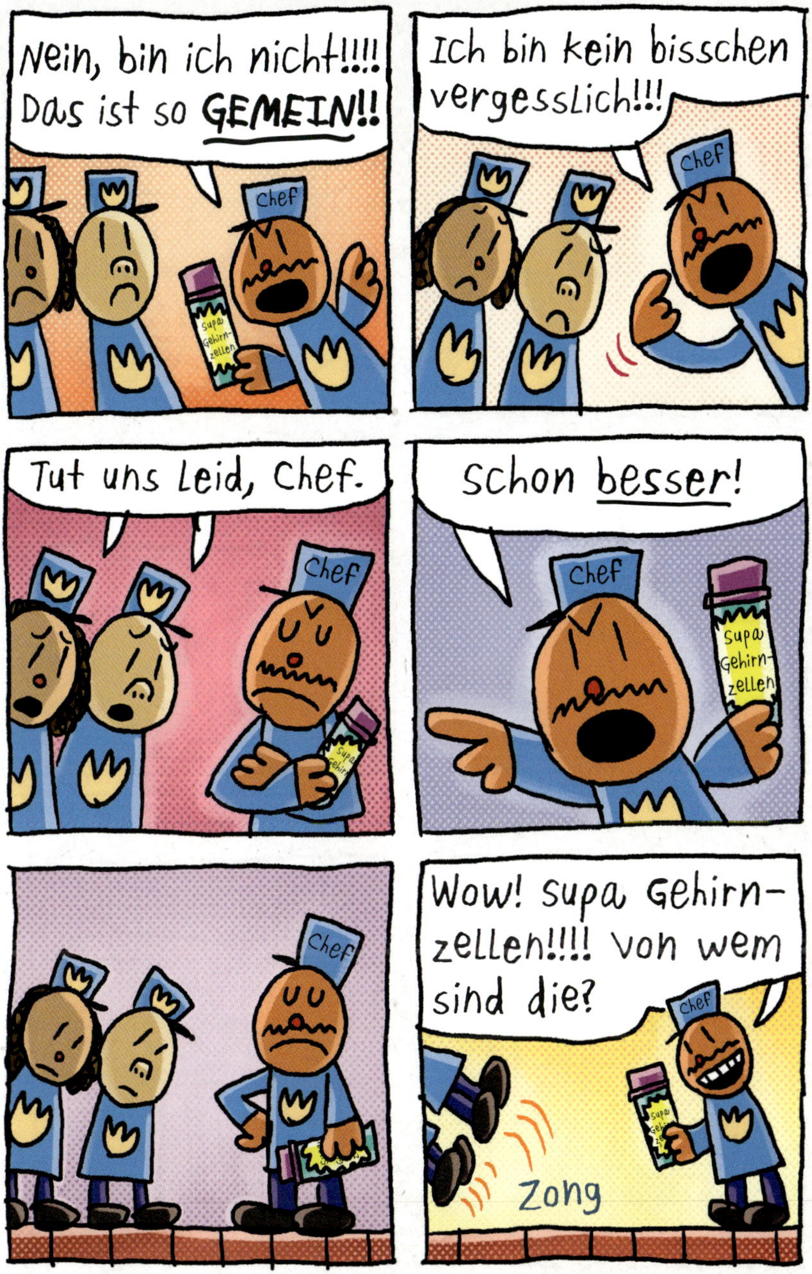
Nein, bin ich nicht!!!! Das ist so GEMEIN!!
Supa Gehirnzellen
Chef
Ich bin kein bisschen vergesslich!!!
Chef
Tut uns Leid, Chef.
Chef
Schon besser!
Chef
Supa Gehirnzellen
Chef
Wow! Supa Gehirnzellen!!!! Von wem sind die?
Chef
Zong

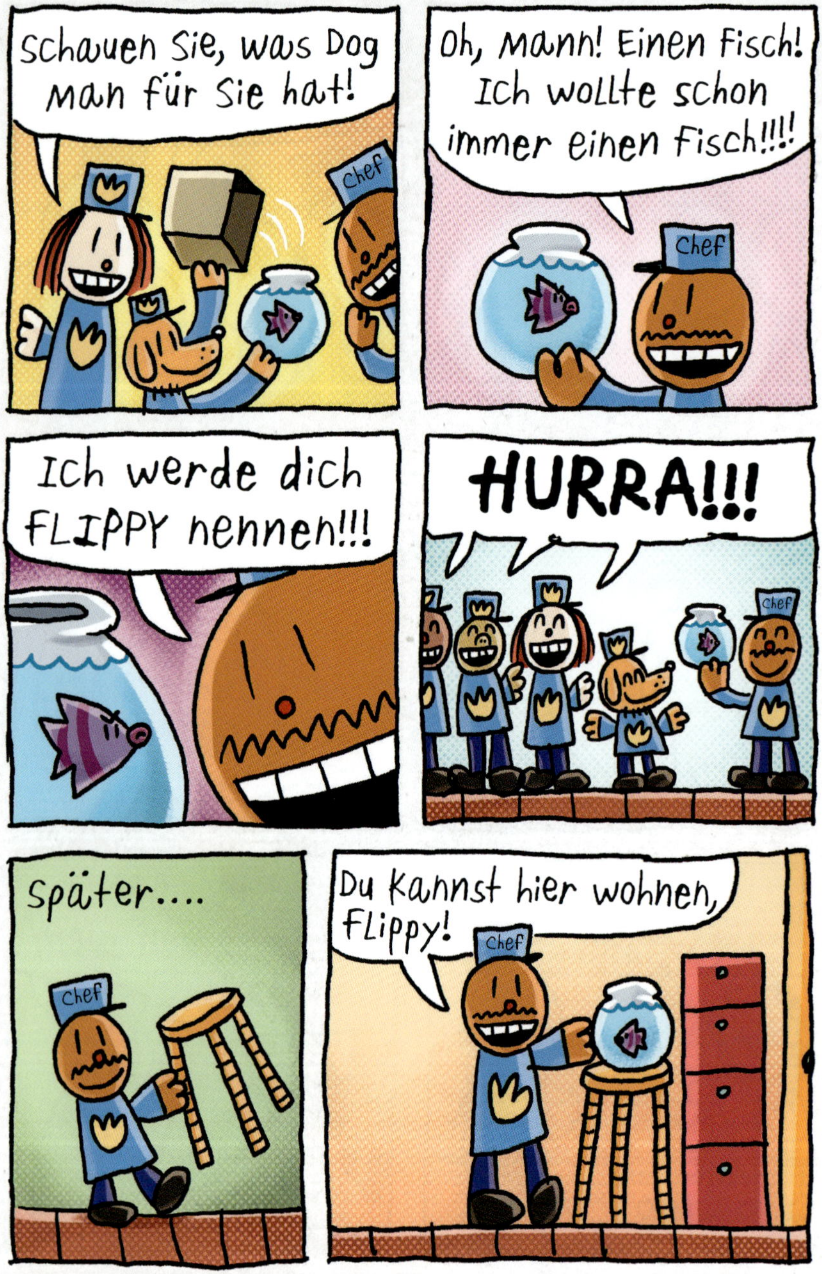
Schauen Sie, was Dog Man für Sie hat!
Chef
Oh, Mann! Einen Fisch! Ich wollte schon immer einen Fisch!!!!
Chef
Ich werde dich FLIPPY nennen!!!
HURRA!!!
Chef
Später....
Chef
Du kannst hier wohnen, FLIPPY!
Chef

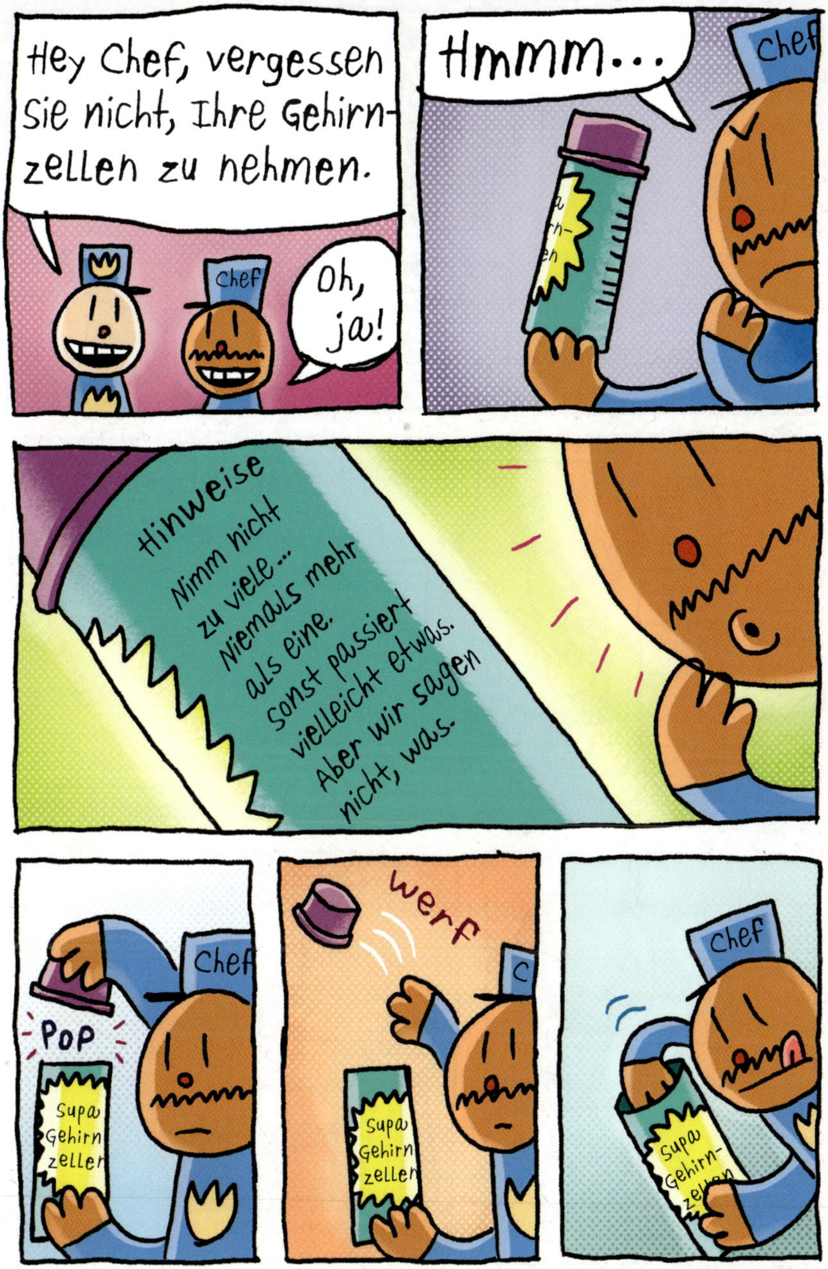

Hey Chef, vergessen sie nicht, Ihre Gehirn-zellen zu nehmen.
Chef
Oh, ja!
Hmmm...
Chef
Hinweise
Nimm nicht zu viele... Niemals mehr als eine. Sonst passiert vielleicht etwas. Aber wir sagen nicht, was.
Chef
POP
Supa Gehirnzellen
werf
Supa Gehirnzellen
Chef
Supa Gehirn-zellen

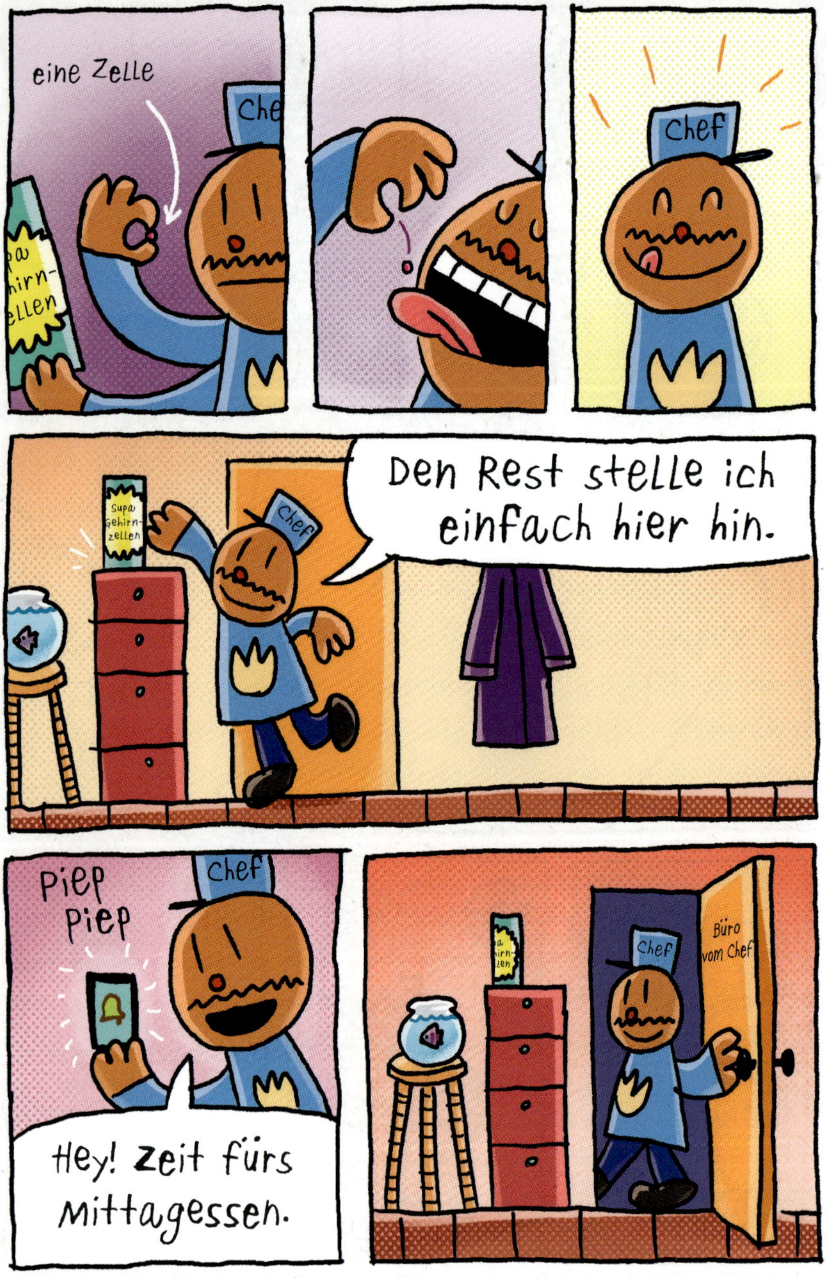
eine Zelle
Supa Gehirnzellen
Chef
Den Rest stelle ich einfach hier hin.
Piep piep
Hey! Zeit fürs Mittagessen.
Büro vom Chef

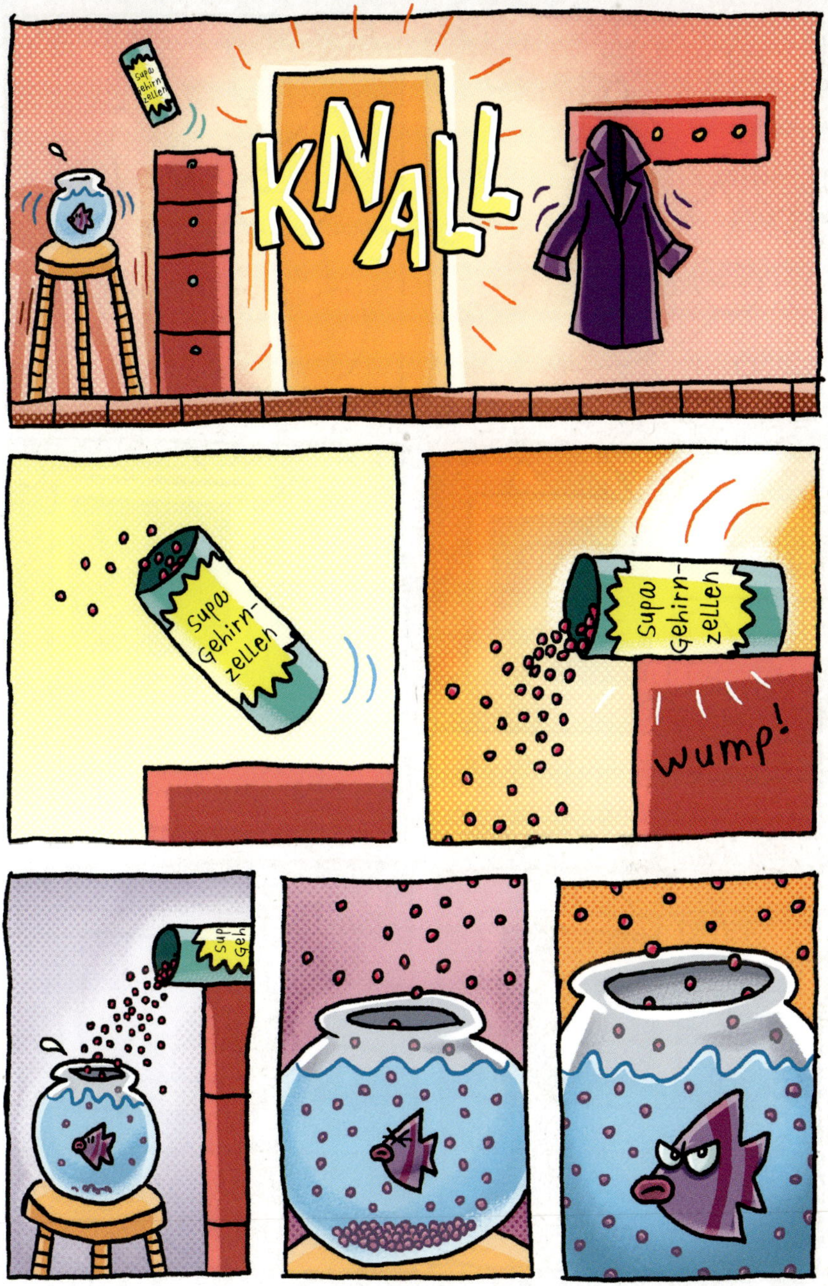
Supa Gehirnzellen
KNALL
Supa Gehirnzellen
Supa Gehirnzellen
wump!

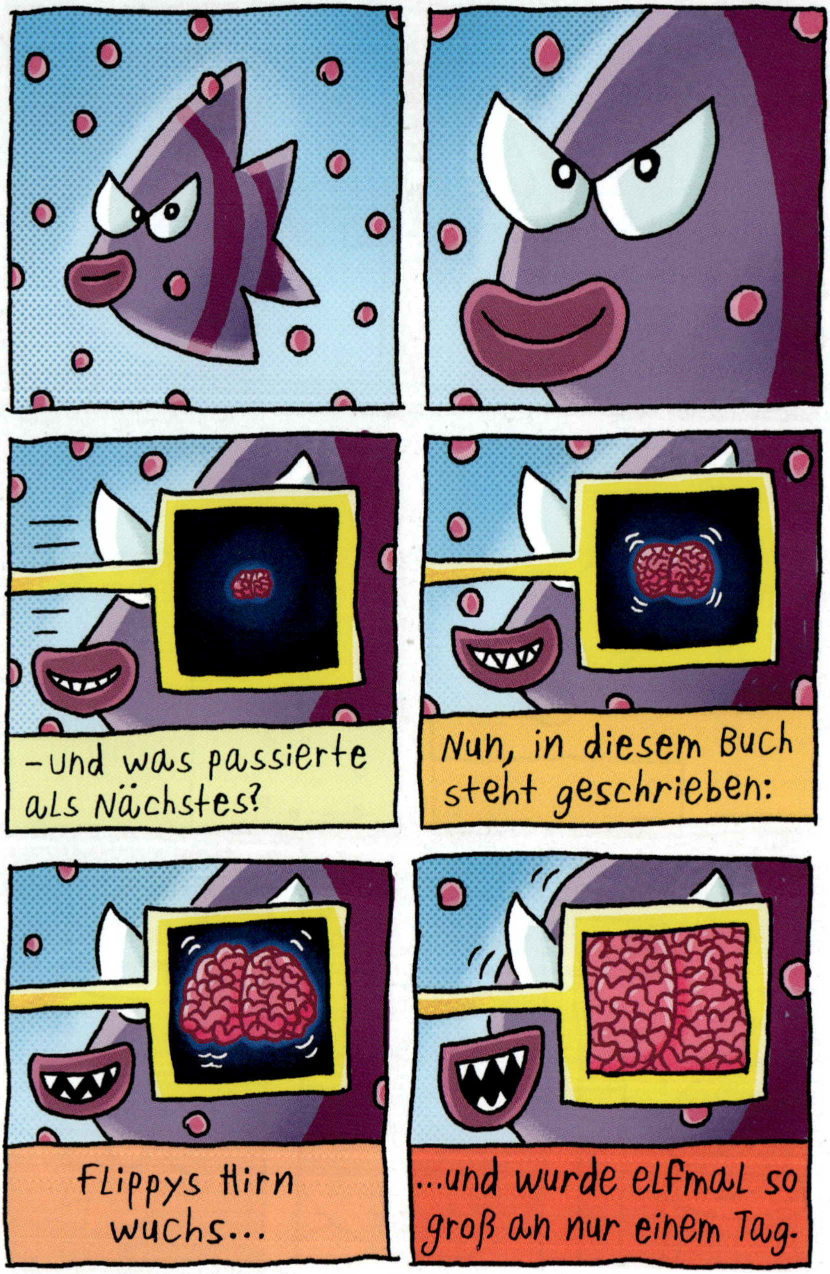
-und was passierte als Nächstes?
Nun, in diesem Buch steht geschrieben:
Flippys Hirn wuchs...
...und wurde elfmal so groß an nur einem Tag.

Kapitel 4
Der große RAUB

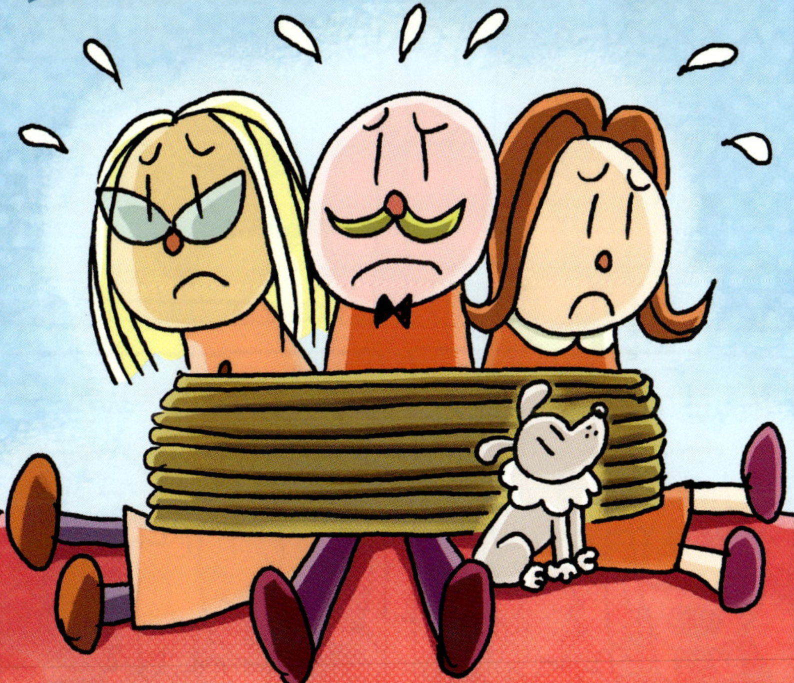

Von George und Harold

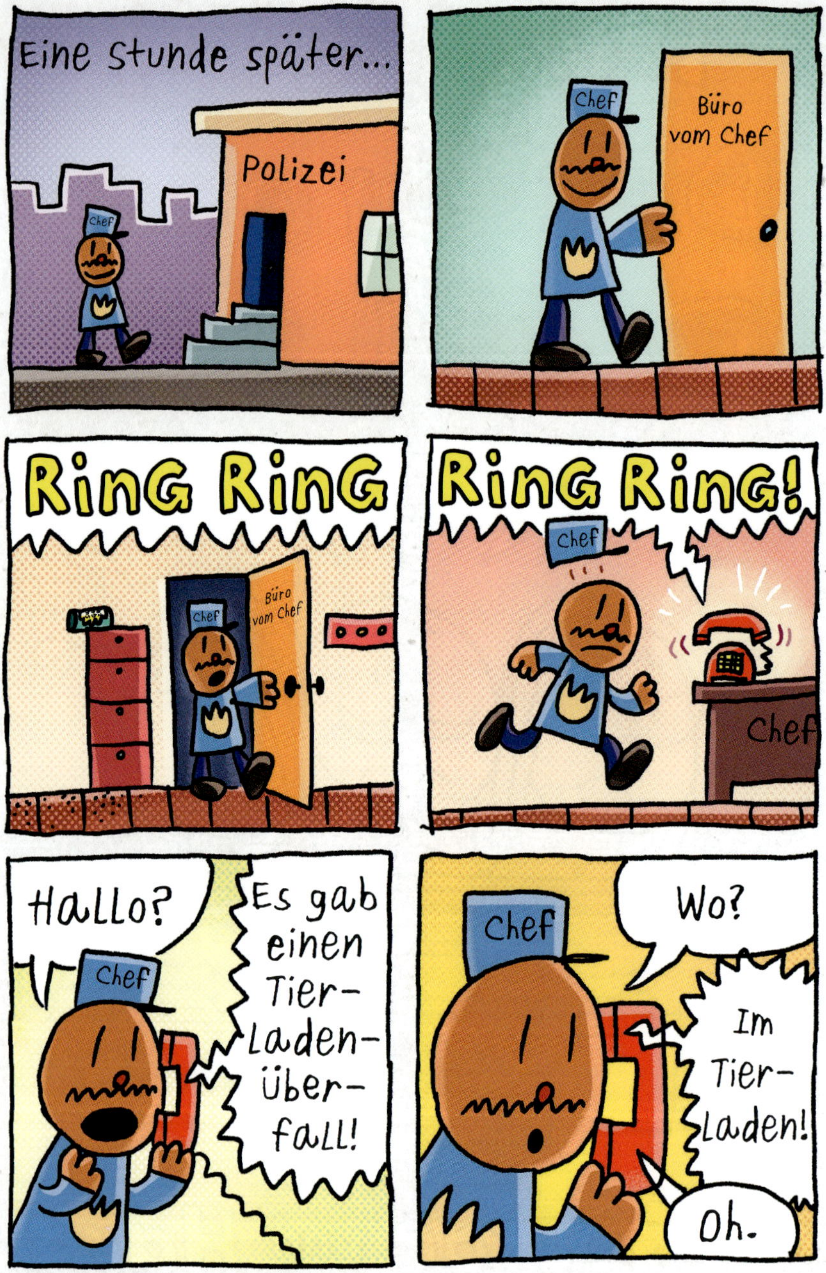
Eine Stunde später...
Polizei
Chef
Chef
Büro vom Chef
RinG RinG
Chef
Büro vom Chef
RinG RinG!
Chef
Chef
Hallo?
Chef
Es gab einen Tier-Laden-Über-fall!
Chef
Wo?
Im Tier-Laden!
Oh.

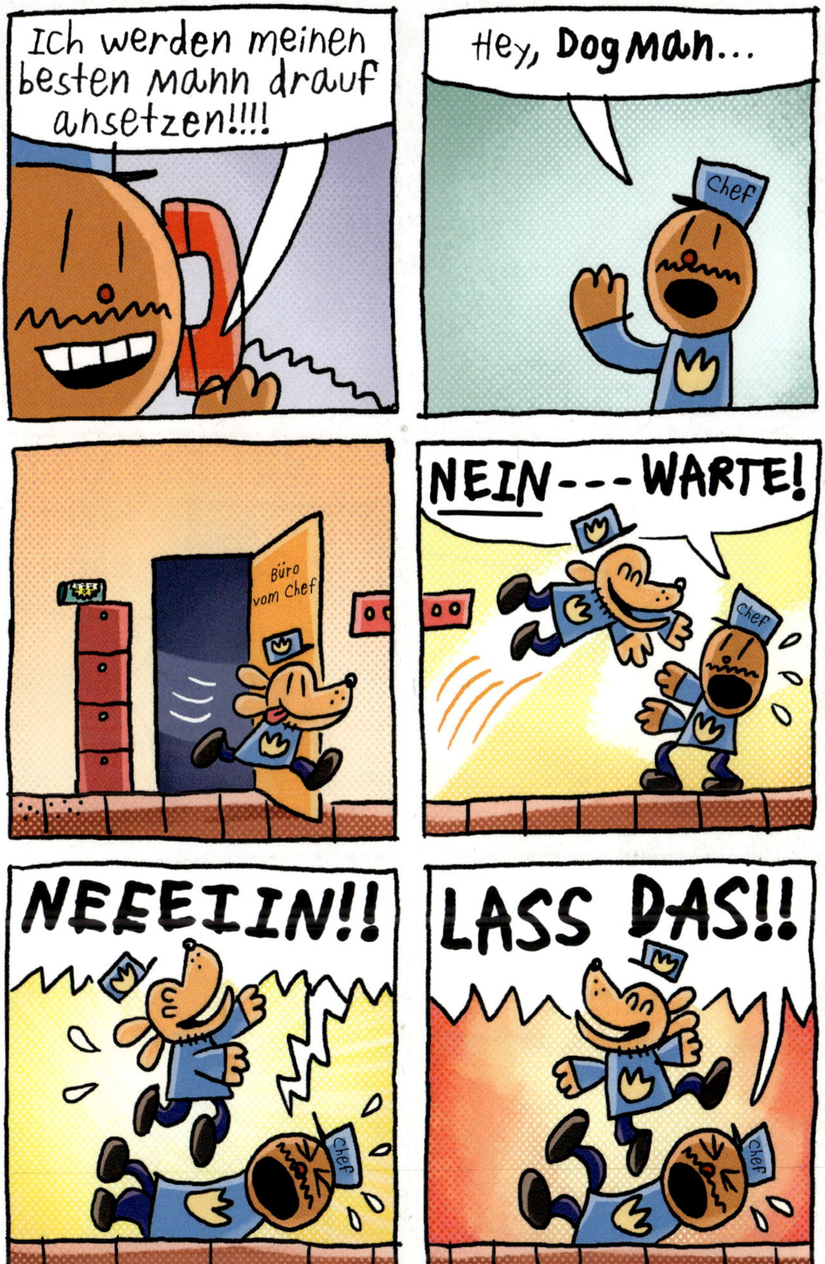
Ich werden meinen besten Mann drauf ansetzen!!!!
Hey, Dog Man...
Büro vom Chef
Chef
NEIN---WARTE!
NEEEIIN!!
LASS DAS!!

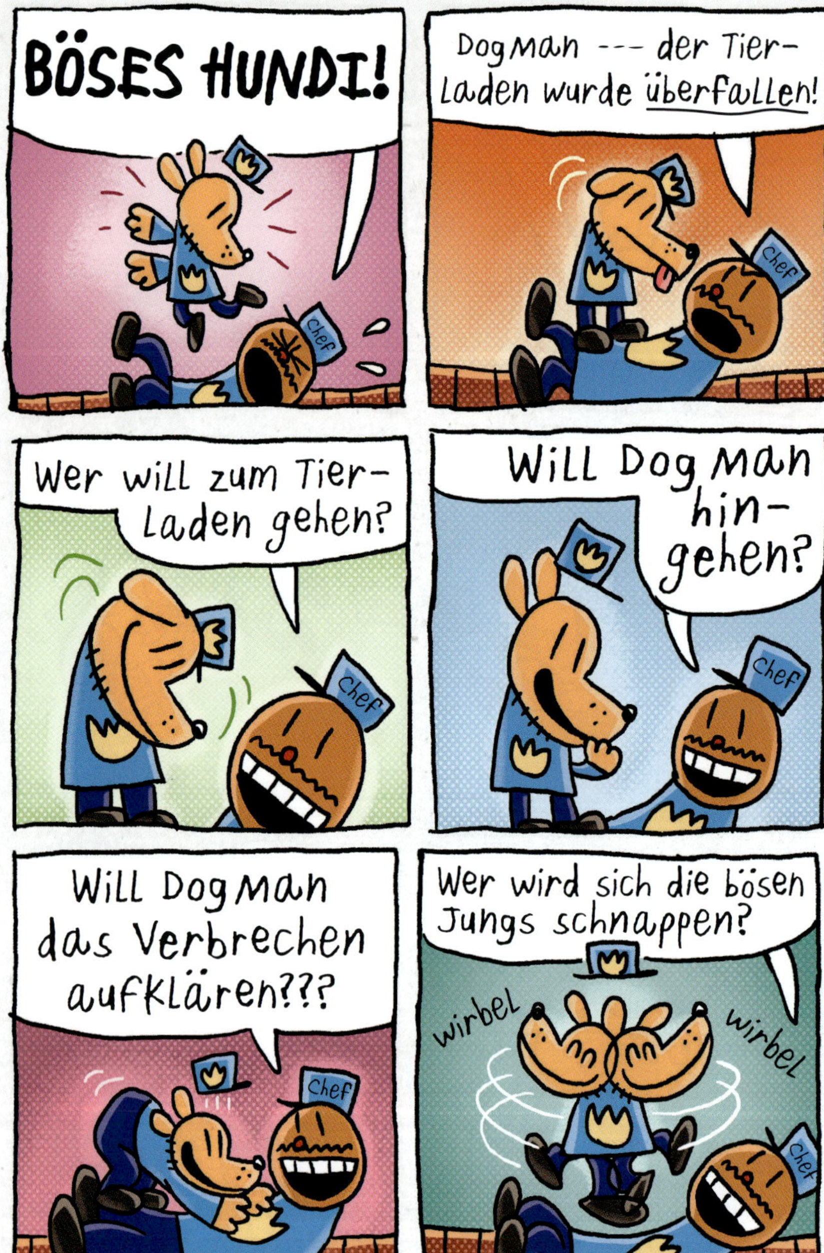
BÖSES HUNDI!
DogMan --- der Tier-Laden wurde überfallen!
Wer will zum Tier-Laden gehen?
Will Dog Man hin-gehen?
Will DogMan das Verbrechen aufklären???
Wer wird sich die bösen Jungs schnappen?
wirbel
wirbel
Chef

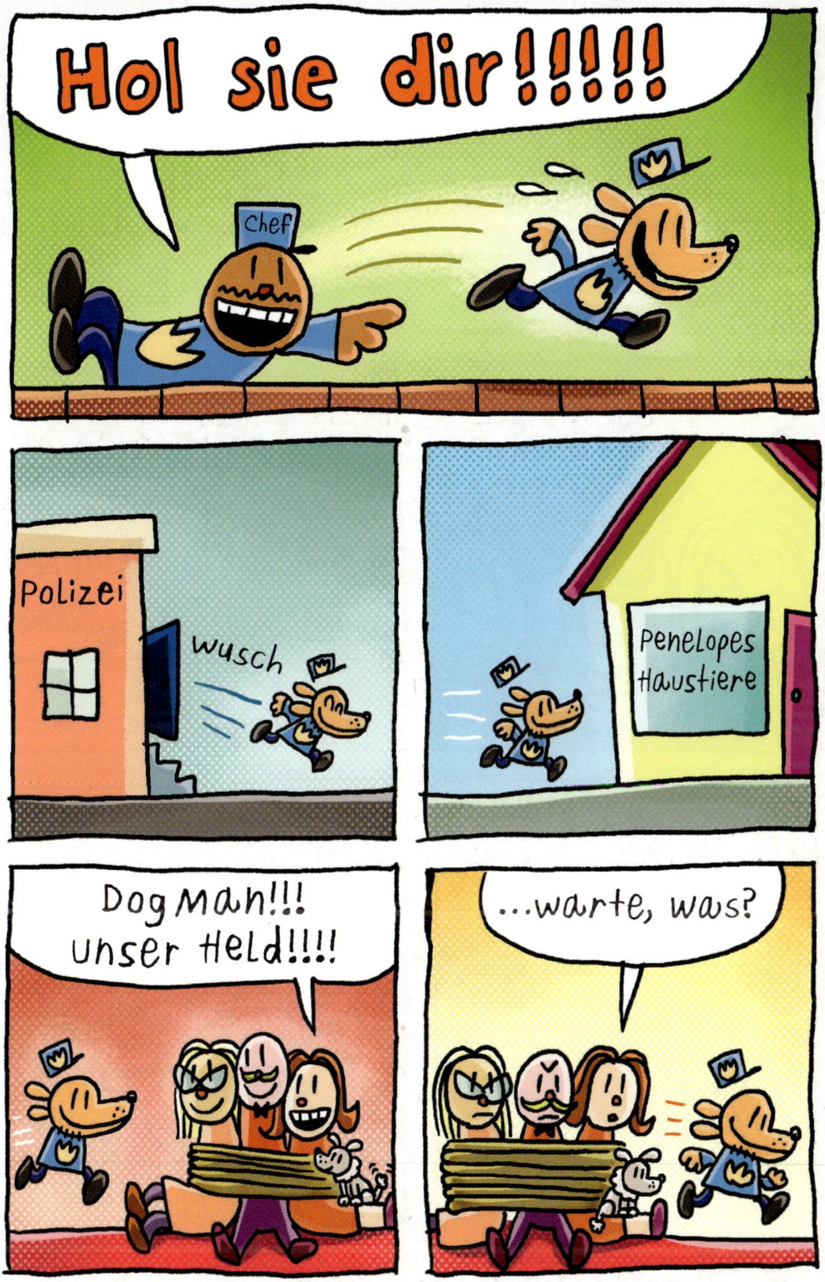
Hol sie dir!!!!!
Chef
Polizei
wusch
Penelopes Haustiere
DogMan!!! unser Held!!!!
...warte, was?

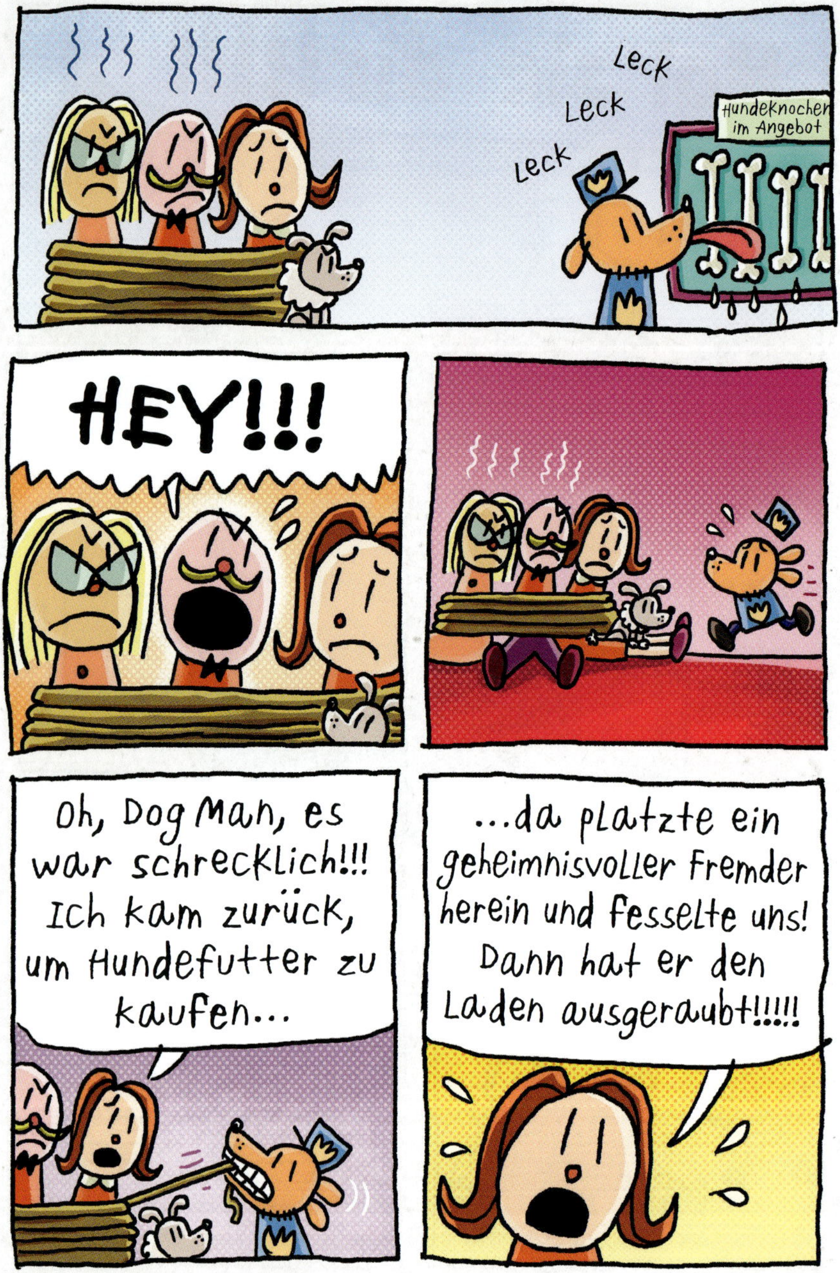

Leck
Leck
Leck
Hundeknochen im Angebot
HEY!!!
Oh, Dog Man, es war schrecklich!!! Ich kam zurück, um Hundefutter zu kaufen...
...da platzte ein geheimnisvoller Fremder herein und fesselte uns! Dann hat er den Laden ausgeraubt!!!!!

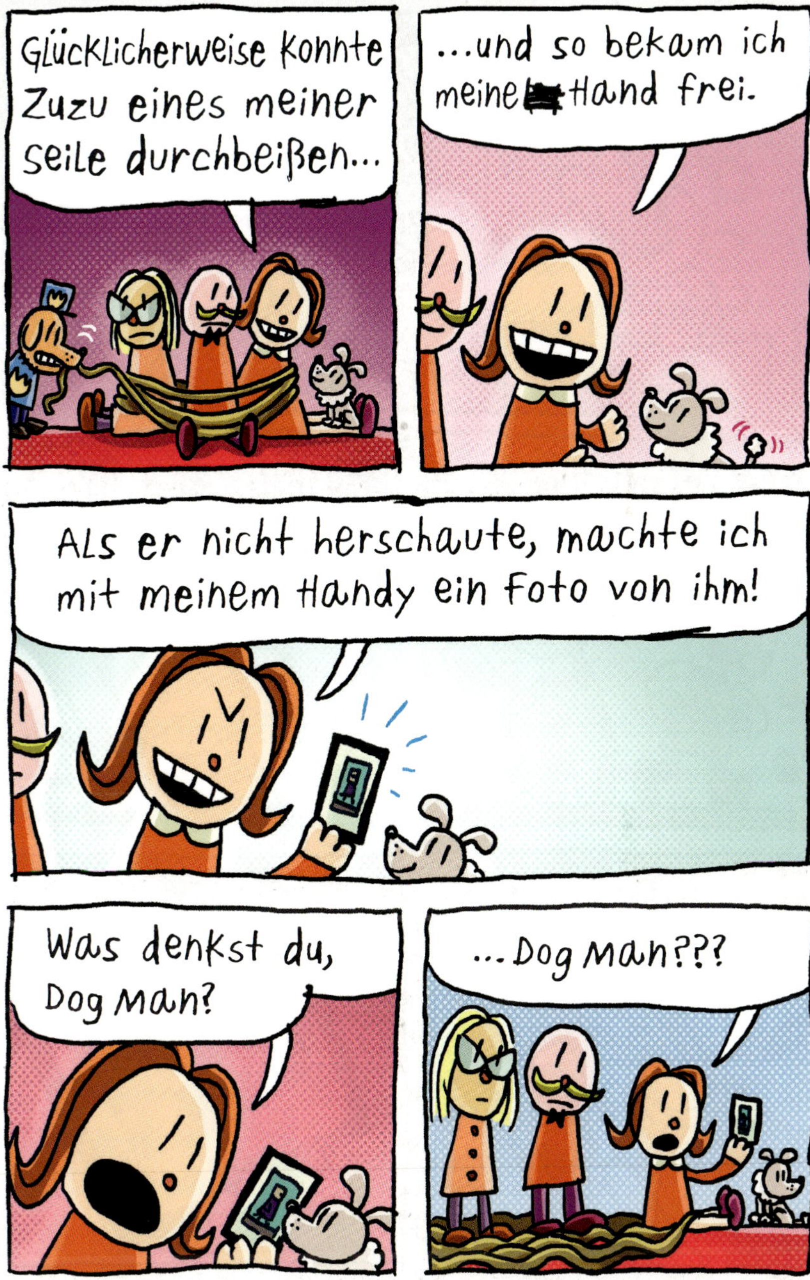
Glücklicherweise konnte Zuzu eines meiner Seile durchbeißen…
…und so bekam ich meine Hand frei.
Als er nicht herschaute, machte ich mit meinem Handy ein Foto von ihm!
Was denkst du, Dog Man?
…Dog Man???

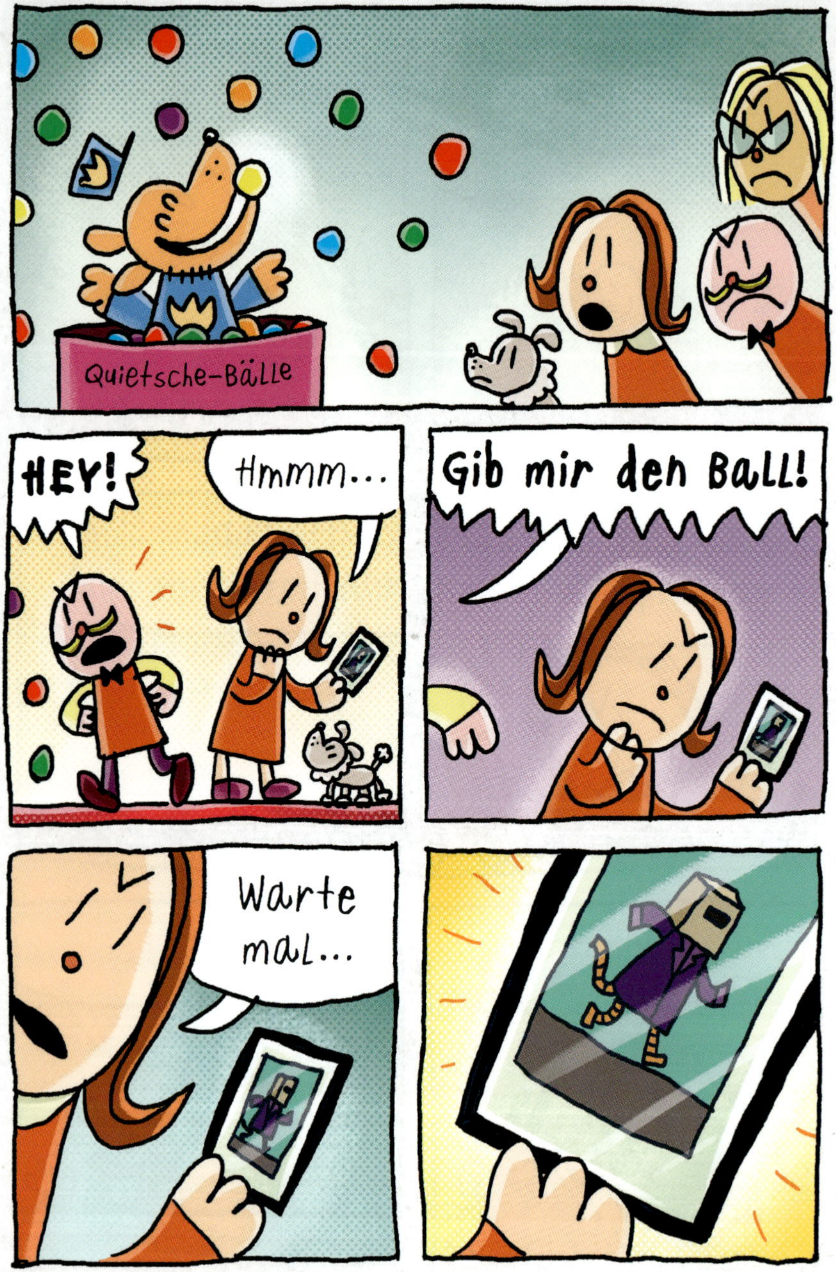
Quietsche-Bälle
HEY!
Hmmm...
Gib mir den BALL!
Warte mal...

Kapitel 5

Peteys spektakuläre Flucht

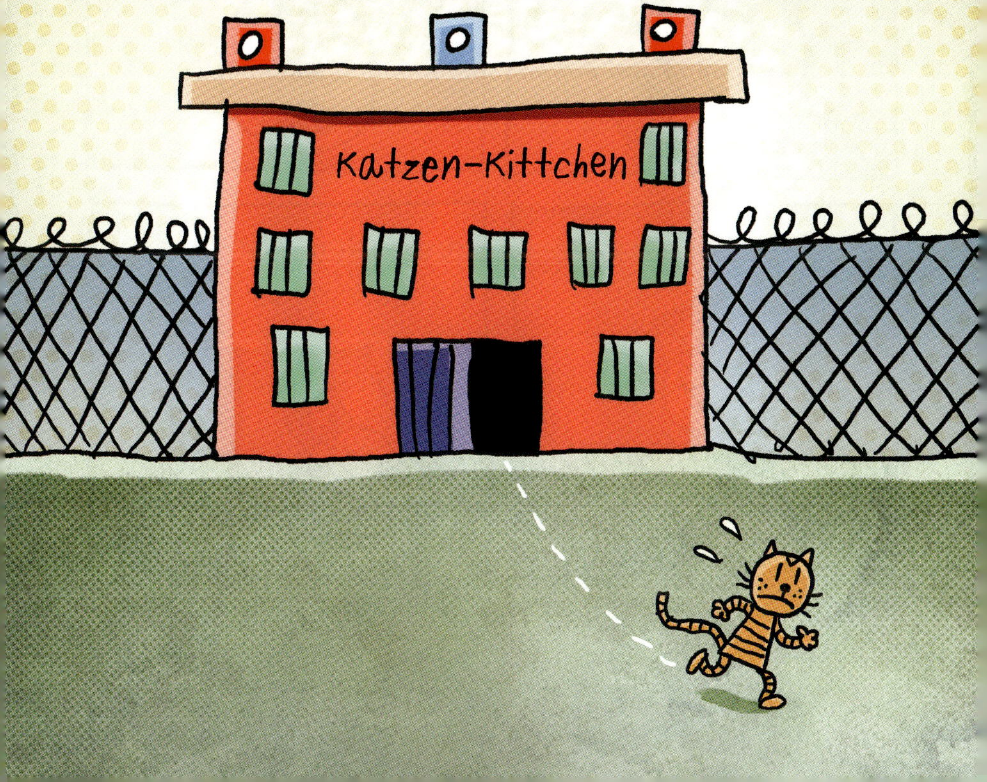

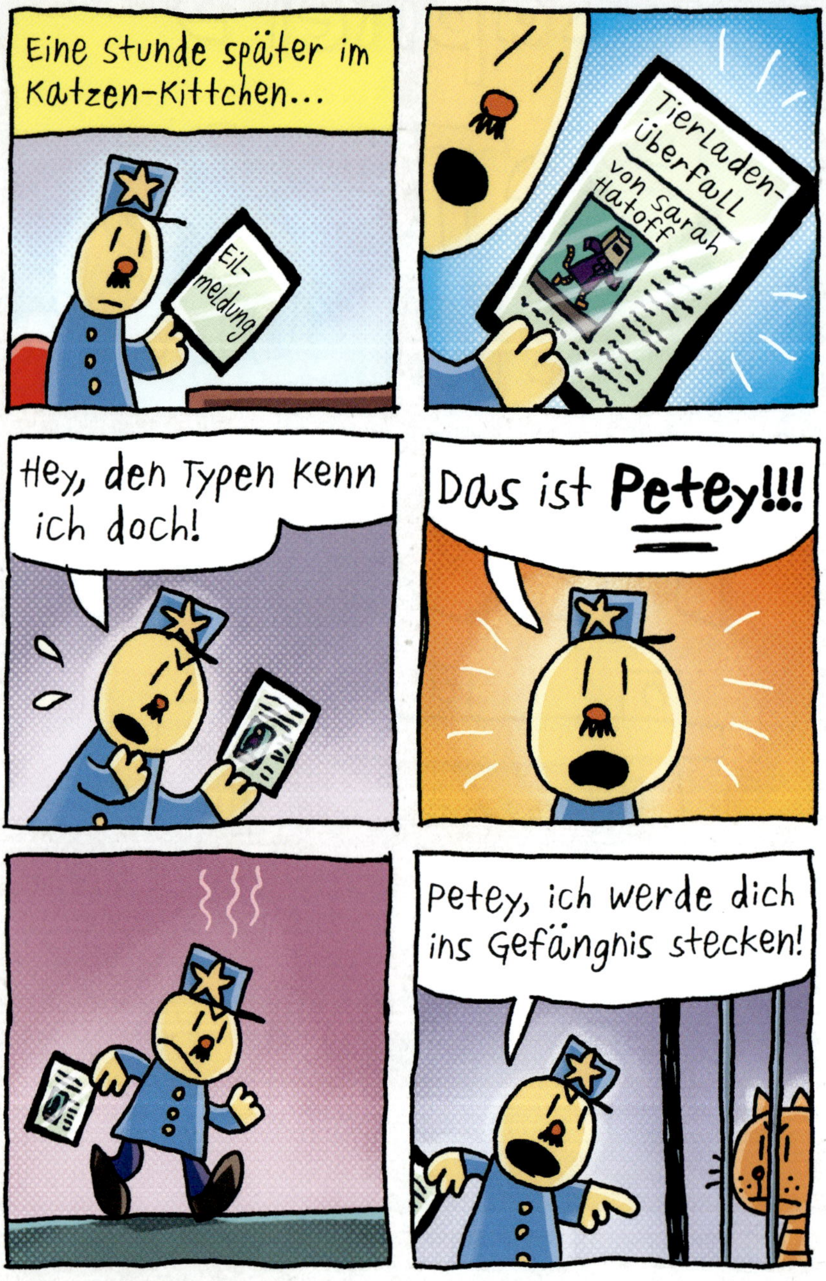
Eine Stunde später im Katzen-Kittchen…
Eil-meldung
Tierladen-Überfall
von Sarah Hatoff
Hey, den Typen kenn ich doch!
Das ist Petey!!!
Petey, ich werde dich ins Gefängnis stecken!

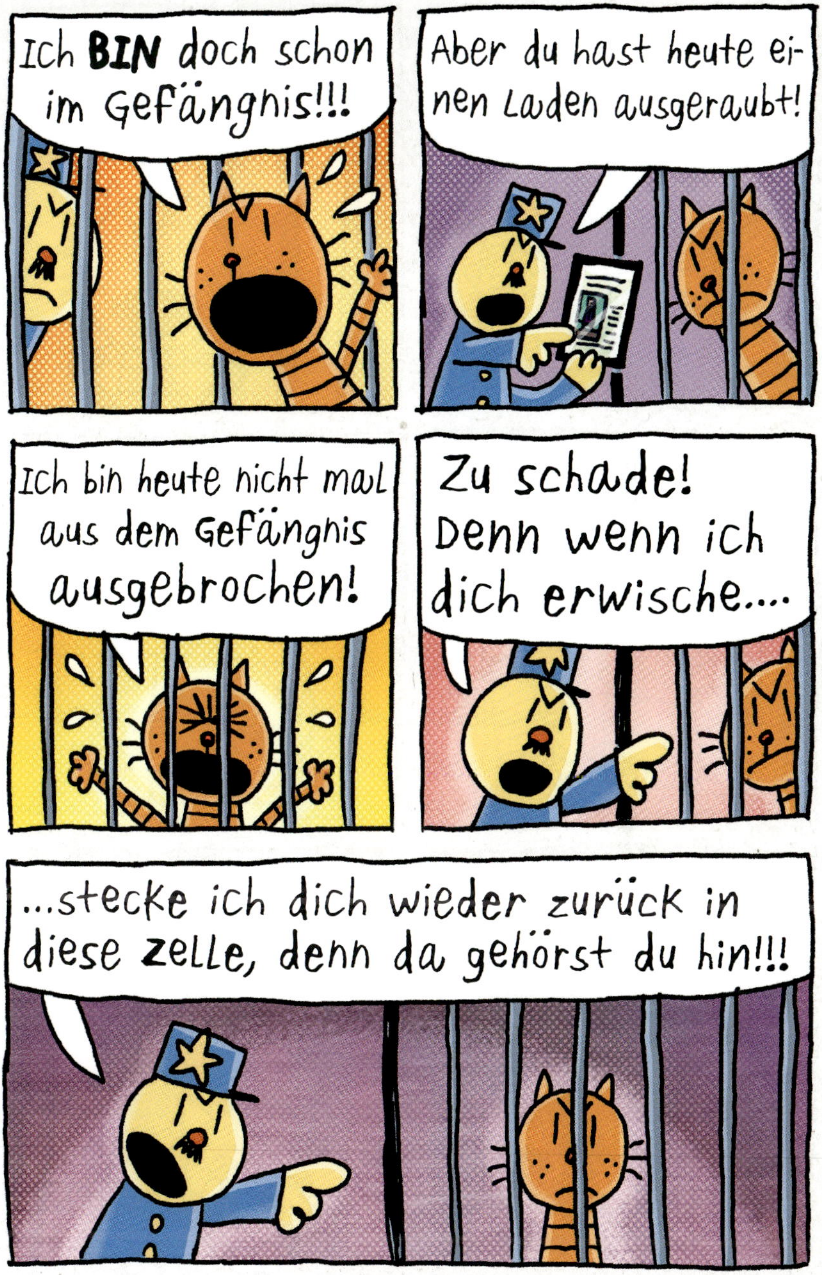
Ich BIN doch schon im Gefängnis!!!
Aber du hast heute einen Laden ausgeraubt!
Ich bin heute nicht mal aus dem Gefängnis ausgebrochen!
Zu schade! Denn wenn ich dich erwische....
...stecke ich dich wieder zurück in diese Zelle, denn da gehörst du hin!!!

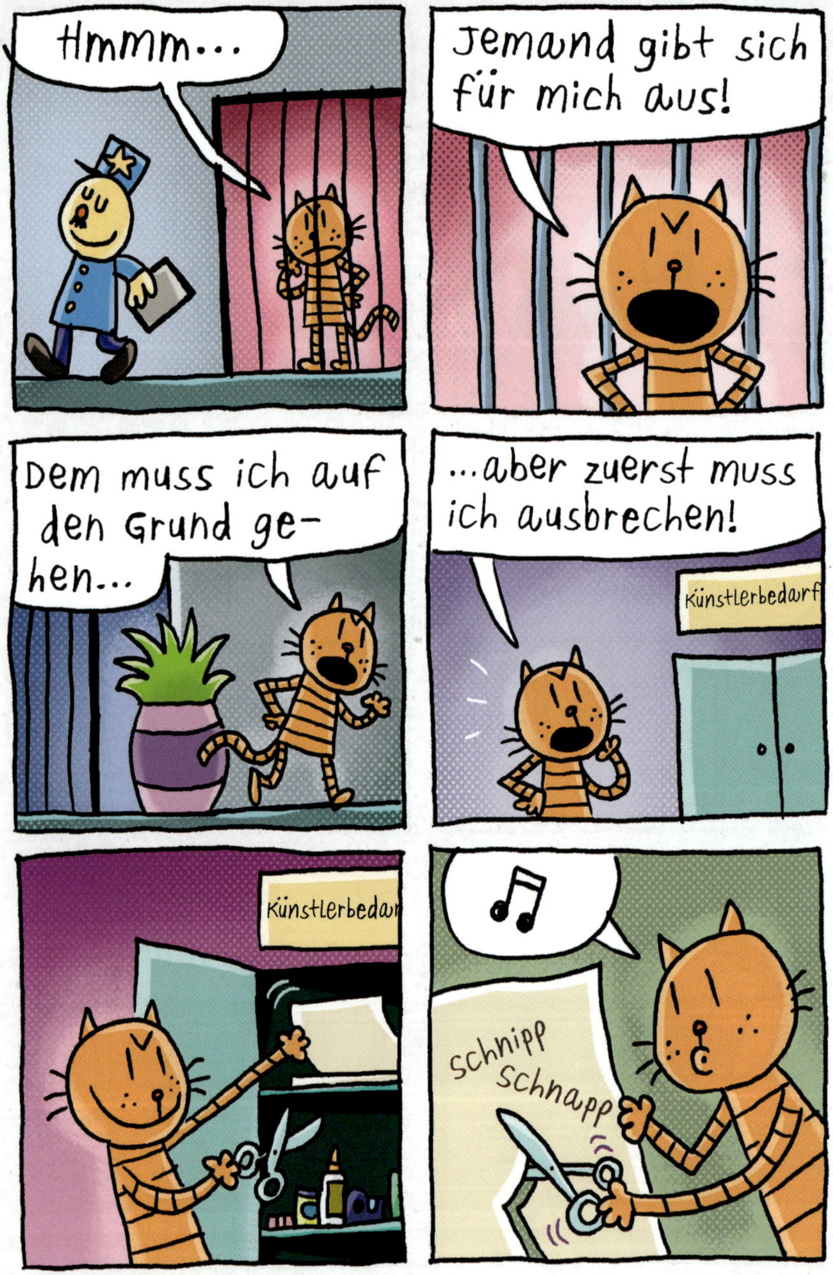
Hmmm...
Jemand gibt sich für mich aus!
Dem muss ich auf den Grund ge-hen...
...aber zuerst muss ich ausbrechen!
Künstlerbedarf
Künstlerbedar
♫
Schnipp
Schnapp

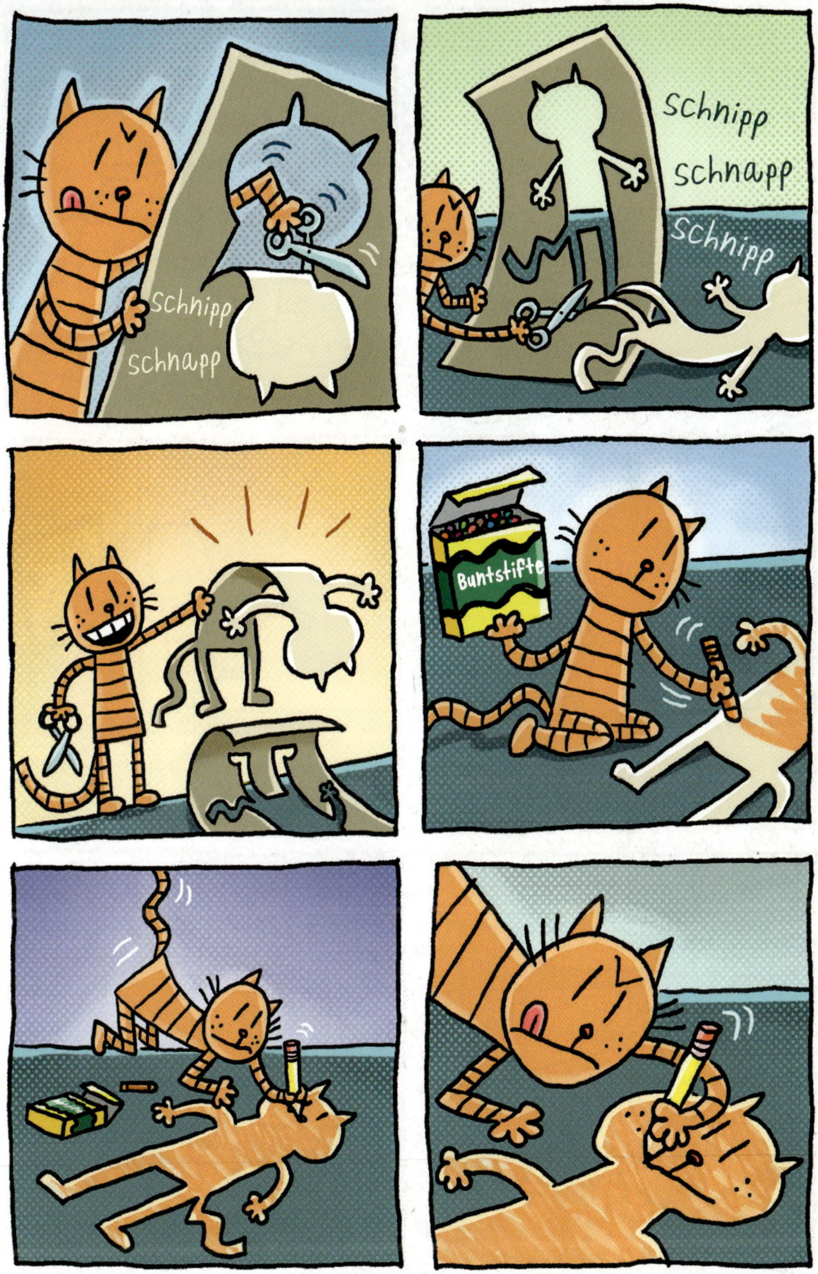
schnipp
schnapp
schnipp
schnapp
schnipp
Buntstifte

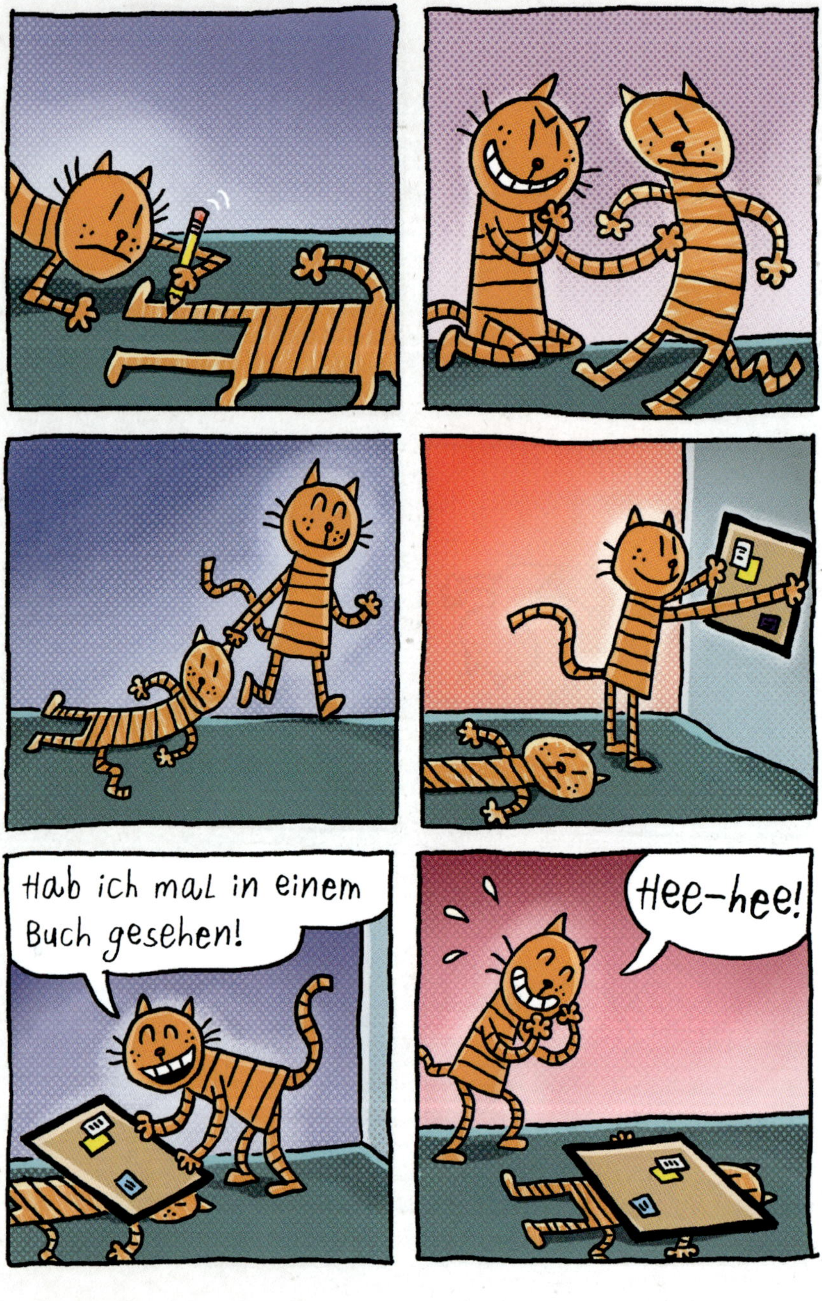
Hab ich mal in einem Buch gesehen!
Hee-hee!

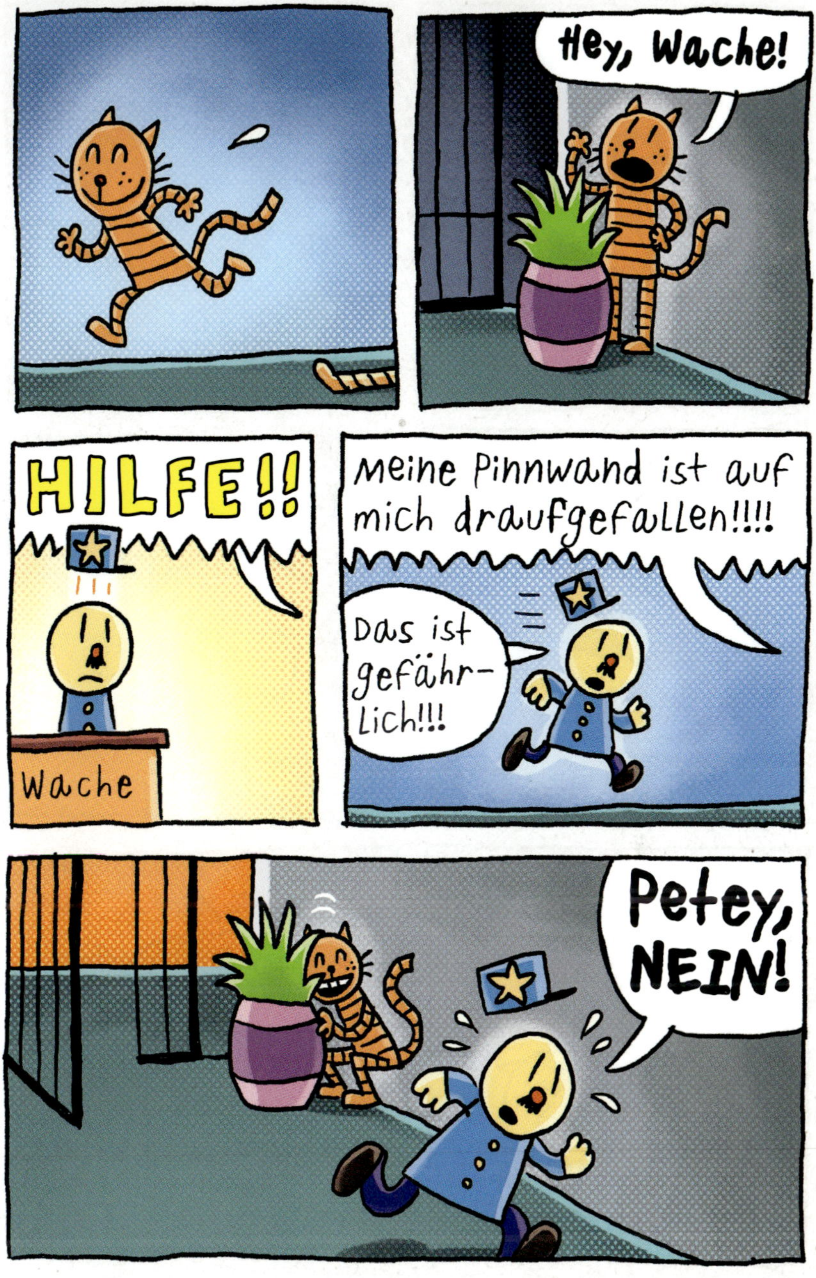
Hey, Wache!
HILFE!!
Wache
Meine Pinnwand ist auf mich draufgefallen!!!!
Das ist gefähr-lich!!!
Petey, NEIN!

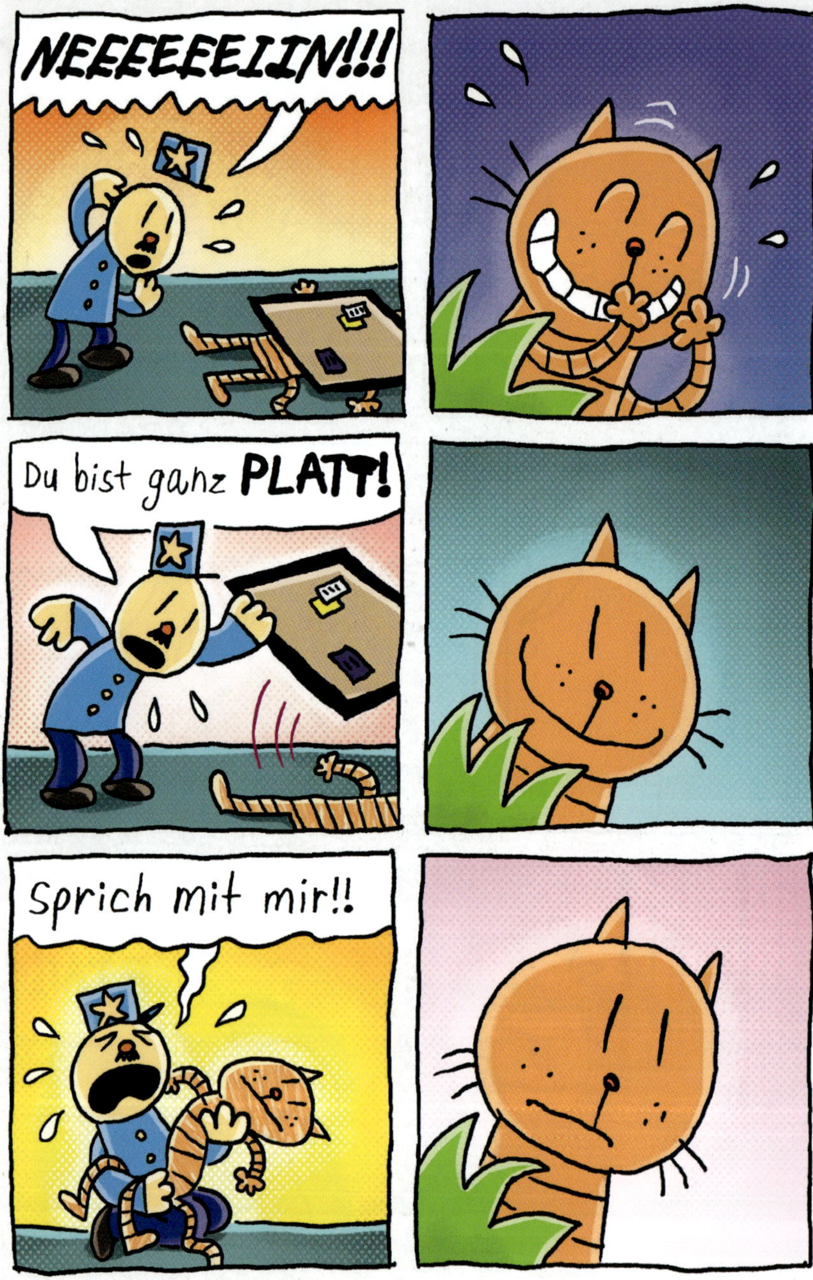
NEEEEEEEIIN!!!
Du bist ganz PLATT!
Sprich mit mir!!

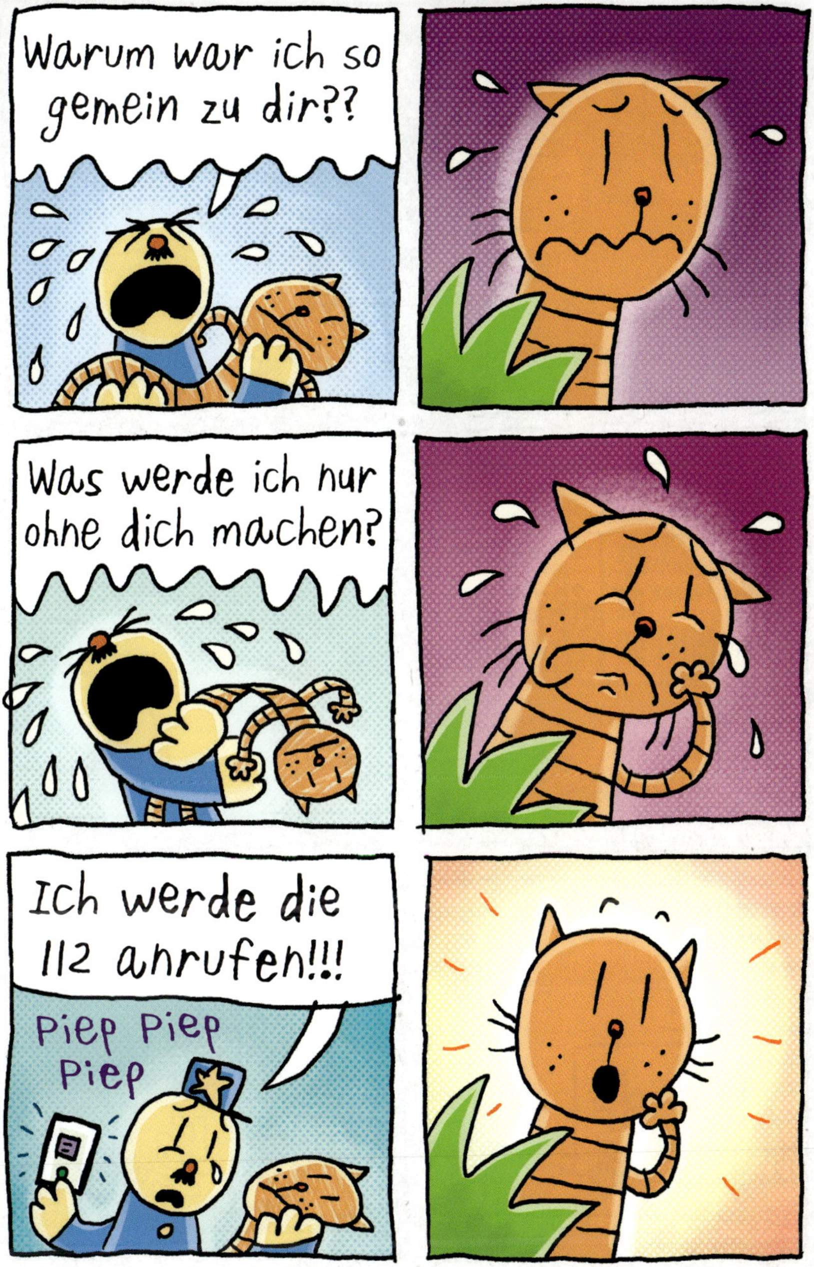
Warum war ich so gemein zu dir??
Was werde ich nur ohne dich machen?
Ich werde die 112 anrufen!!!
Piep Piep Piep

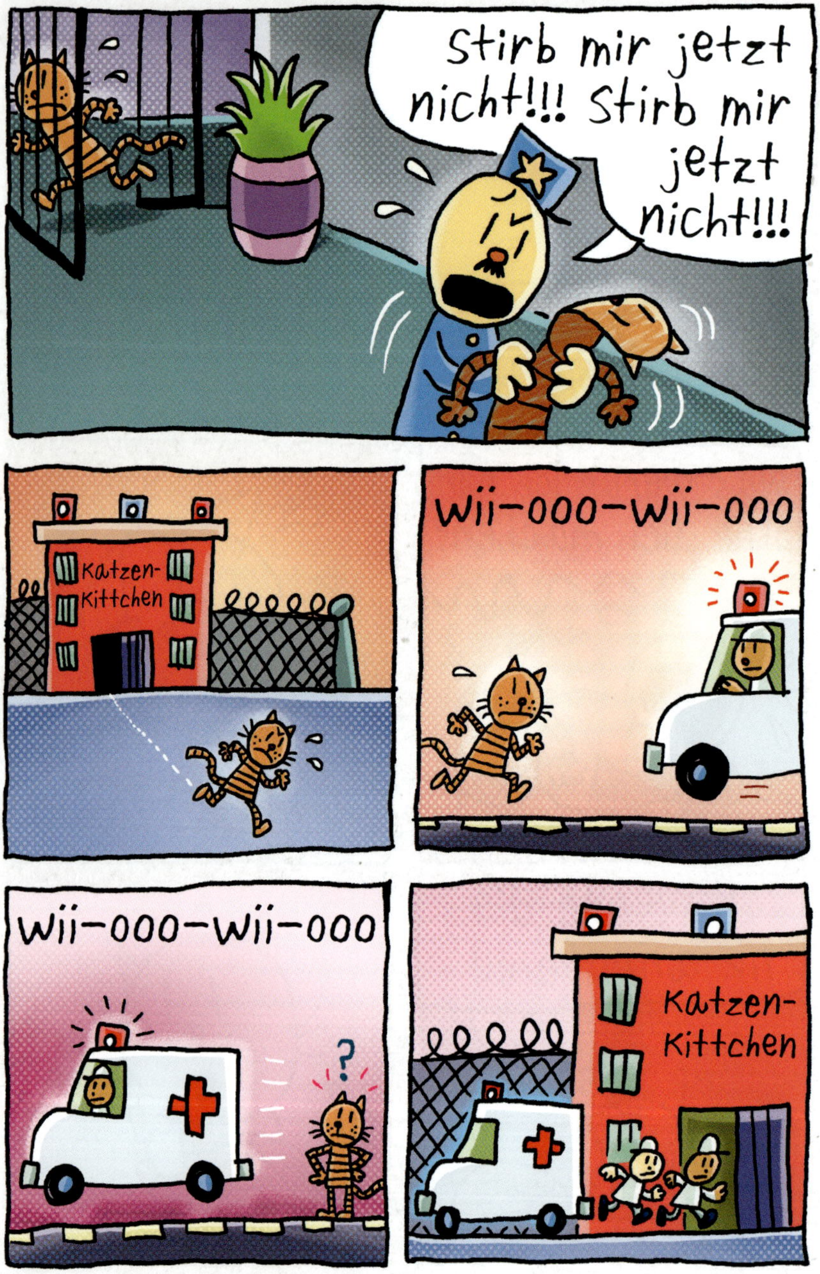
Stirb mir jetzt nicht!!! Stirb mir jetzt nicht!!!
Katzen-Kittchen
Wii-ooo-Wii-ooo
Wii-ooo-Wii-ooo
?
Katzen-Kittchen

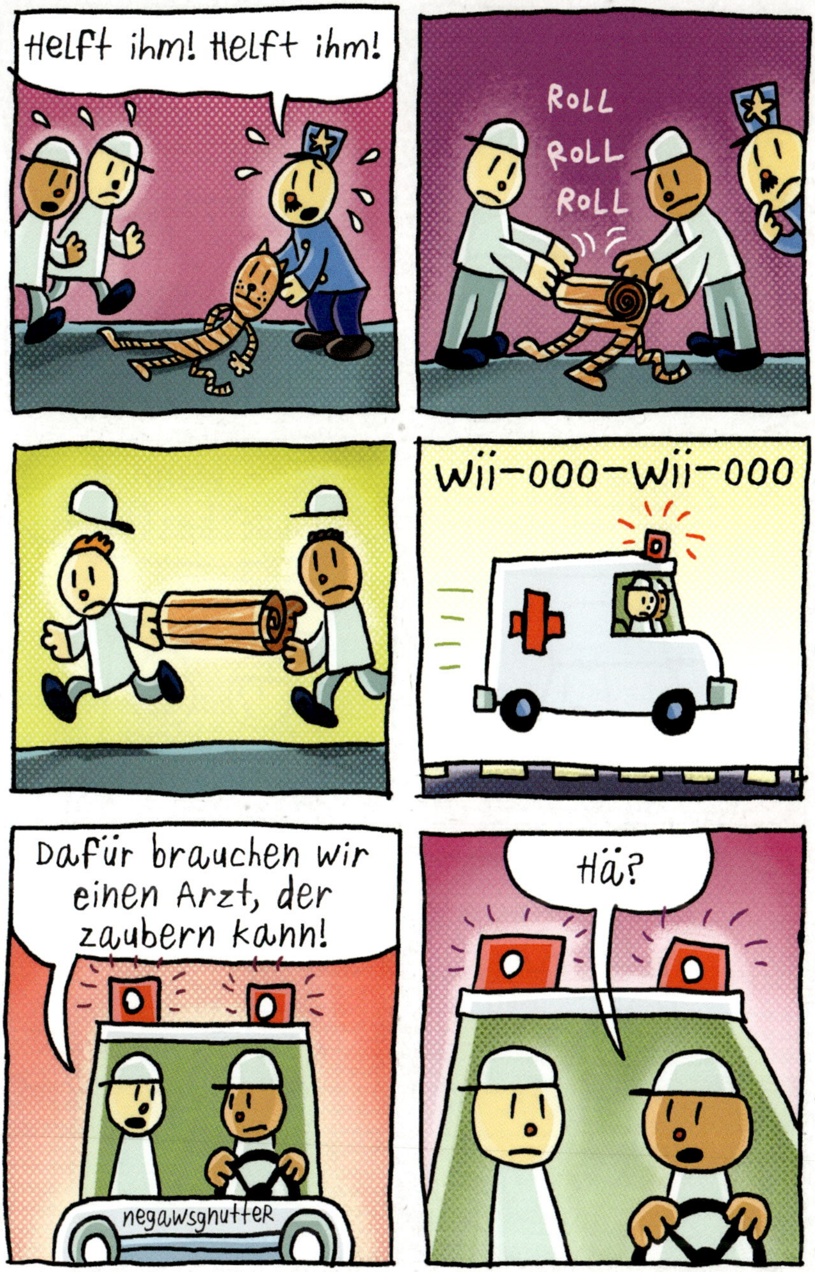
Helft ihm! Helft ihm!
ROLL
ROLL
ROLL
Wii-ooo-Wii-ooo
Dafür brauchen wir einen Arzt, der zaubern kann!
negawsgnutter
Hä?

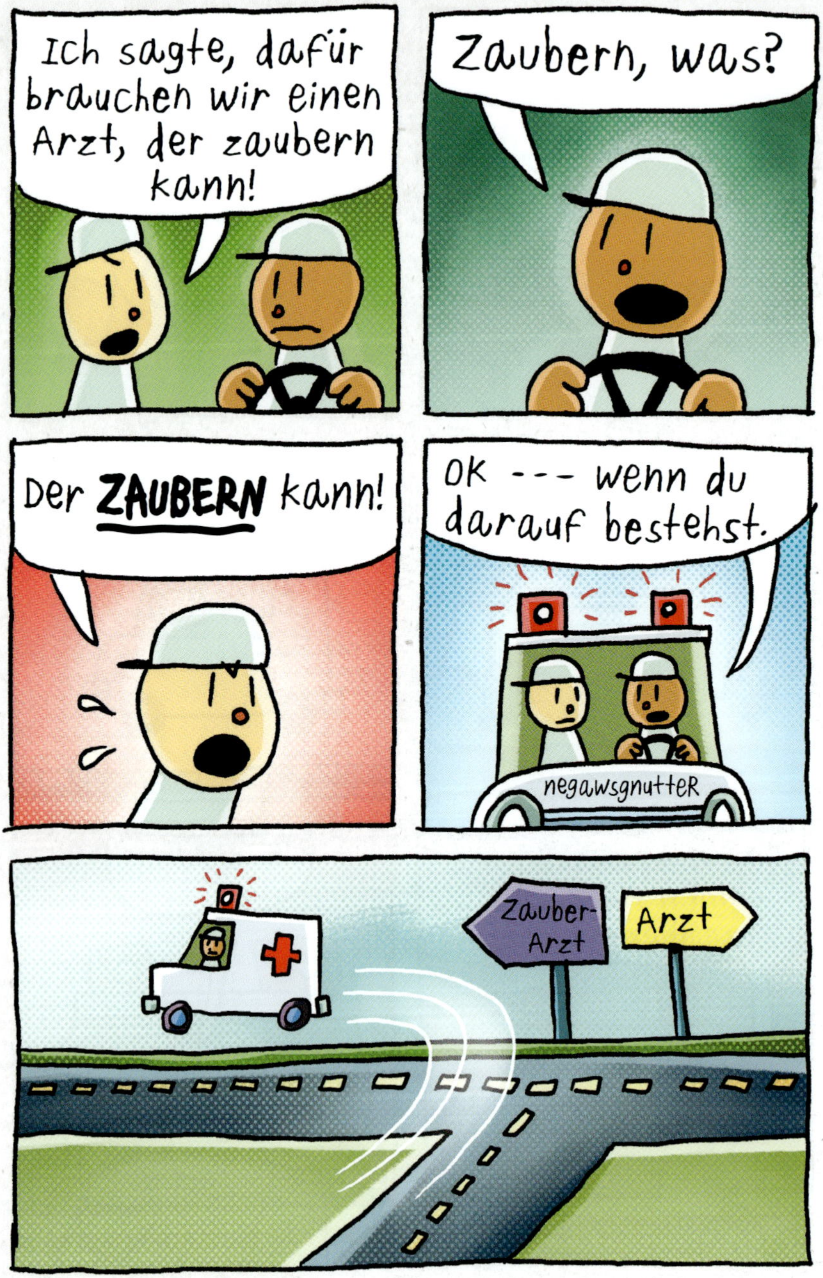
Ich sagte, dafür brauchen wir einen Arzt, der zaubern kann!
Zaubern, was?
Der ZAUBERN kann!
OK --- wenn du darauf bestehst.
negawsgnutteR
Zauber-Arzt
Arzt

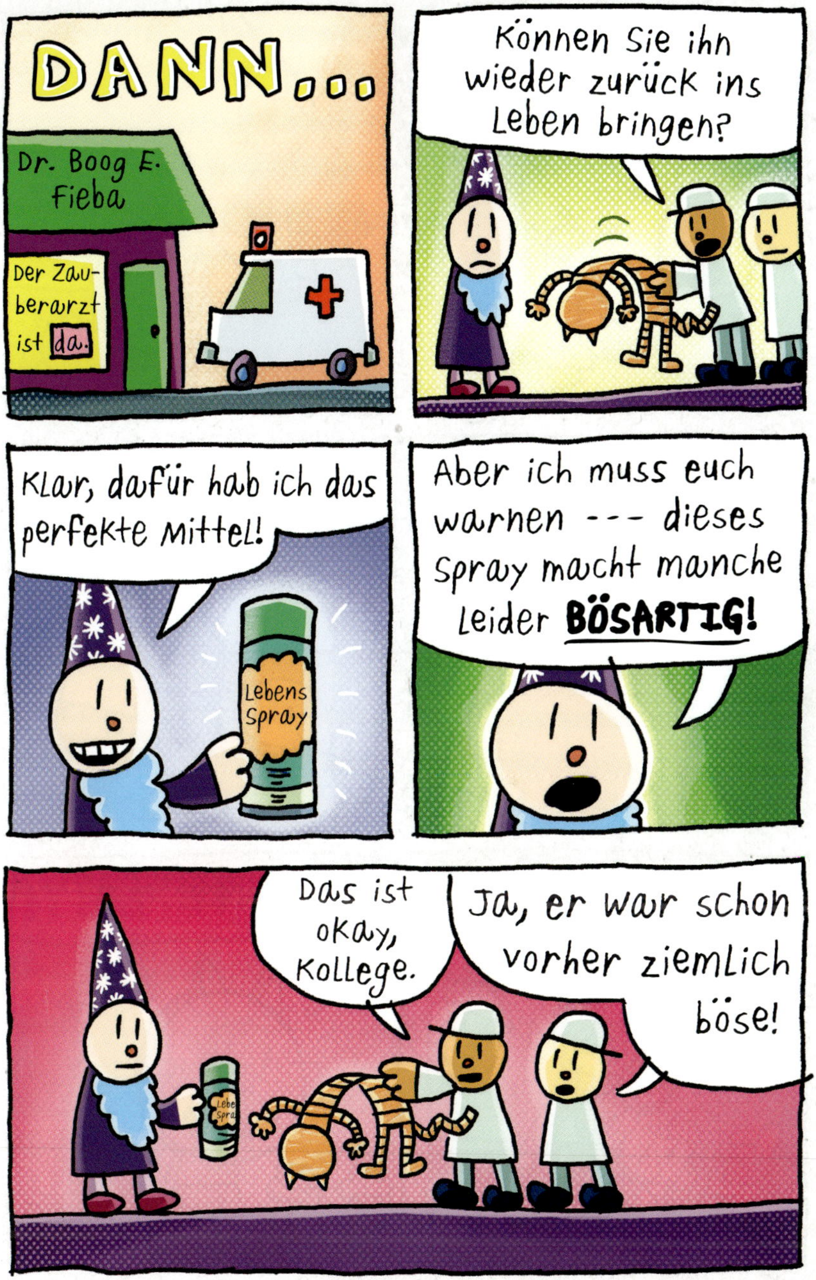
DANN...
Dr. Boog E. Fieba
Der Zauberarzt ist da.
Können Sie ihn wieder zurück ins Leben bringen?
Klar, dafür hab ich das perfekte Mittel!
Lebens Spray
Aber ich muss euch warnen --- dieses Spray macht manche leider BÖSARTIG!
Das ist okay, Kollege.
Ja, er war schon vorher ziemlich böse!

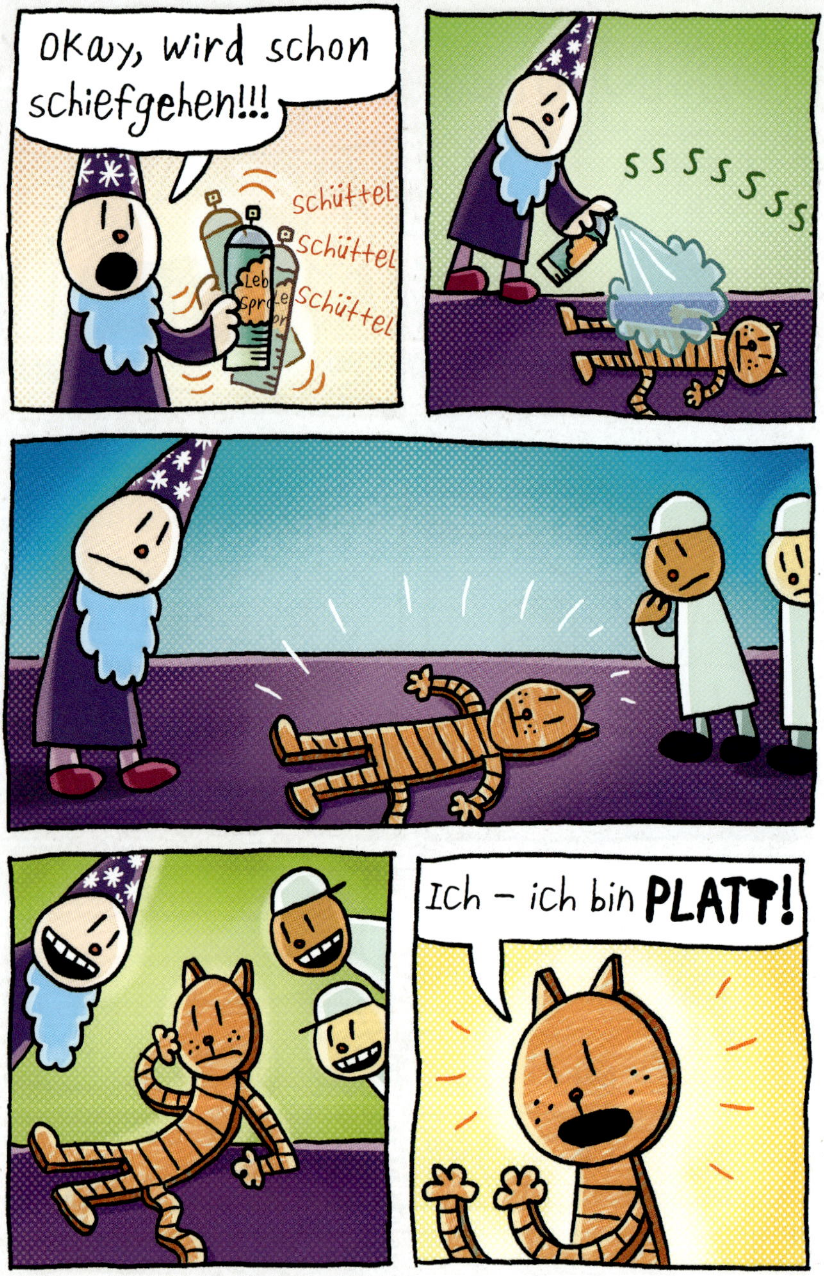
Okay, wird schon schiefgehen!!!
Schüttel
Schüttel
Schüttel
SSSSSSSS
Ich – ich bin PLATT!

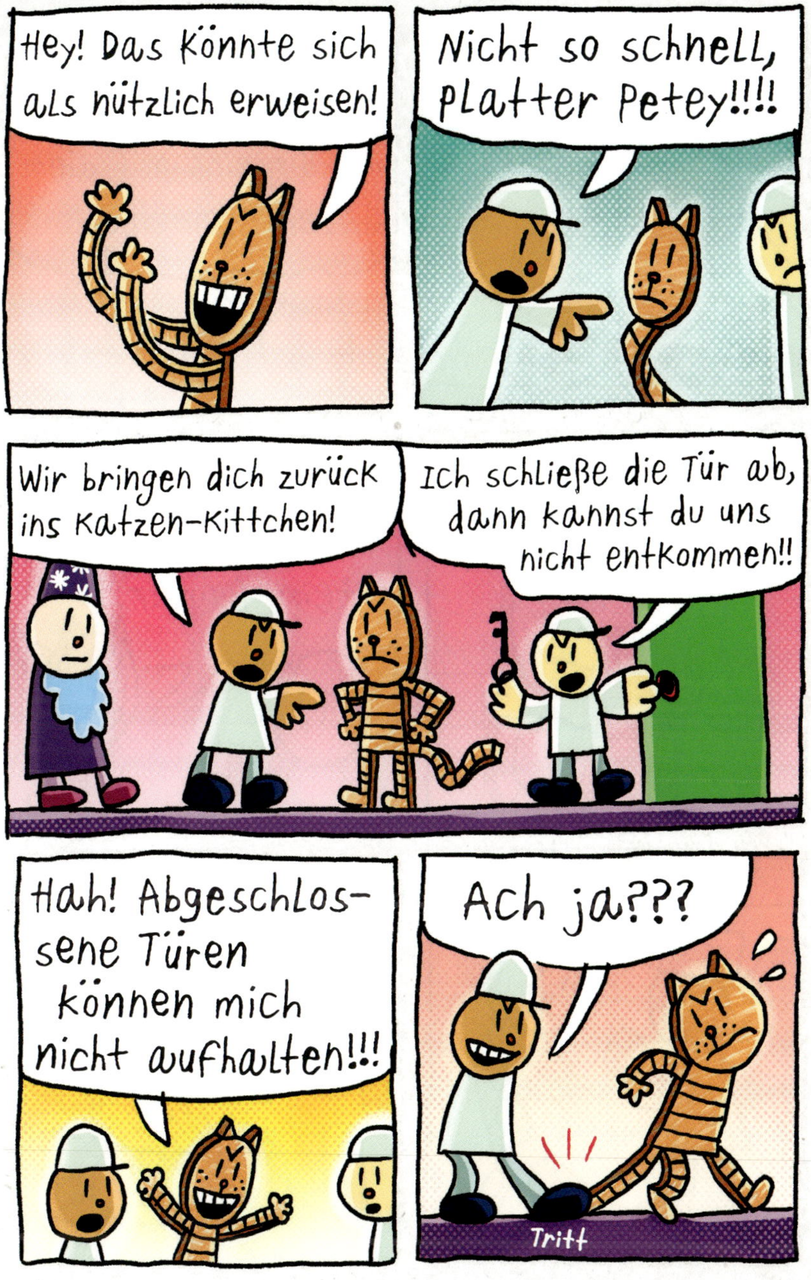
Hey! Das könnte sich als nützlich erweisen!
Nicht so schnell, platter Petey!!!!
Wir bringen dich zurück ins Katzen-Kittchen!
Ich schließe die Tür ab, dann kannst du uns nicht entkommen!!
Hah! Abgeschlossene Türen können mich nicht aufhalten!!!
Ach ja???
Tritt

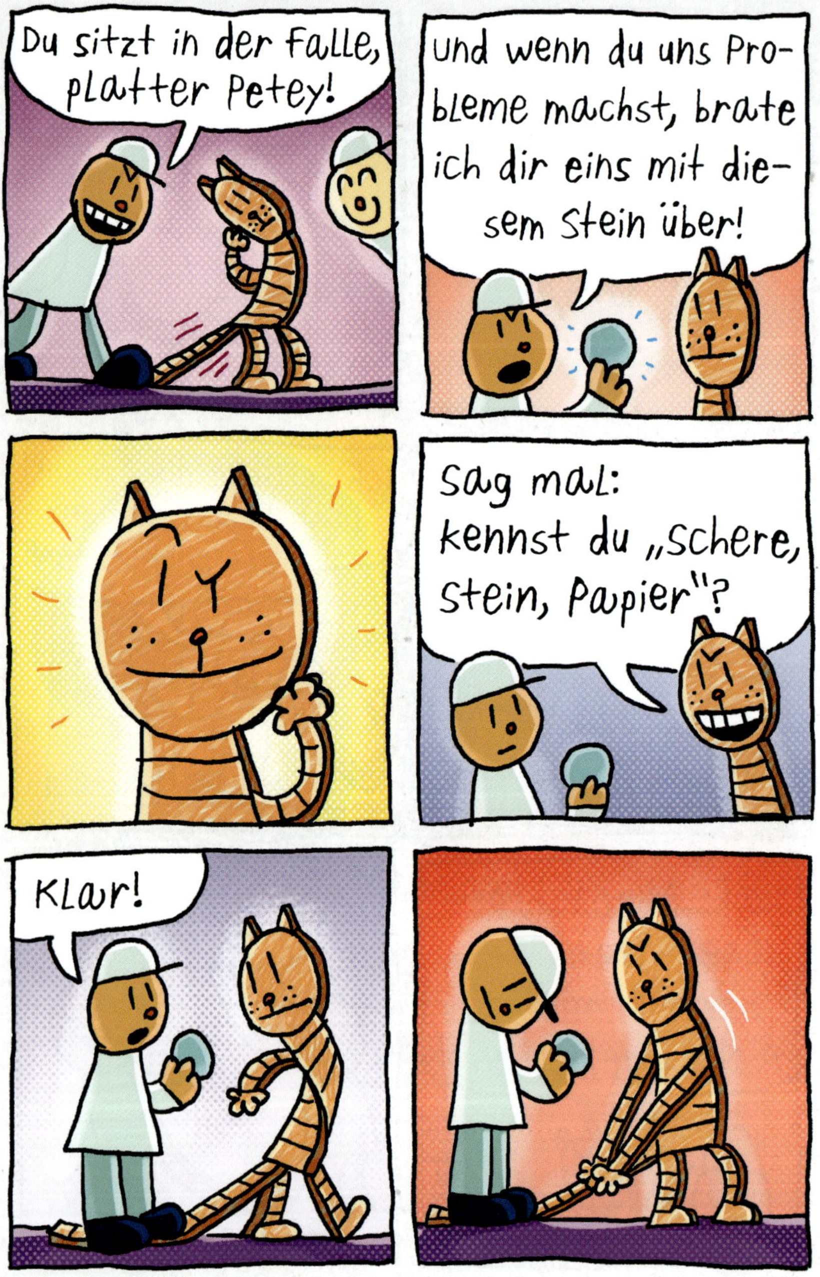
Du sitzt in der Falle, platter Petey!
Und wenn du uns Probleme machst, brate ich dir eins mit diesem Stein über!
Sag mal: kennst du „Schere, Stein, Papier"?
Klar!

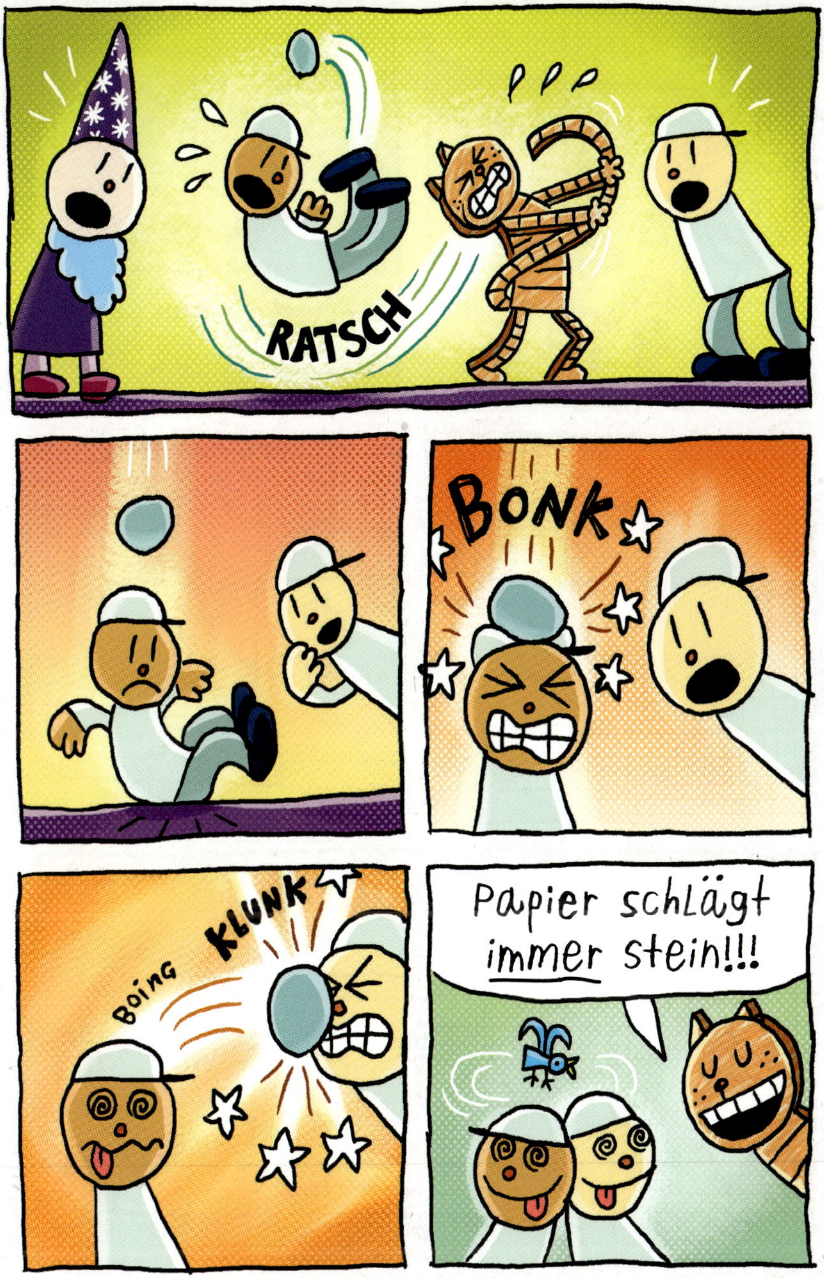
RATSCH
BONK
BOING
KLUNK
Papier schlägt immer stein!!!

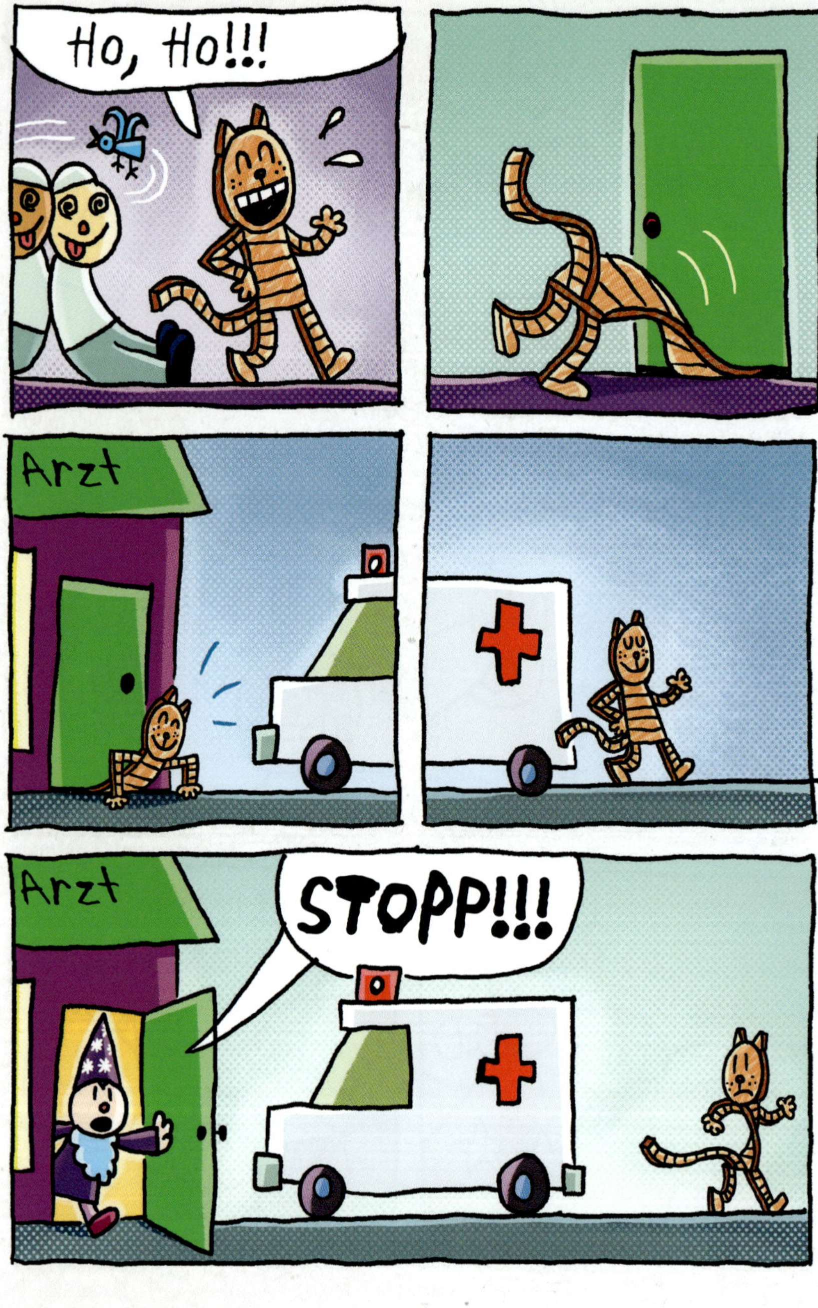
Ho, Ho!!!
Arzt
Arzt
STOPP!!!

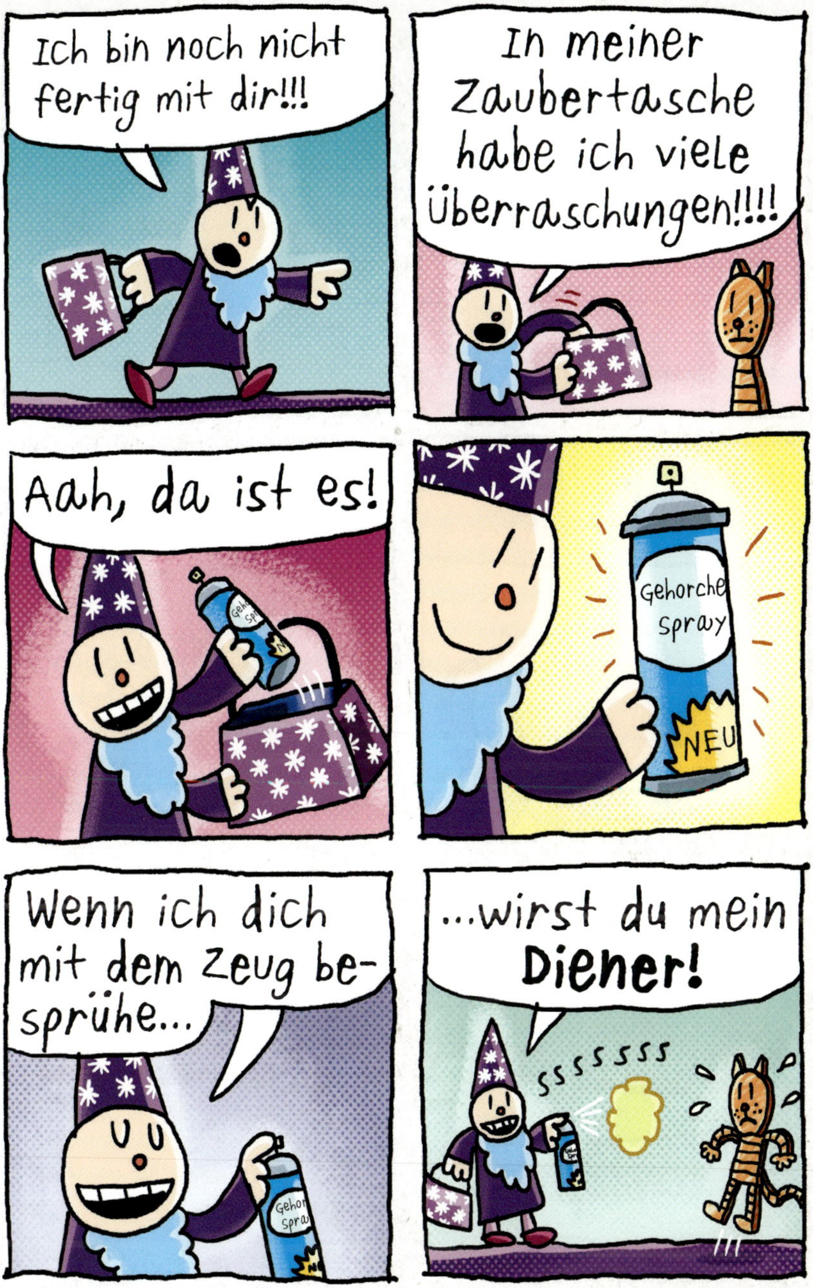
Ich bin noch nicht fertig mit dir!!!
In meiner Zaubertasche habe ich viele Überraschungen!!!!
Aah, da ist es!
Gehorche spray
NEU
Wenn ich dich mit dem Zeug besprühe...
...wirst du mein **Diener!**
SSSSSSS

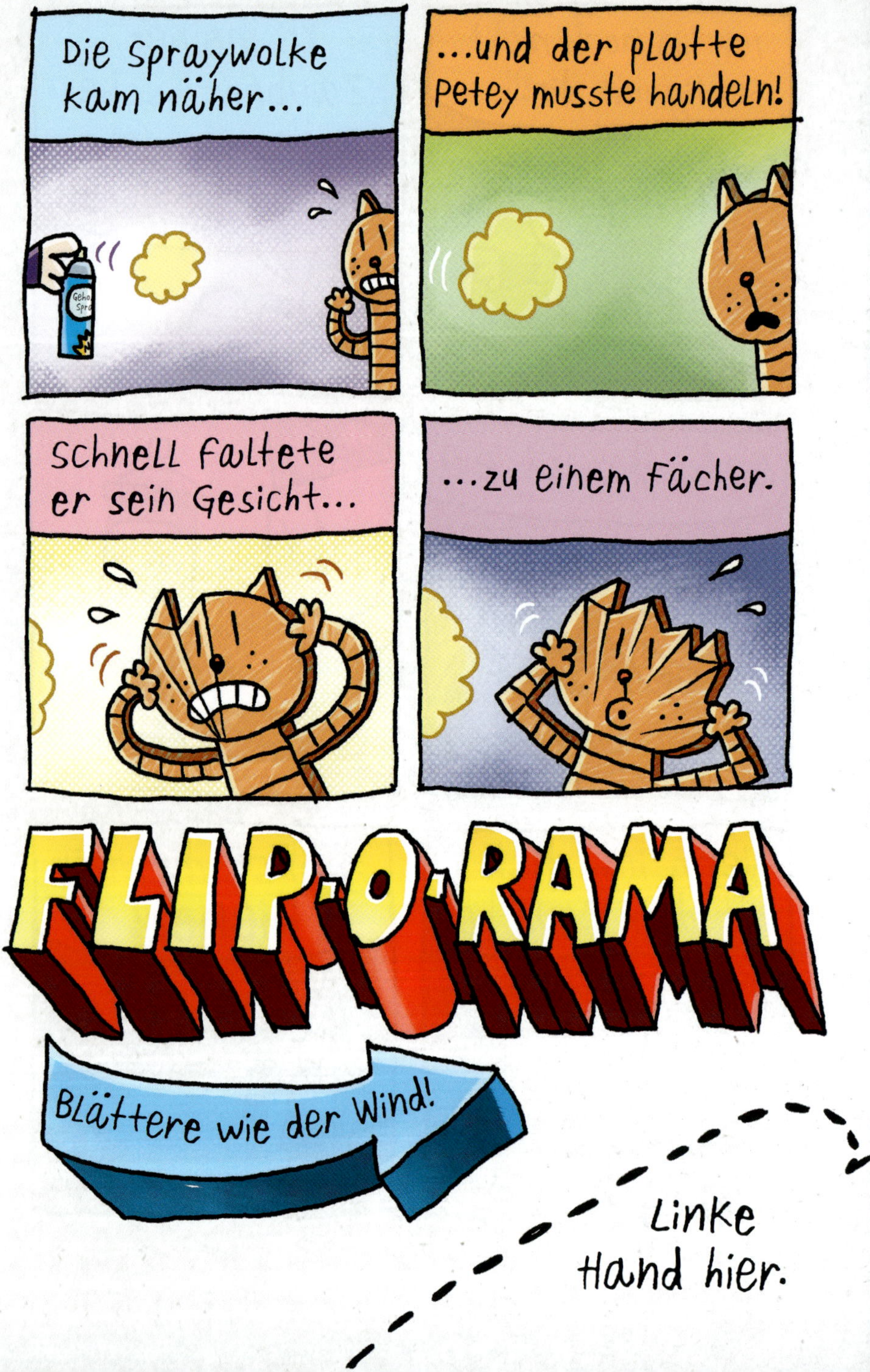
Die Spraywolke kam näher …
… und der platte Petey musste handeln!
Schnell faltete er sein Gesicht …
… zu einem Fächer.
FLIP-O-RAMA
Blättere wie der Wind!
Linke Hand hier.

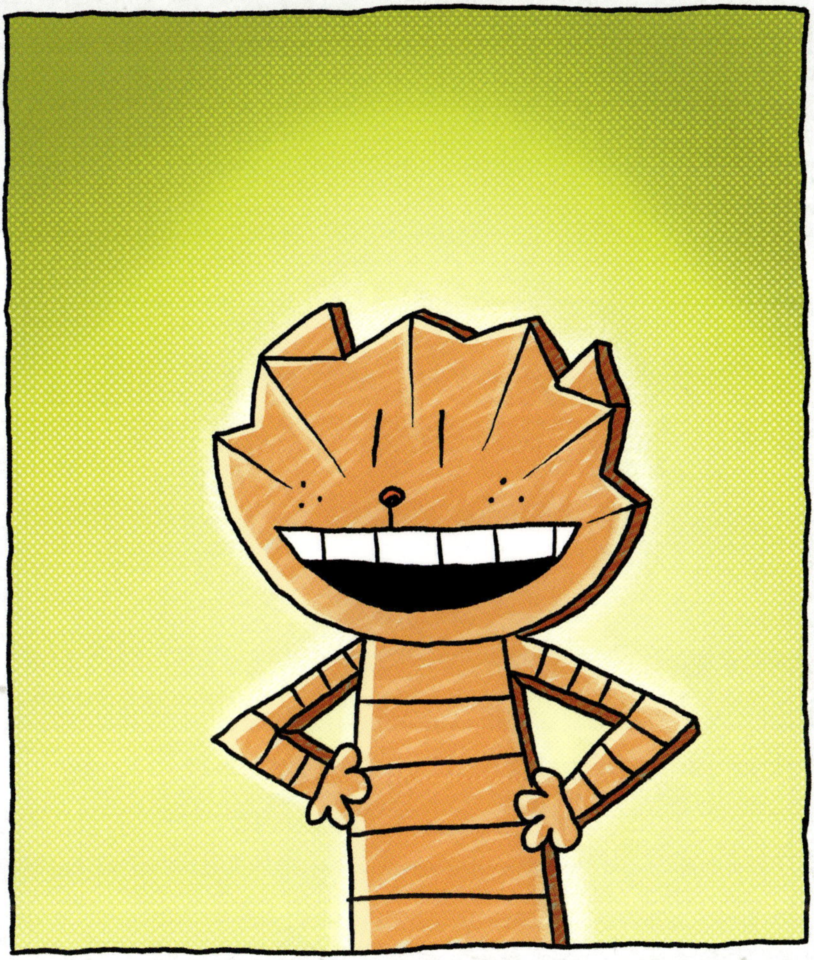

Ein Fächer
wird zum Rächer!

Rechter Daumen hier.

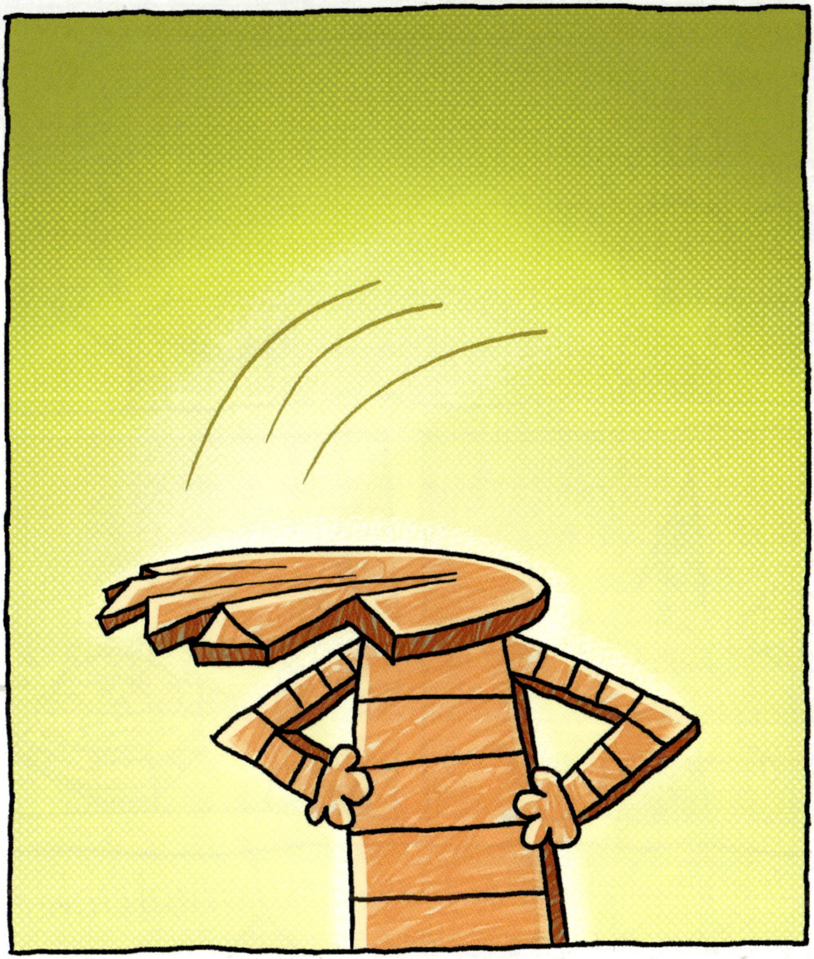

Ein Fächer
wird zum Rächer!

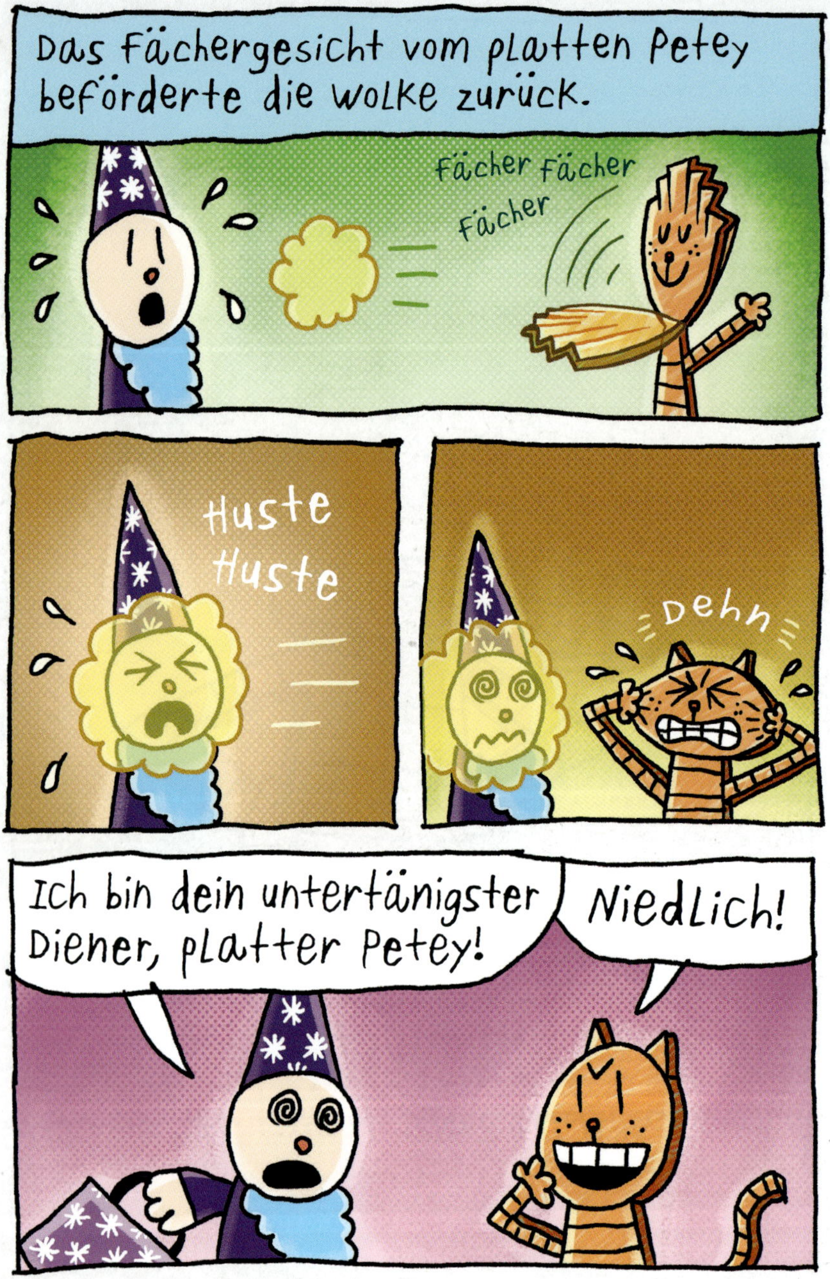
Das Fächergesicht vom platten Petey beförderte die Wolke zurück.
Fächer Fächer Fächer
Huste Huste
Dehn
Ich bin dein untertänigster Diener, platter Petey!
Niedlich!

Kapitel 6

Das ganze ZEUGS, das danach passierte

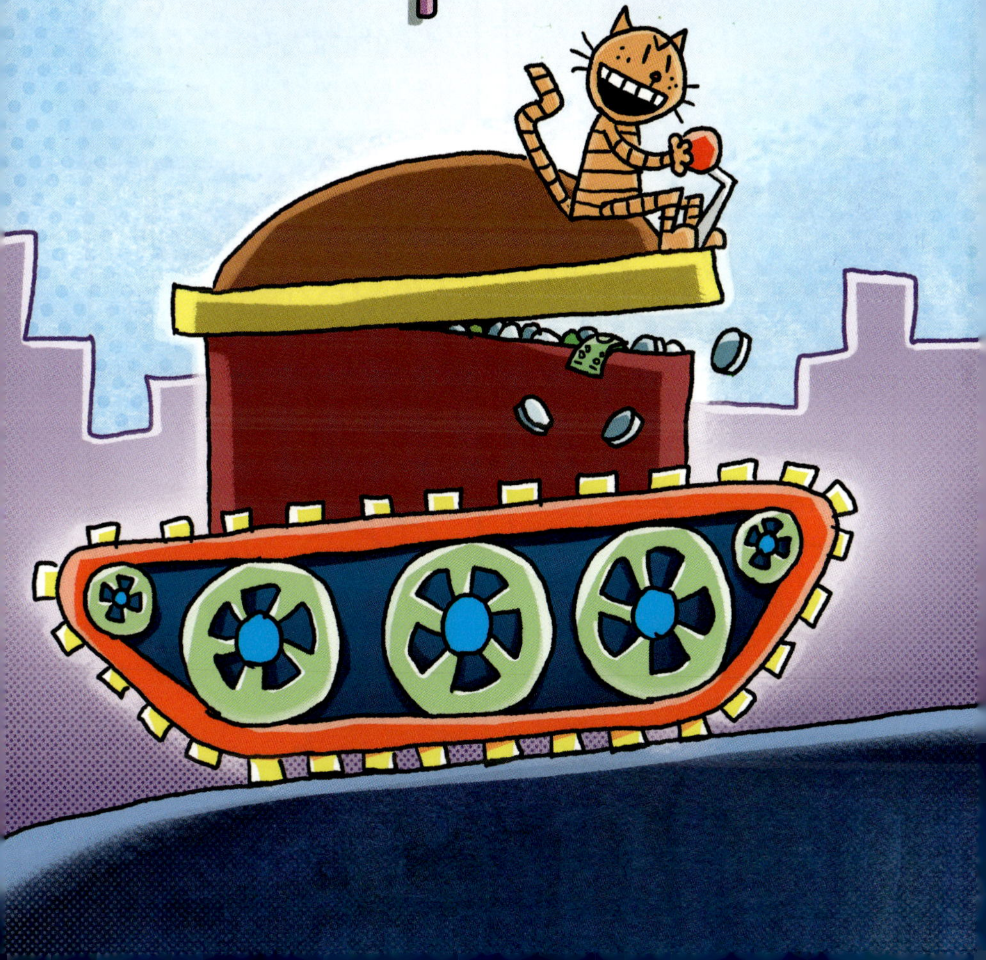

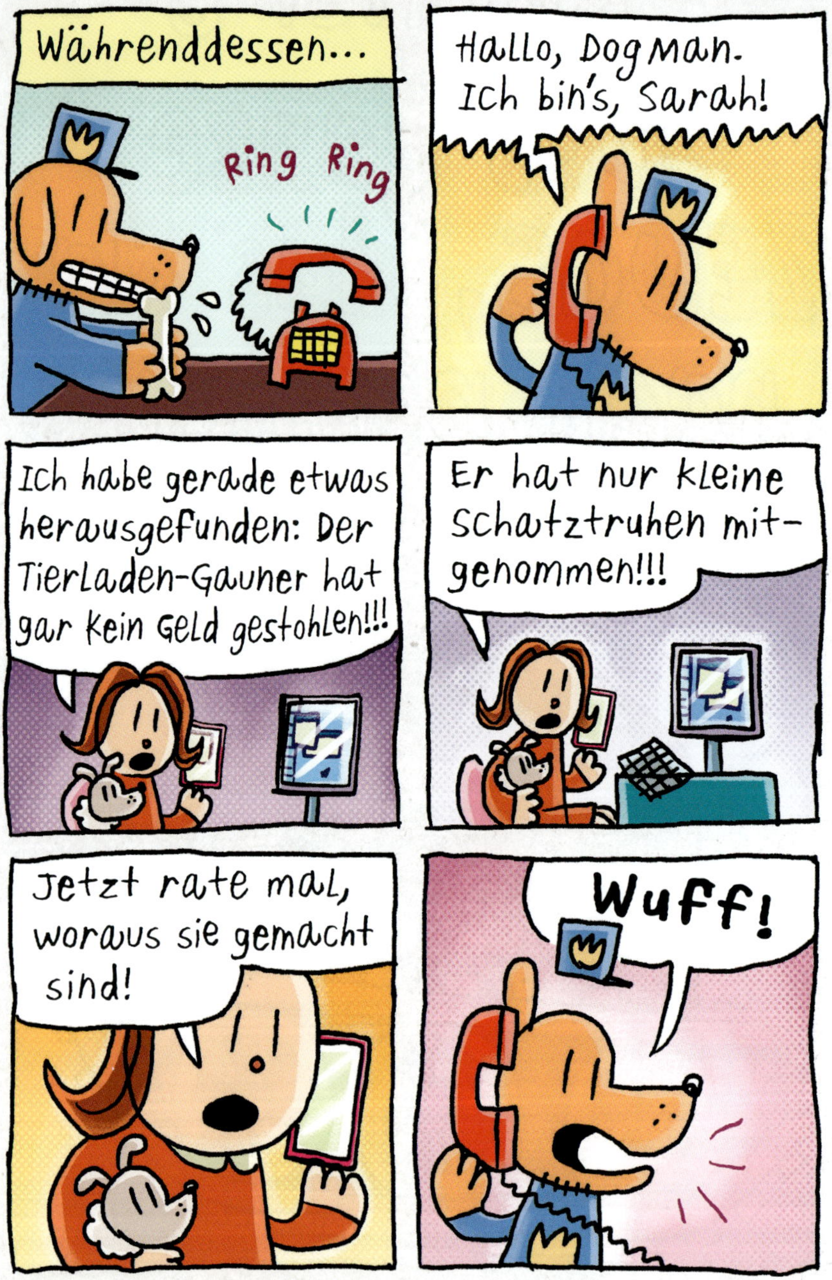
Währenddessen...
Ring Ring
Hallo, Dog Man. Ich bin's, Sarah!
Ich habe gerade etwas herausgefunden: Der Tierladen-Gauner hat gar kein Geld gestohlen!!!
Er hat nur kleine Schatztruhen mitgenommen!!!
Jetzt rate mal, woraus sie gemacht sind!
Wuff!

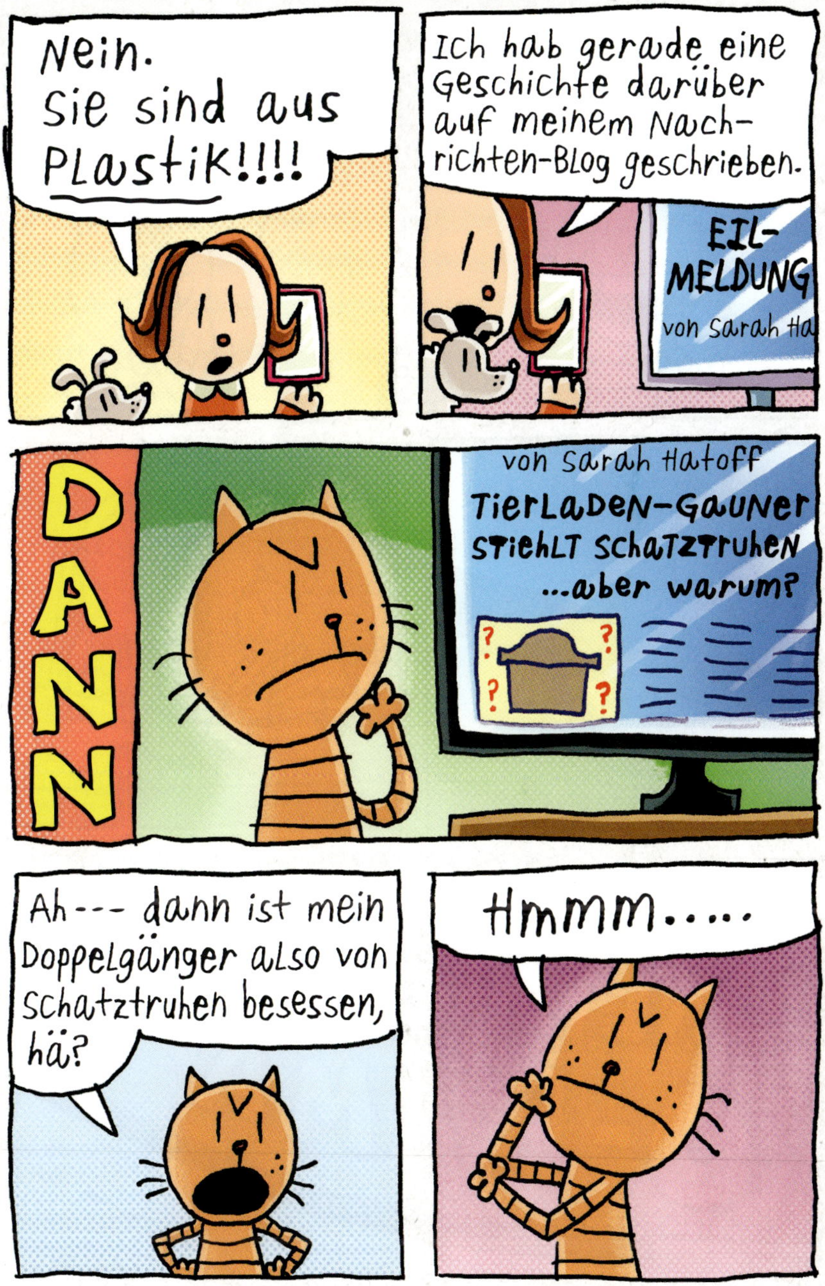
Nein.
Sie sind aus PLASTIK!!!!
Ich hab gerade eine Geschichte darüber auf meinem Nachrichten-Blog geschrieben.
EIL-MELDUNG
von Sarah Ha
DANN
von Sarah Hatoff
TIERLADEN-GAUNER STIEHLT SCHATZTRUHEN ...aber warum?
Ah--- dann ist mein Doppelgänger also von Schatztruhen besessen, hä?
Hmmm.....

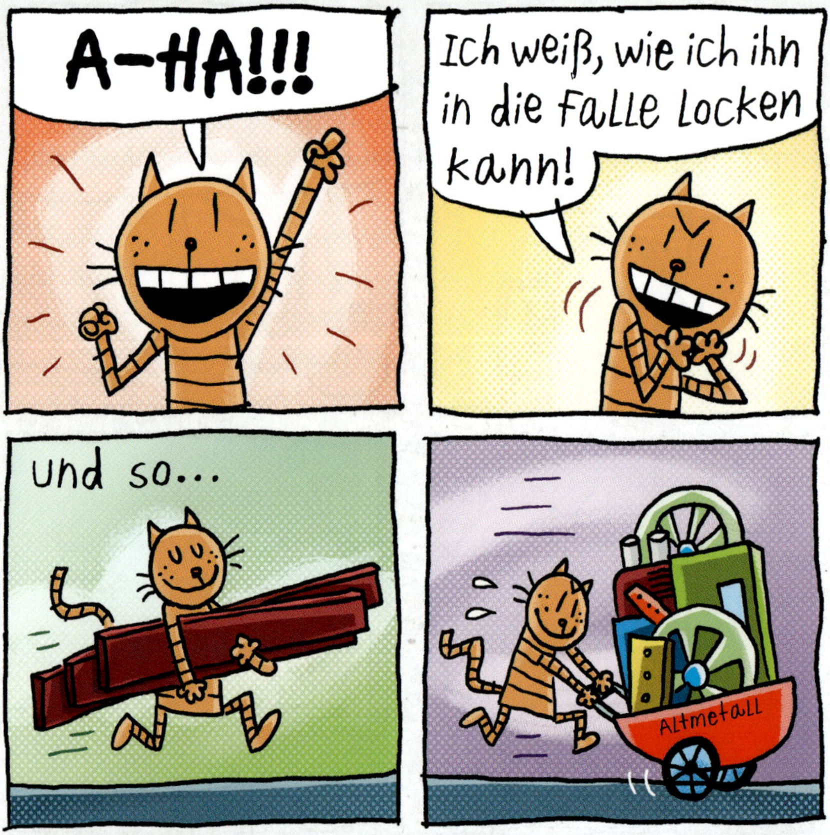
A-HA!!!
Ich weiß, wie ich ihn in die Falle locken kann!
und so...
Altmetall

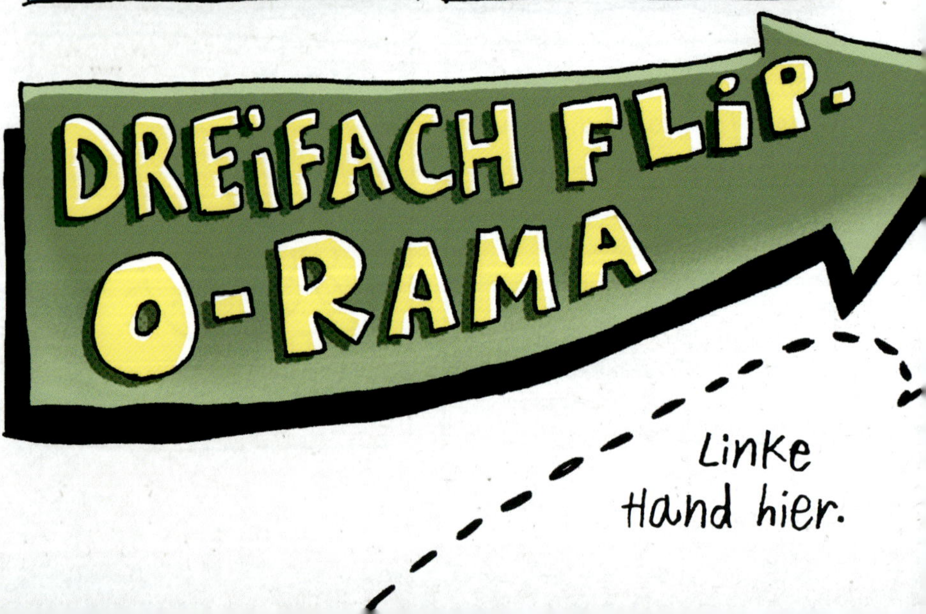
DREIFACH FLIP-O-RAMA
Linke Hand hier.

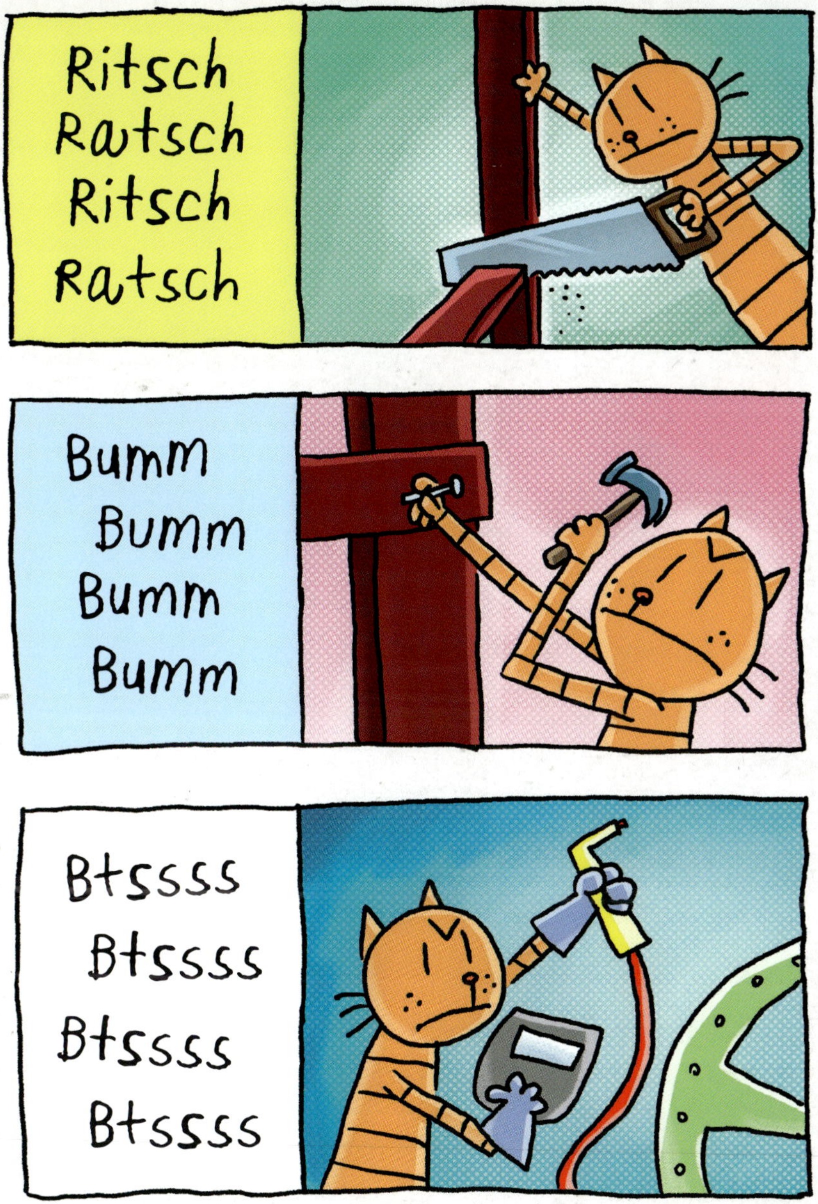

Rechter Daumen hier.

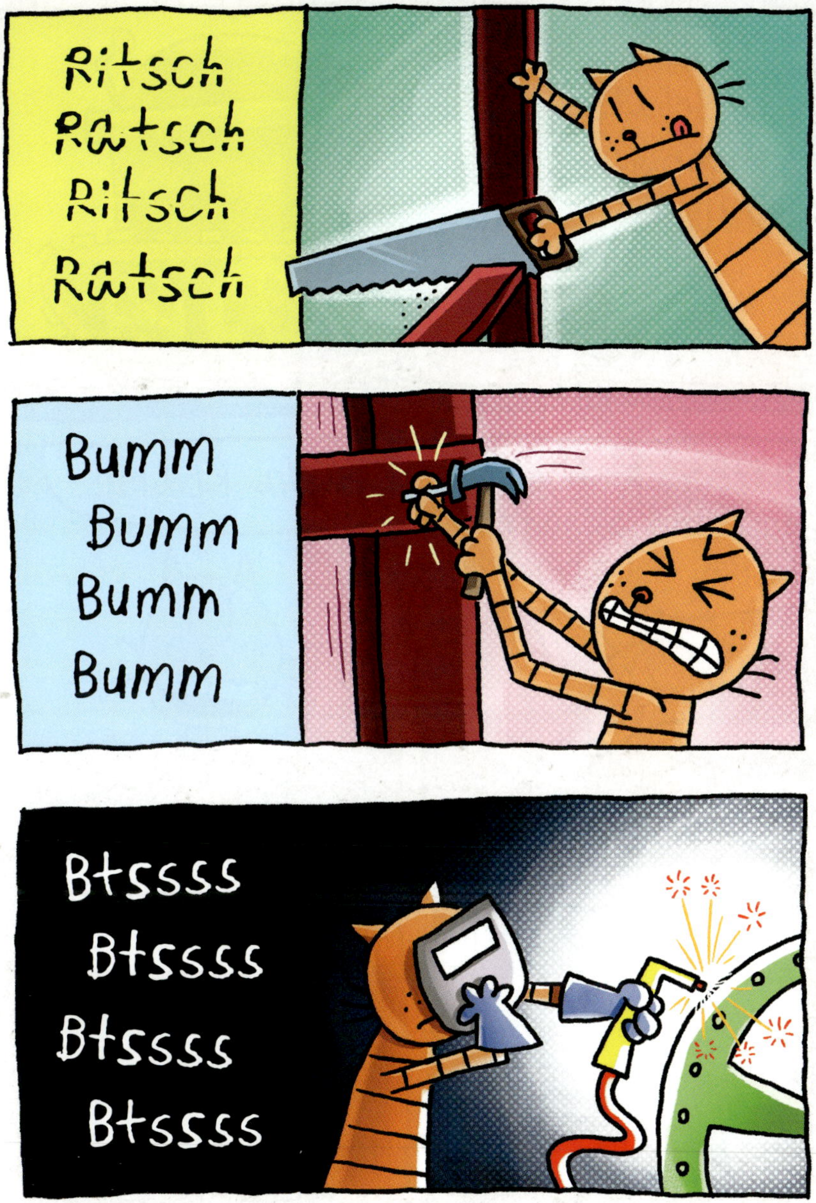
Ritsch
Ratsch
Ritsch
Ratsch
Bumm
Bumm
Bumm
Bumm
Btssss
Btssss
Btssss
Btssss

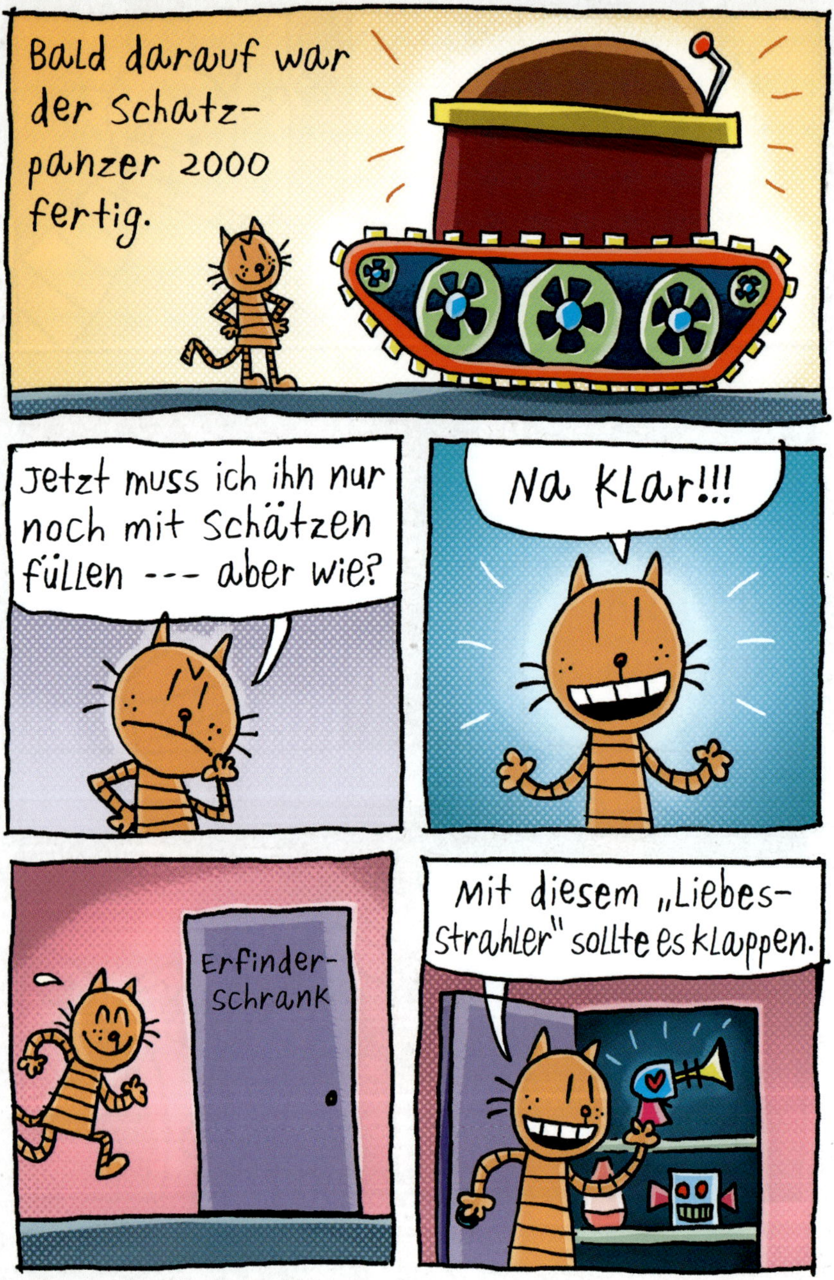
Bald darauf war der Schatzpanzer 2000 fertig.
Jetzt muss ich ihn nur noch mit Schätzen füllen --- aber wie?
Na Klar!!!
Erfinder-Schrank
Mit diesem „Liebes-Strahler" sollte es klappen.

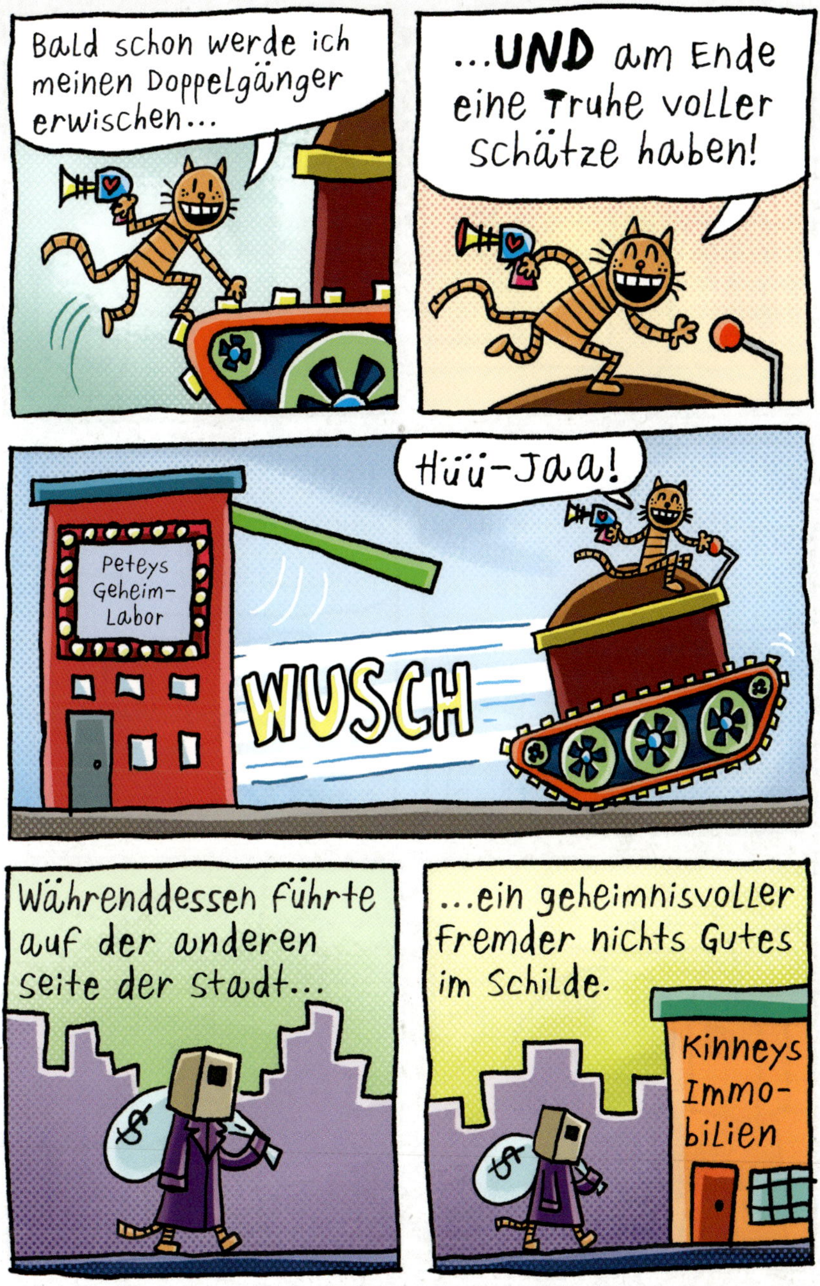
Bald schon werde ich meinen Doppelgänger erwischen…
…UND am Ende eine Truhe voller Schätze haben!
Hüü-Jaa!
Peteys Geheim-Labor
WUSCH
Währenddessen führte auf der anderen Seite der Stadt…
…ein geheimnisvoller Fremder nichts Gutes im Schilde.
Kinneys Immobilien

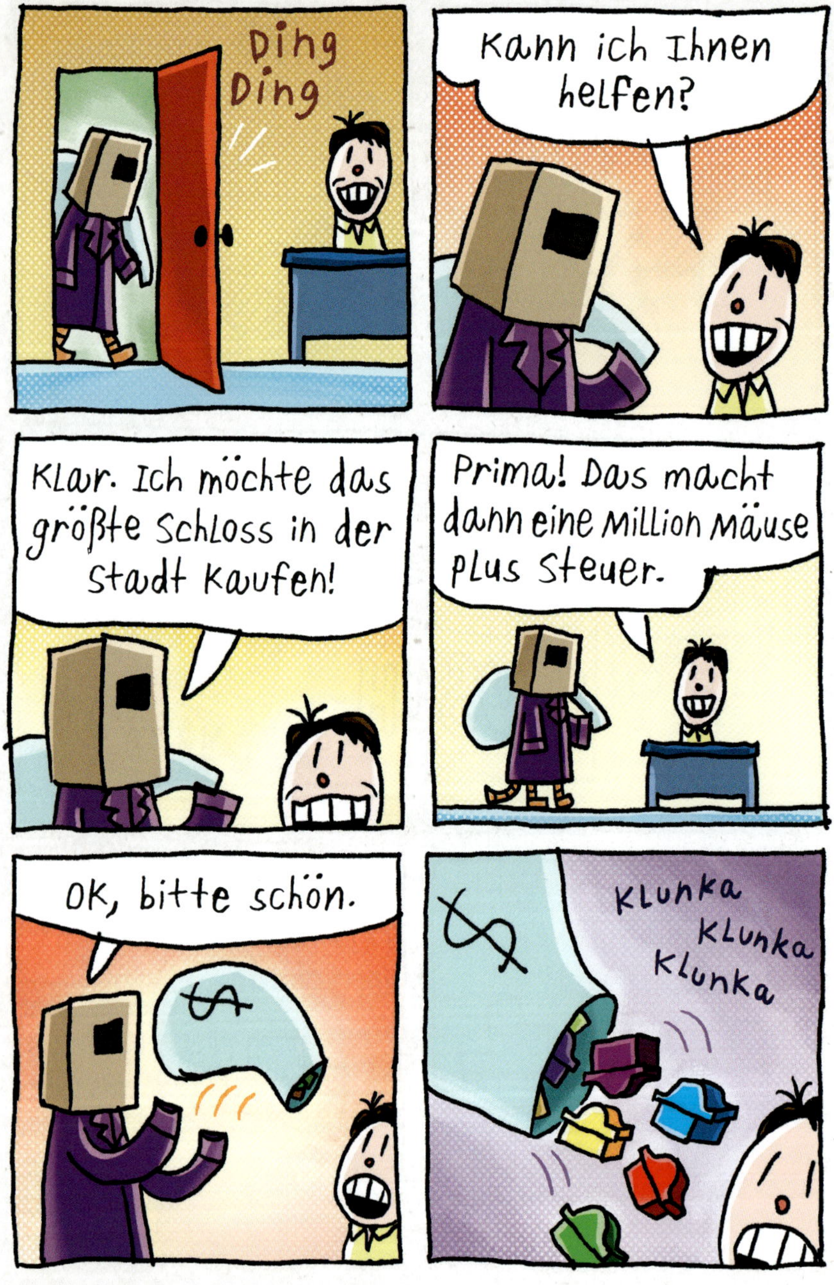
Ding
Ding
Kann ich Ihnen helfen?
Klar. Ich möchte das größte Schloss in der Stadt kaufen!
Prima! Das macht dann eine Million Mäuse plus Steuer.
OK, bitte schön.
KLUNKA
KLUNKA
KLUNKA

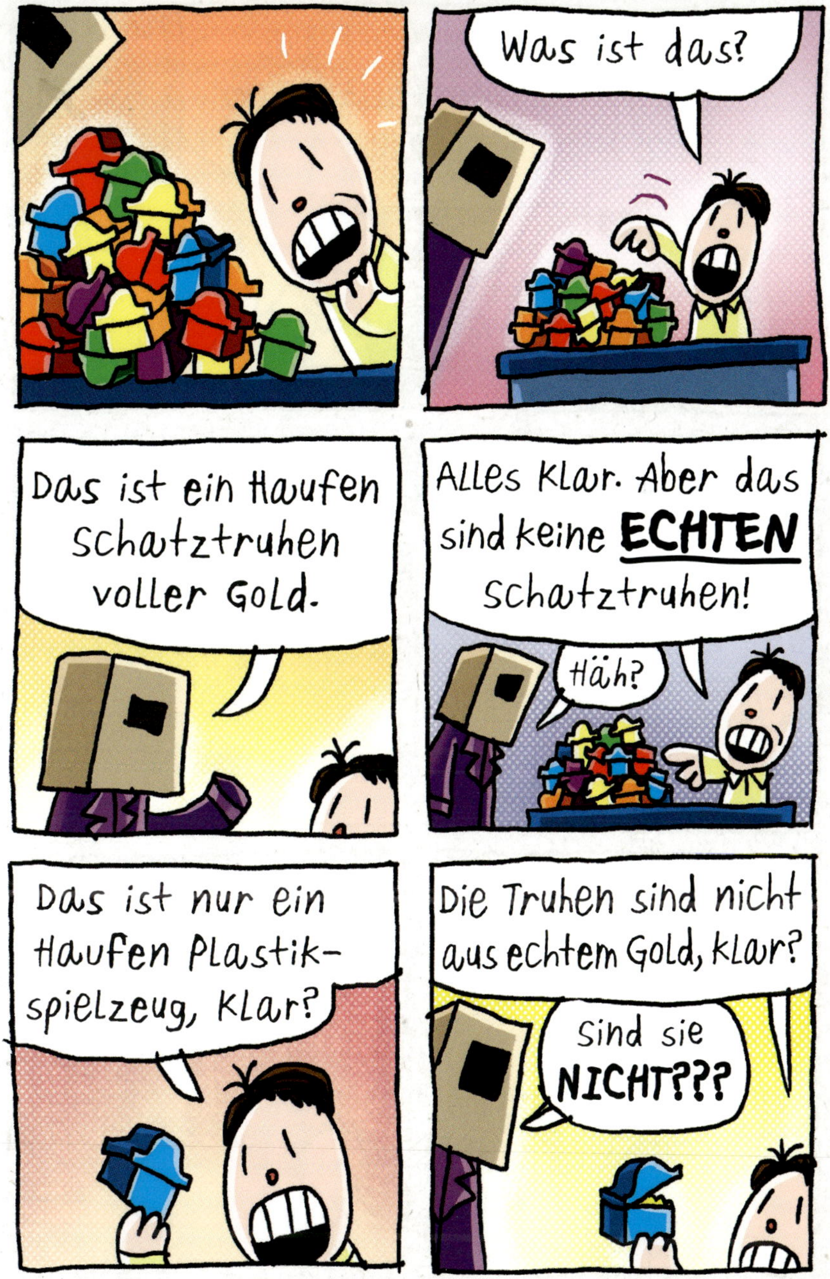
Was ist das?
Das ist ein Haufen Schatztruhen voller Gold.
Alles klar. Aber das sind keine ECHTEN Schatztruhen!
Häh?
Das ist nur ein Haufen Plastikspielzeug, klar?
Die Truhen sind nicht aus echtem Gold, klar?
Sind sie NICHT???

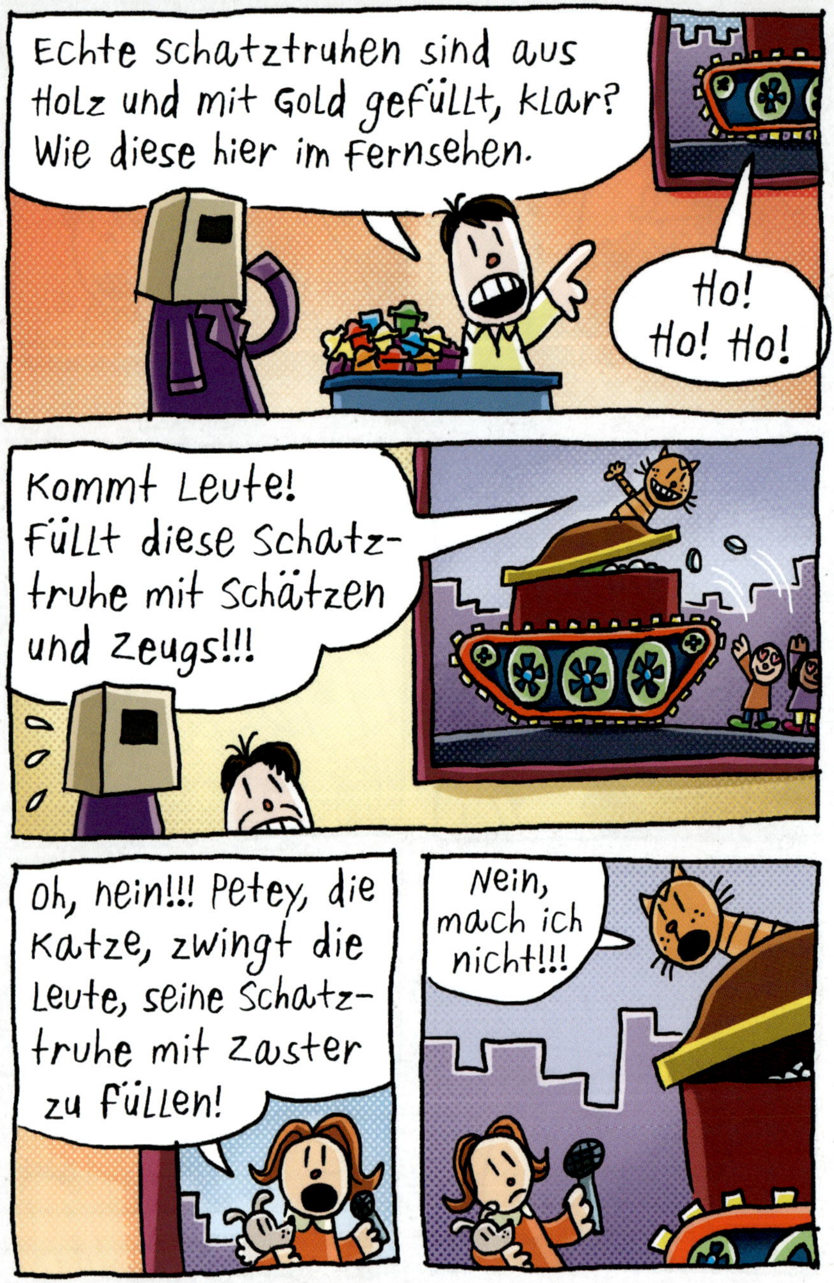
Echte Schatztruhen sind aus Holz und mit Gold gefüllt, klar? Wie diese hier im Fernsehen.
Ho! Ho! Ho!
Kommt Leute! Füllt diese Schatz-truhe mit Schätzen und Zeugs!!!
Oh, nein!!! Petey, die Katze, zwingt die Leute, seine Schatz-truhe mit Zaster zu füllen!
Nein, mach ich nicht!!!

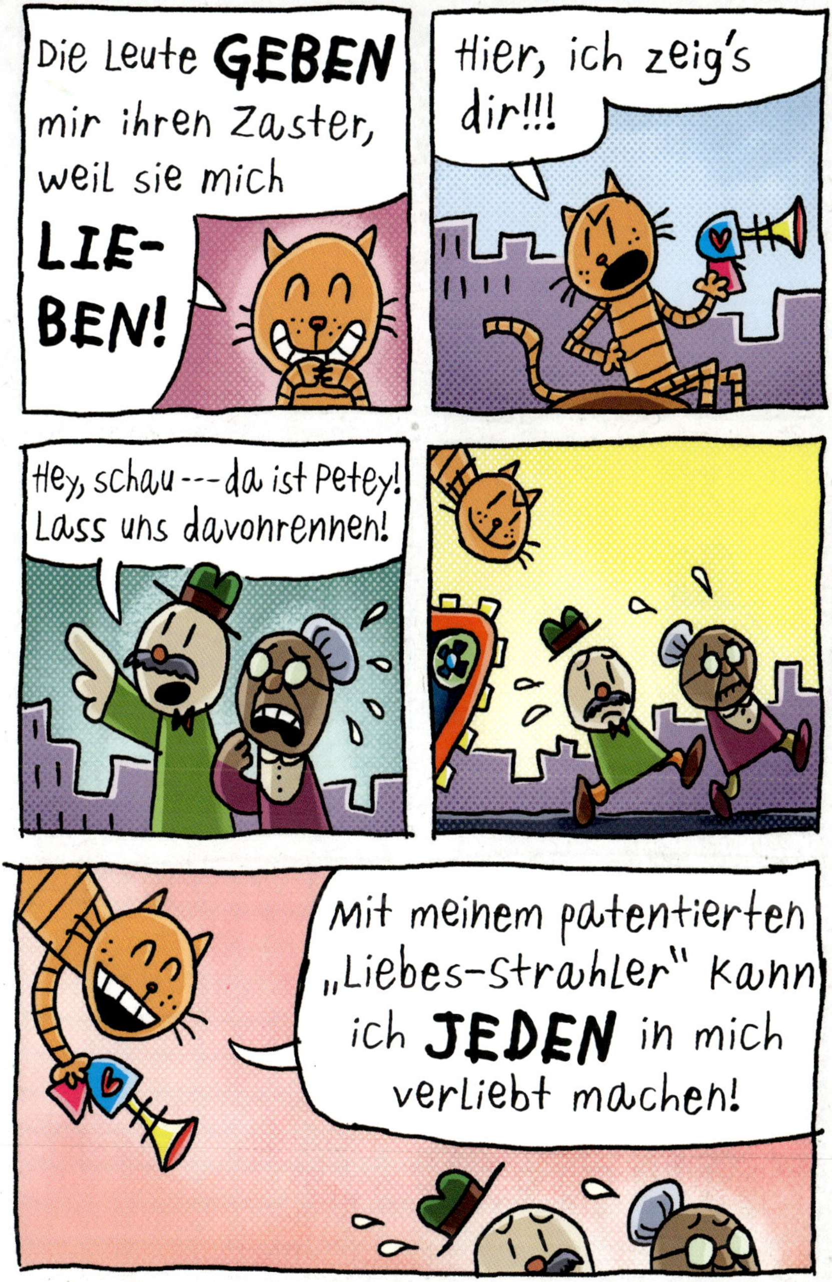
Die Leute GEBEN mir ihren Zaster, weil sie mich LIE-BEN!
Hier, ich zeig's dir!!!
Hey, schau---da ist Petey! Lass uns davonrennen!
Mit meinem patentierten „Liebes-Strahler" kann ich JEDEN in mich verliebt machen!

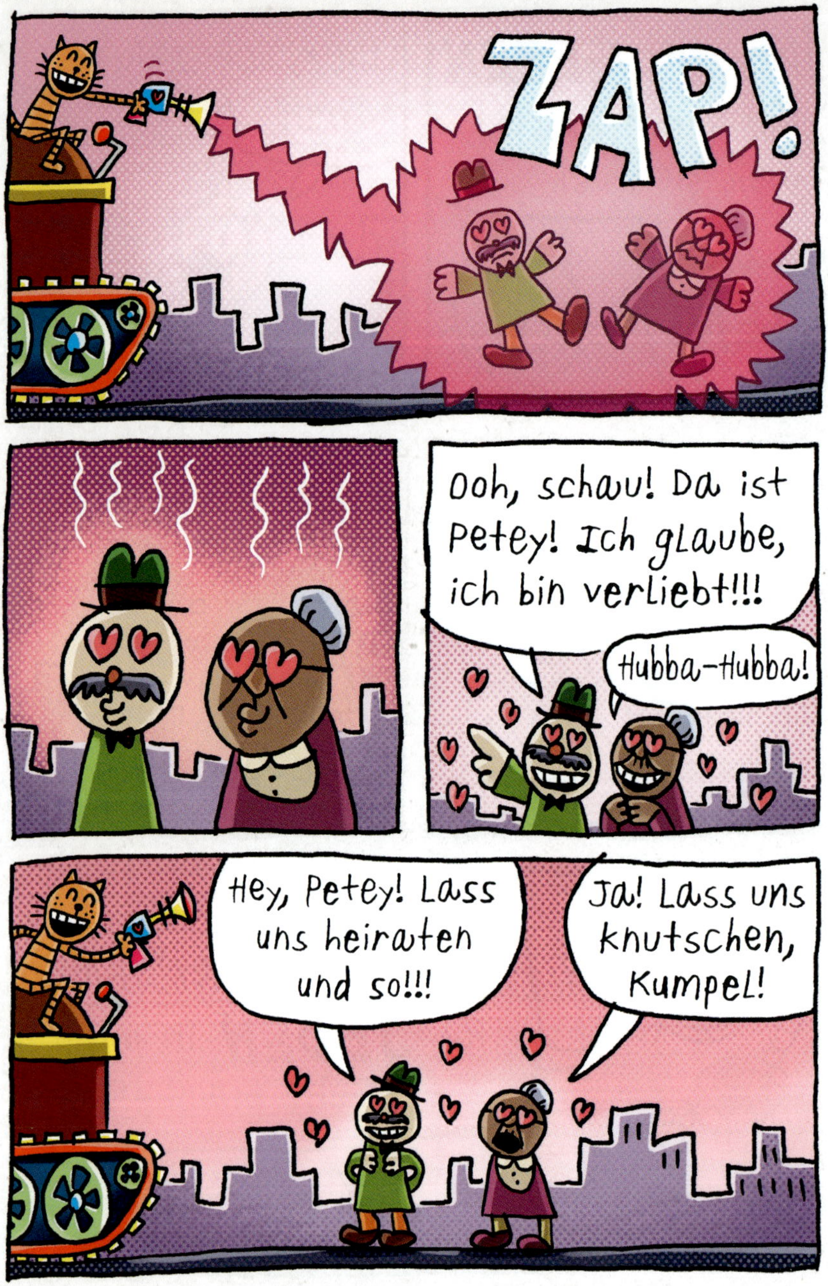
ZAP!
Ooh, schau! Da ist Petey! Ich glaube, ich bin verliebt!!!
Hubba-Hubba!
Hey, Petey! Lass uns heiraten und so!!!
Ja! Lass uns knutschen, Kumpel!

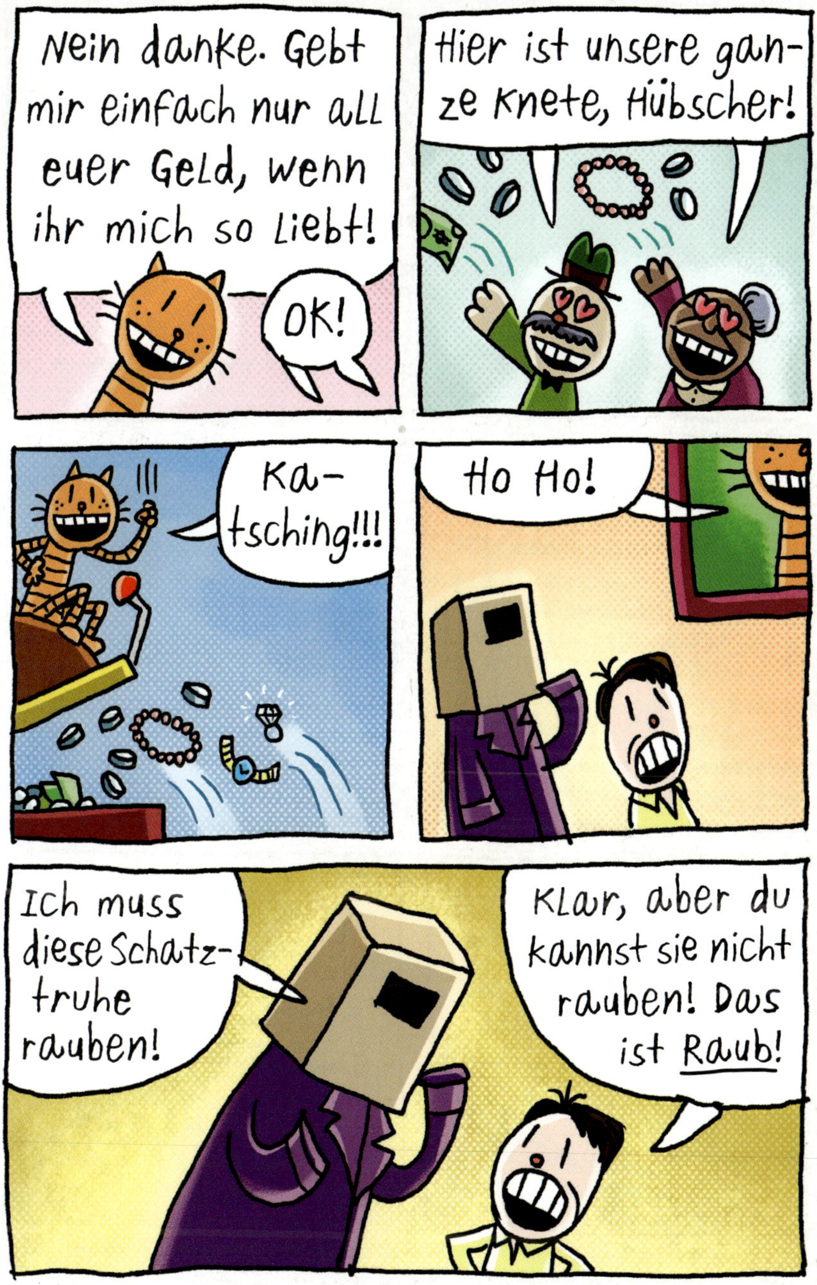
Nein danke. Gebt mir einfach nur all euer Geld, wenn ihr mich so liebt!
OK!
Hier ist unsere ganze Knete, Hübscher!
Ka-tsching!!!
Ho Ho!
Ich muss diese Schatztruhe rauben!
Klar, aber du kannst sie nicht rauben! Das ist Raub!

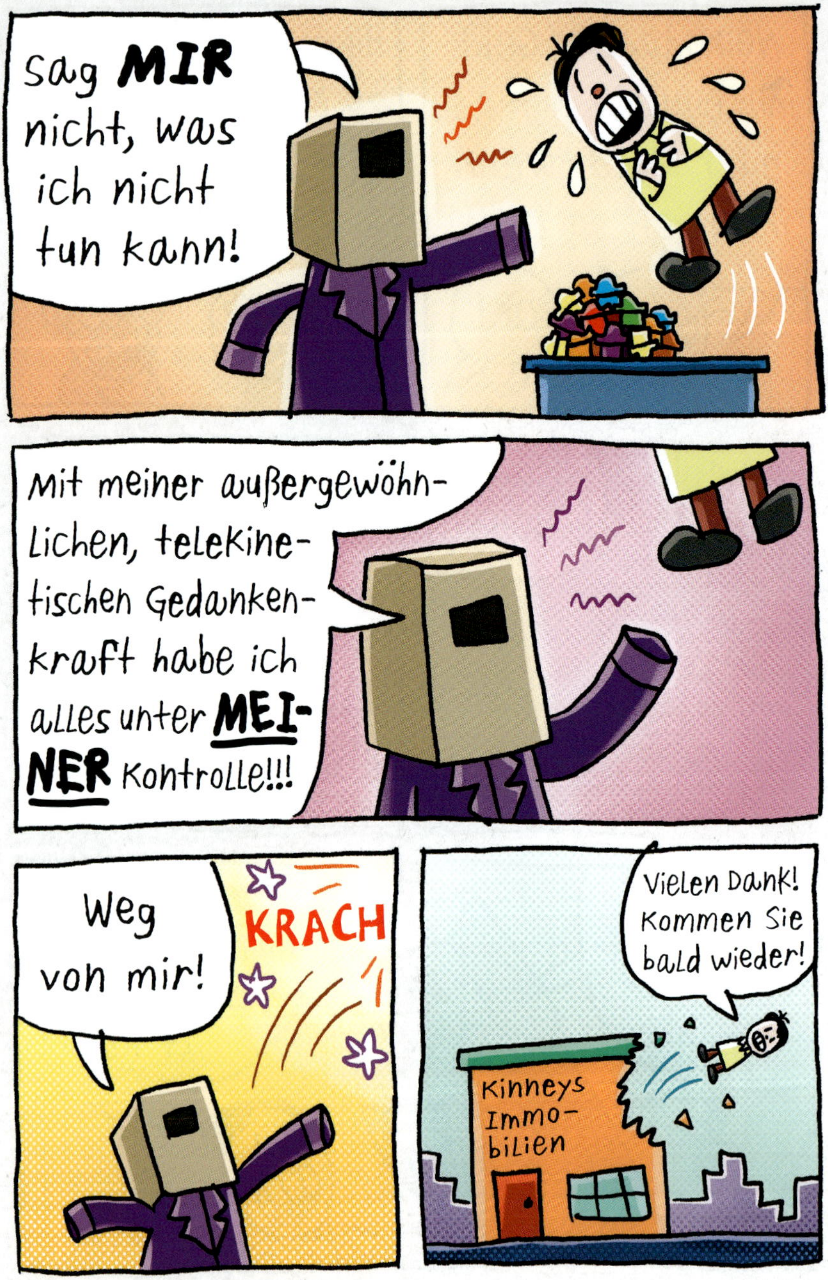

Sag MIR nicht, was ich nicht tun kann!
Mit meiner außergewöhnlichen, telekinetischen Gedankenkraft habe ich alles unter MEINER Kontrolle!!!
Weg von mir!
KRACH
Vielen Dank! Kommen Sie bald wieder!
Kinneys Immobilien

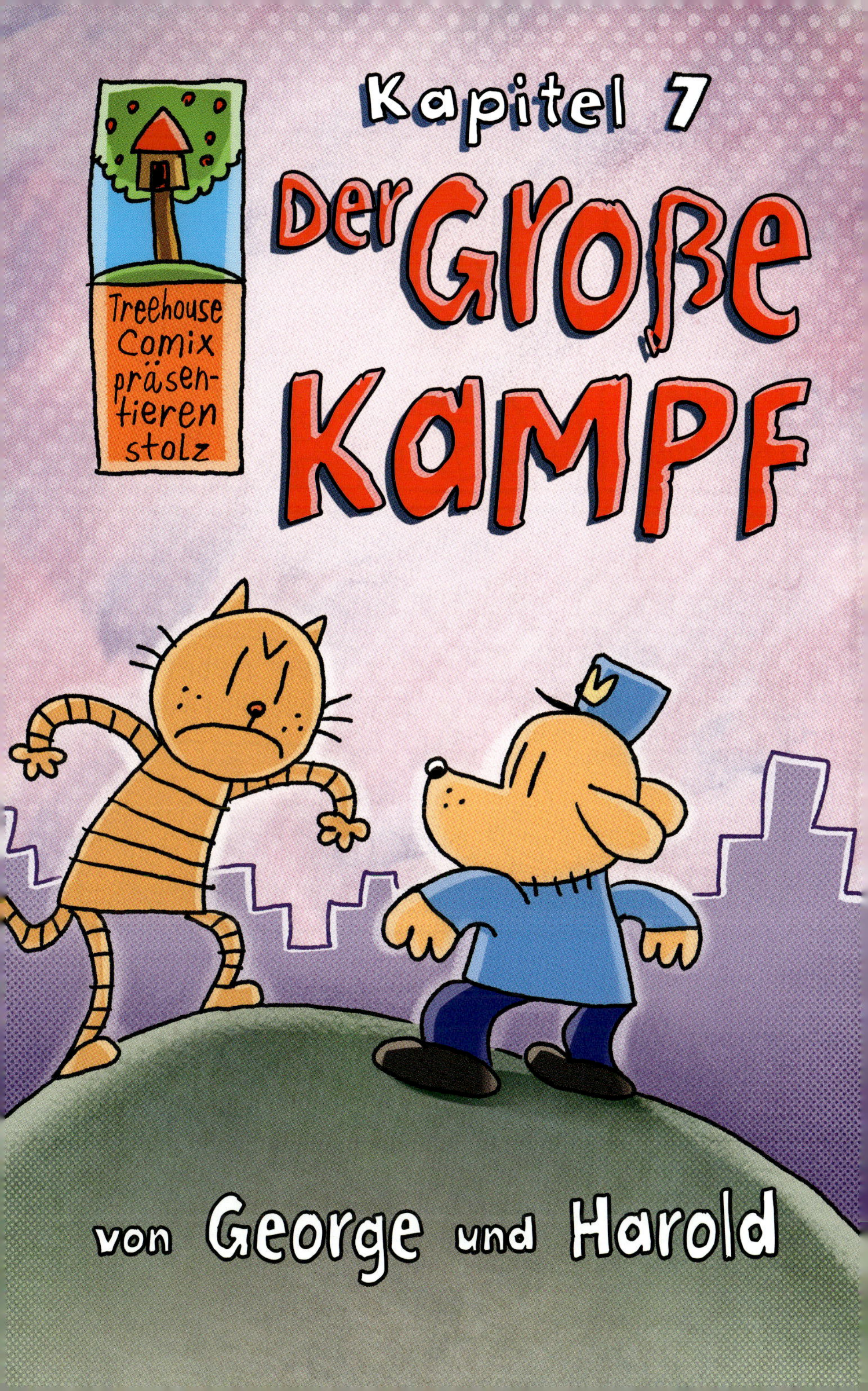
Treehouse Comix präsentieren stolz
Kapitel 7
Der Große Kampf
von George und Harold

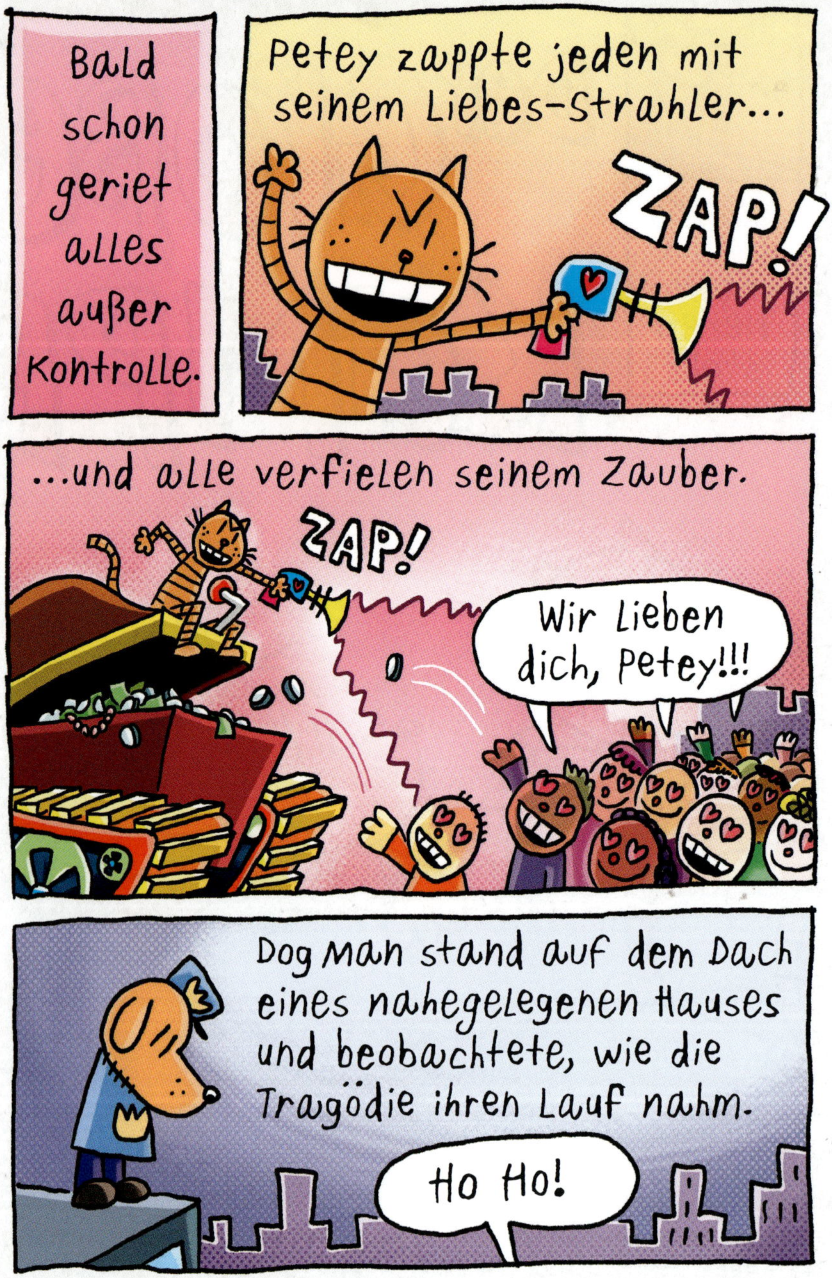
Bald schon geriet alles außer Kontrolle.
Petey zappte jeden mit seinem Liebes-Strahler ...
ZAP!
... und alle verfielen seinem Zauber.
ZAP!
Wir lieben dich, Petey!!!
Dog Man stand auf dem Dach eines nahegelegenen Hauses und beobachtete, wie die Tragödie ihren Lauf nahm.
Ho Ho!

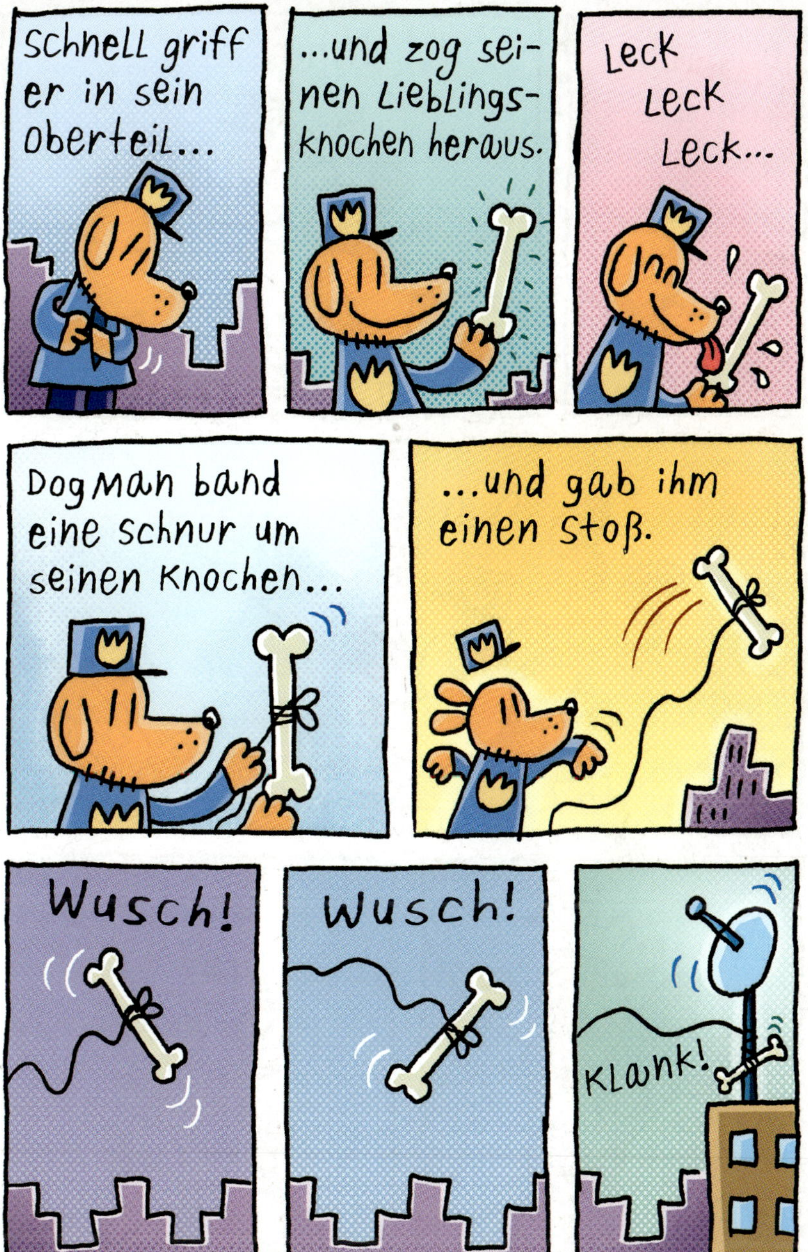
Schnell griff er in sein Oberteil …
… und zog seinen Lieblingsknochen heraus.
Leck
Leck
Leck …
Dog Man band eine Schnur um seinen Knochen …
… und gab ihm einen Stoß.
Wusch!
Wusch!
Klank!

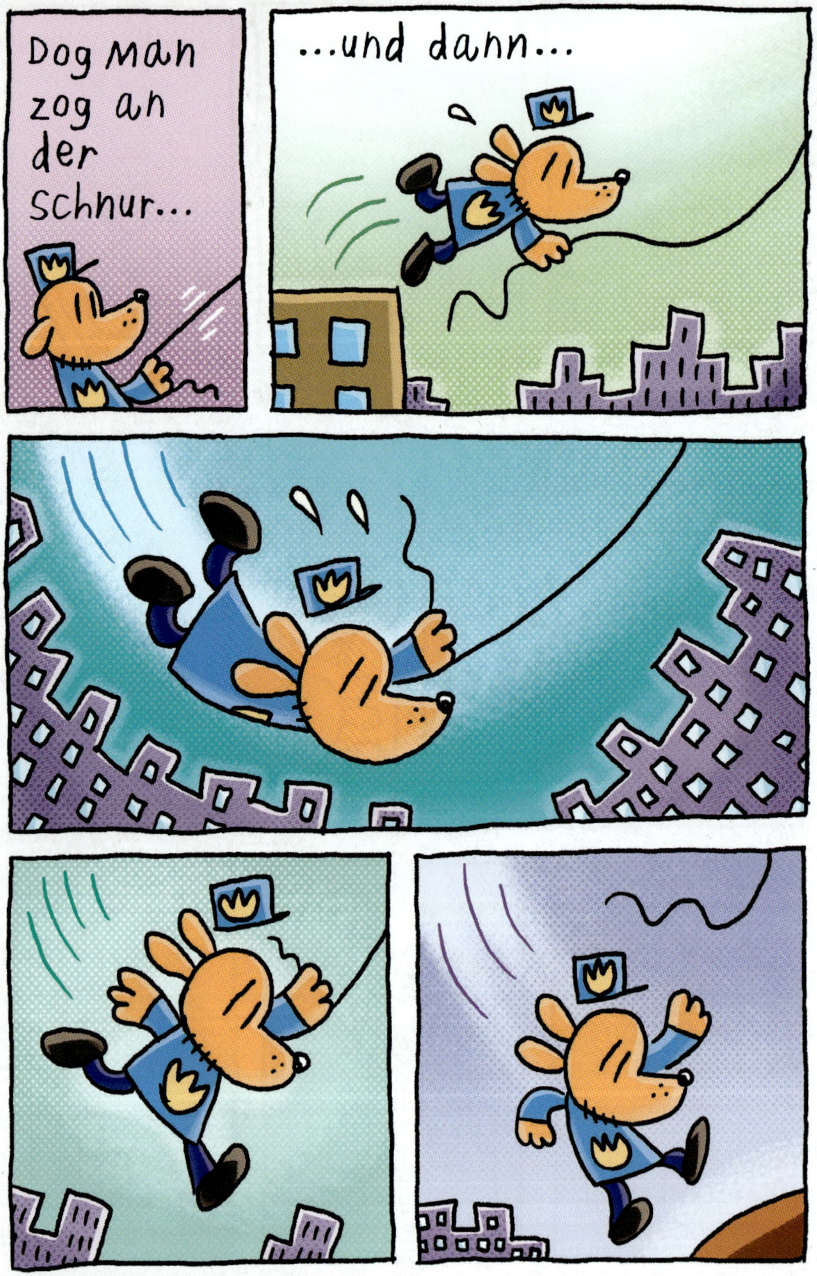

Dog Man zog an der schnur...
...und dann...

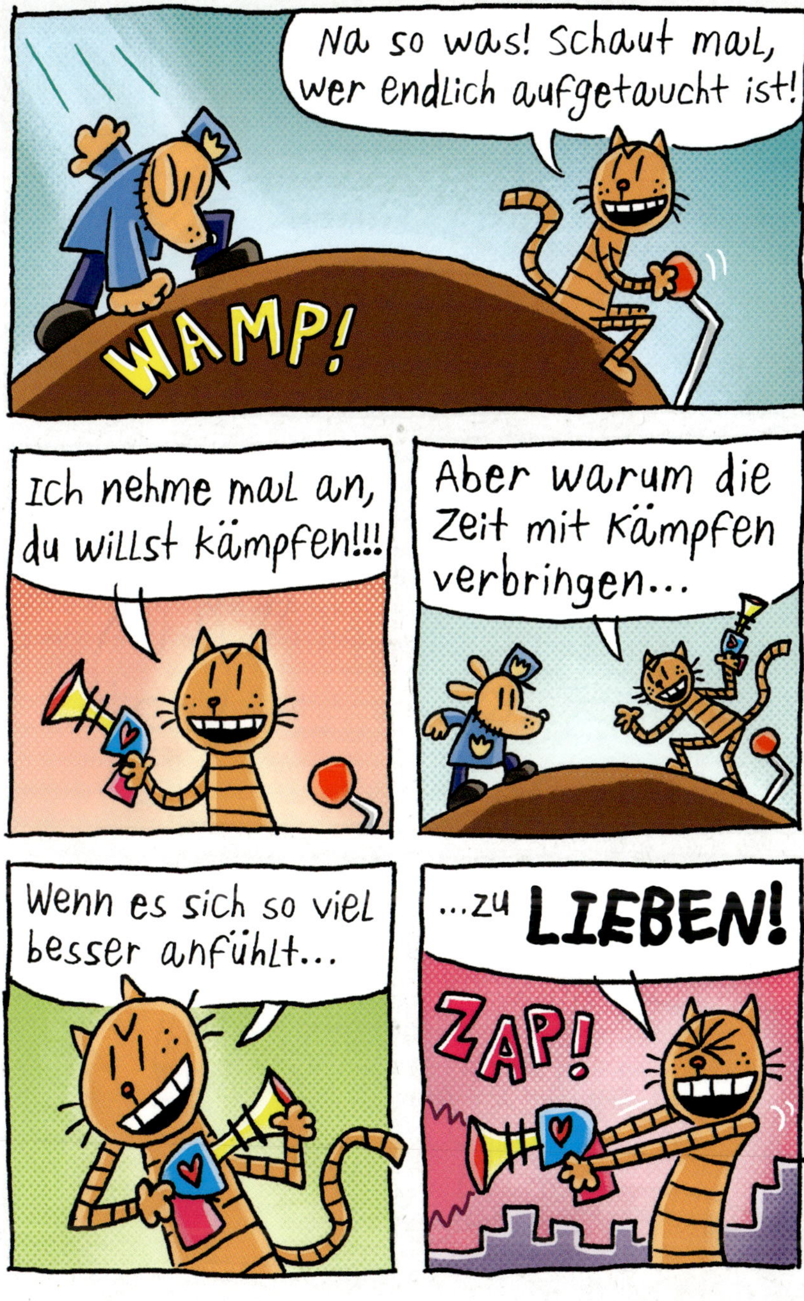
Na so was! Schaut mal, wer endlich aufgetaucht ist!
WAMP!
Ich nehme mal an, du willst kämpfen!!!
Aber warum die Zeit mit Kämpfen verbringen…
Wenn es sich so viel besser anfühlt…
…zu LIEBEN!
ZAP!

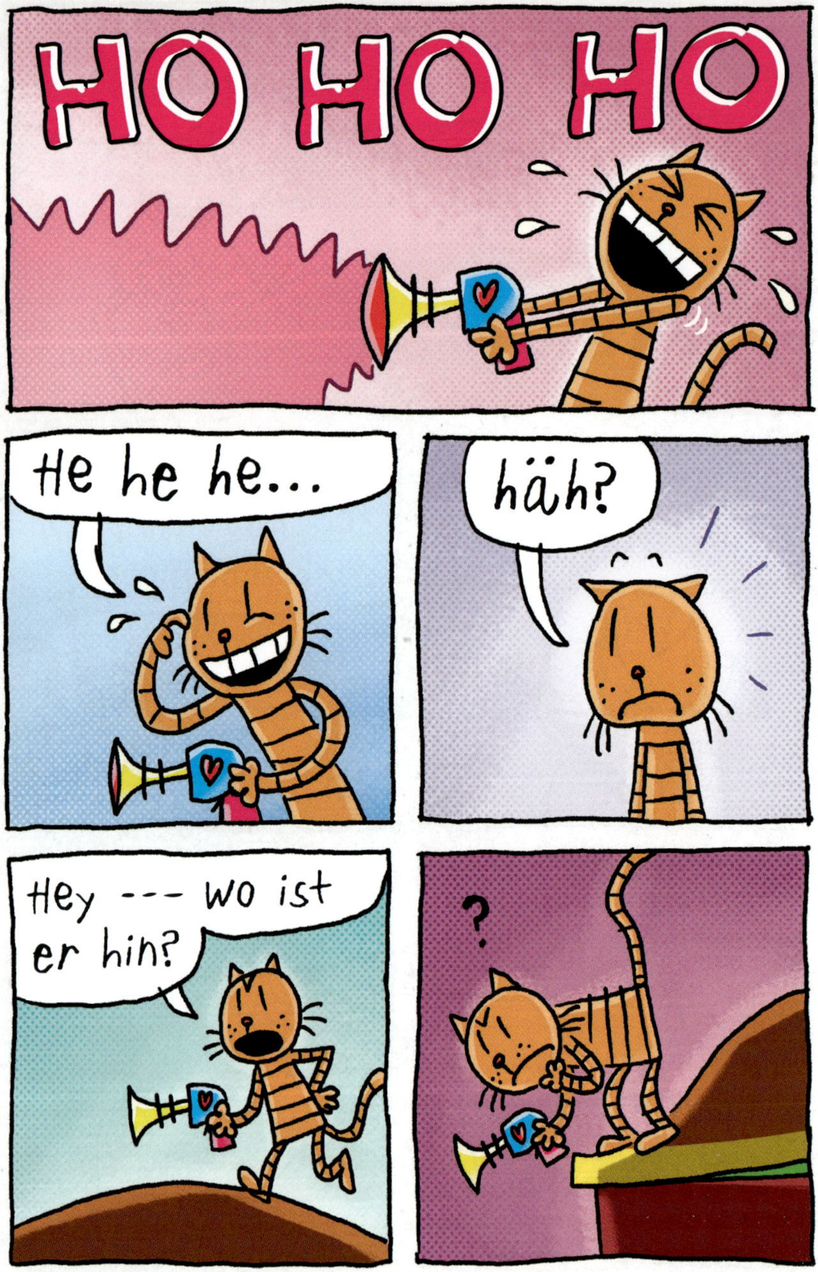
HO HO HO
He he he...
häh?
Hey --- wo ist er hin?
?

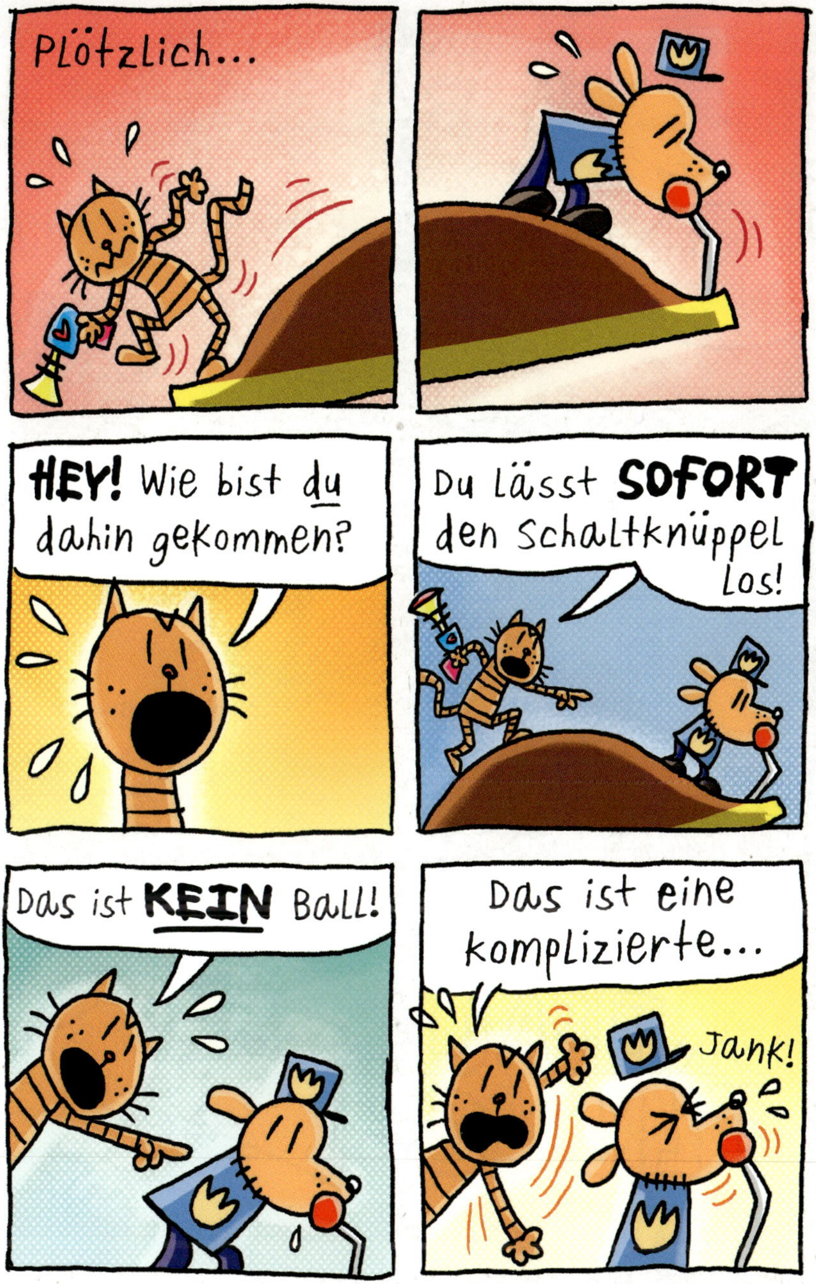
Plötzlich...
HEY! Wie bist du dahin gekommen?
Du lässt SOFORT den Schaltknüppel los!
Das ist KEIN Ball!
Das ist eine komplizierte...
Jank!

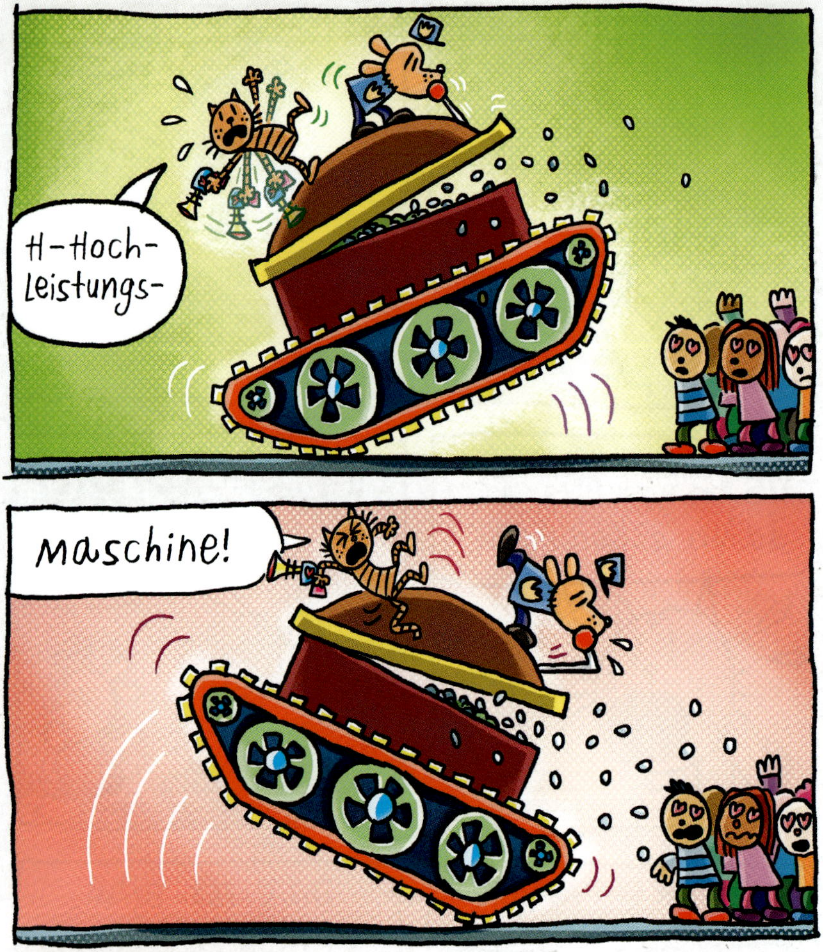

DREIFACH FLIP-O-RAMA

Linke Hand hier.

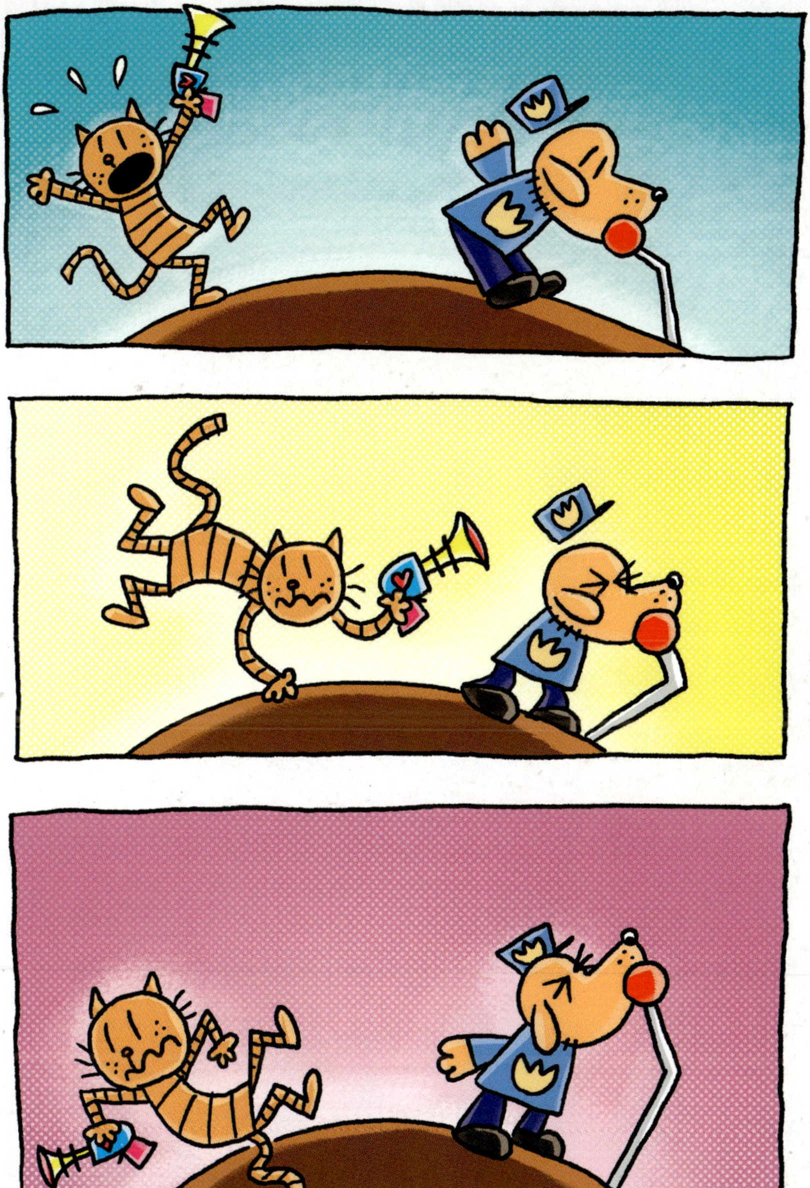

Rechter Daumen hier.

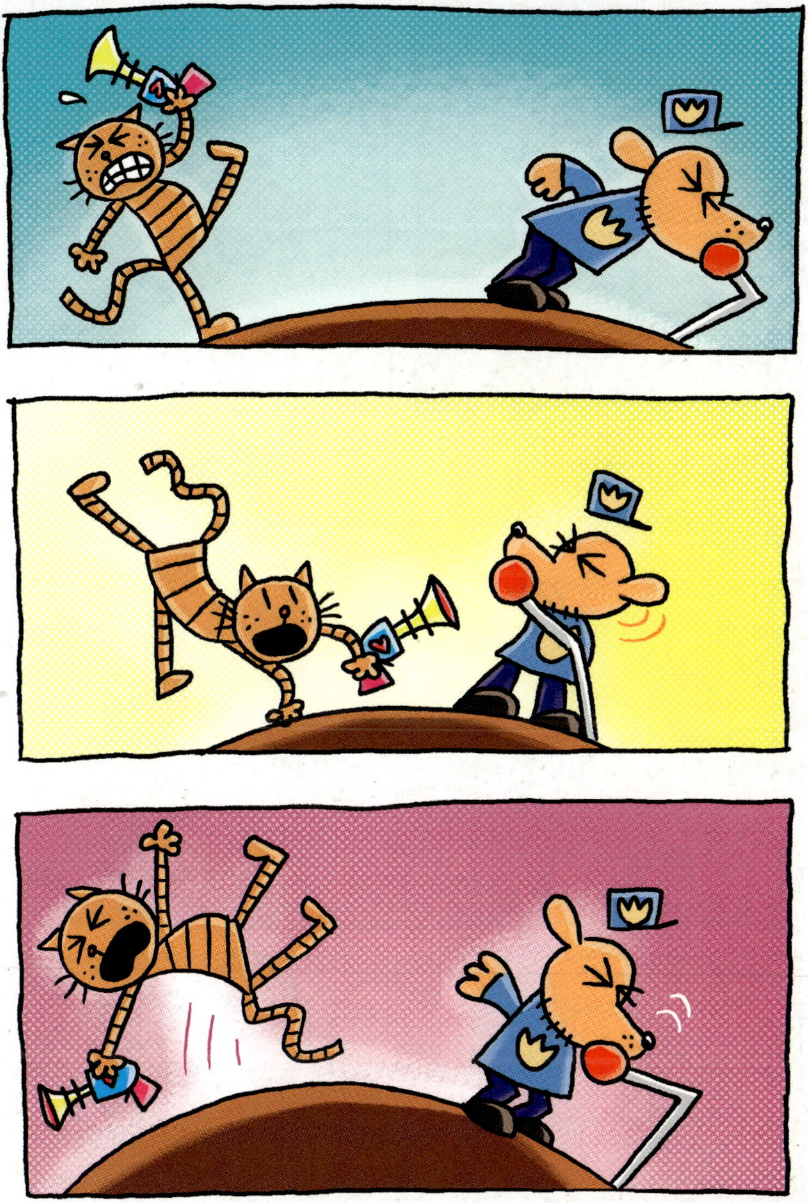

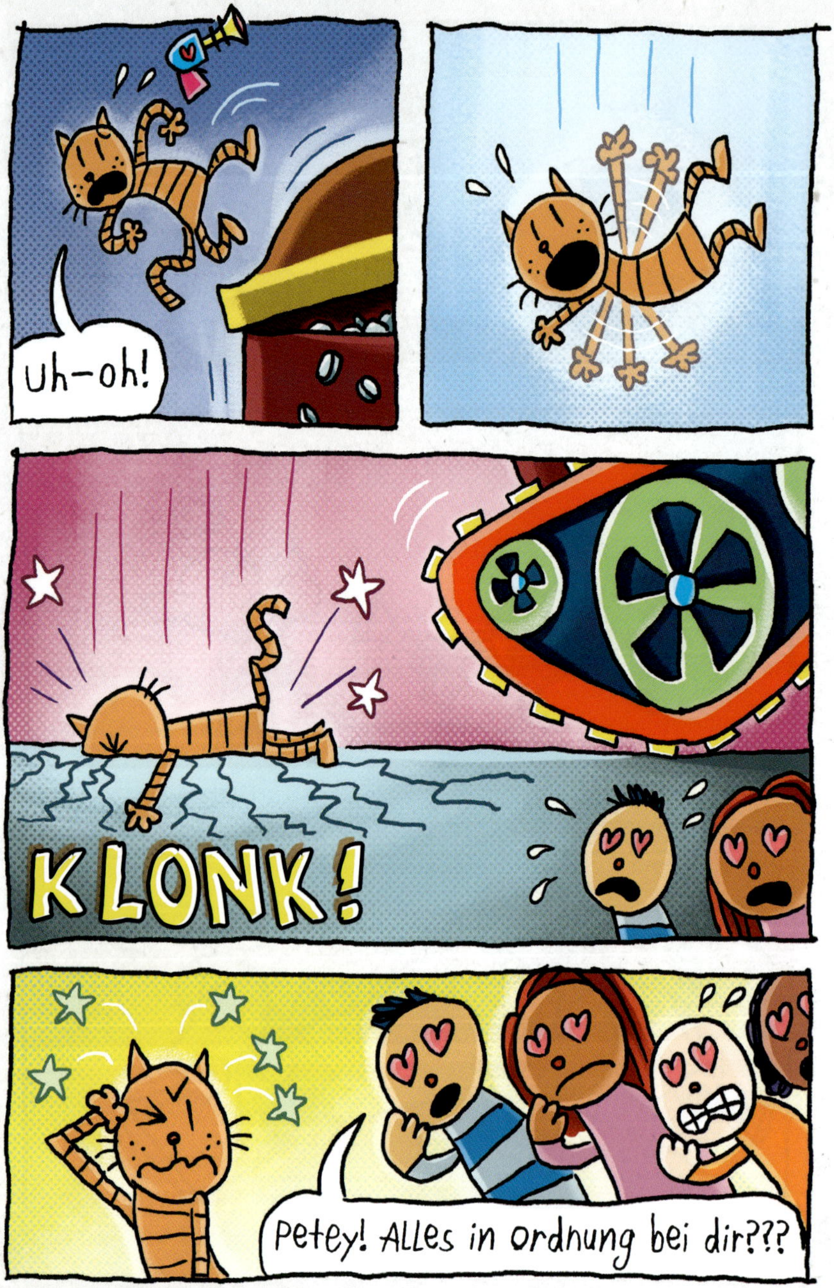
Uh-oh!
KLONK!
Petey! Alles in Ordnung bei dir???

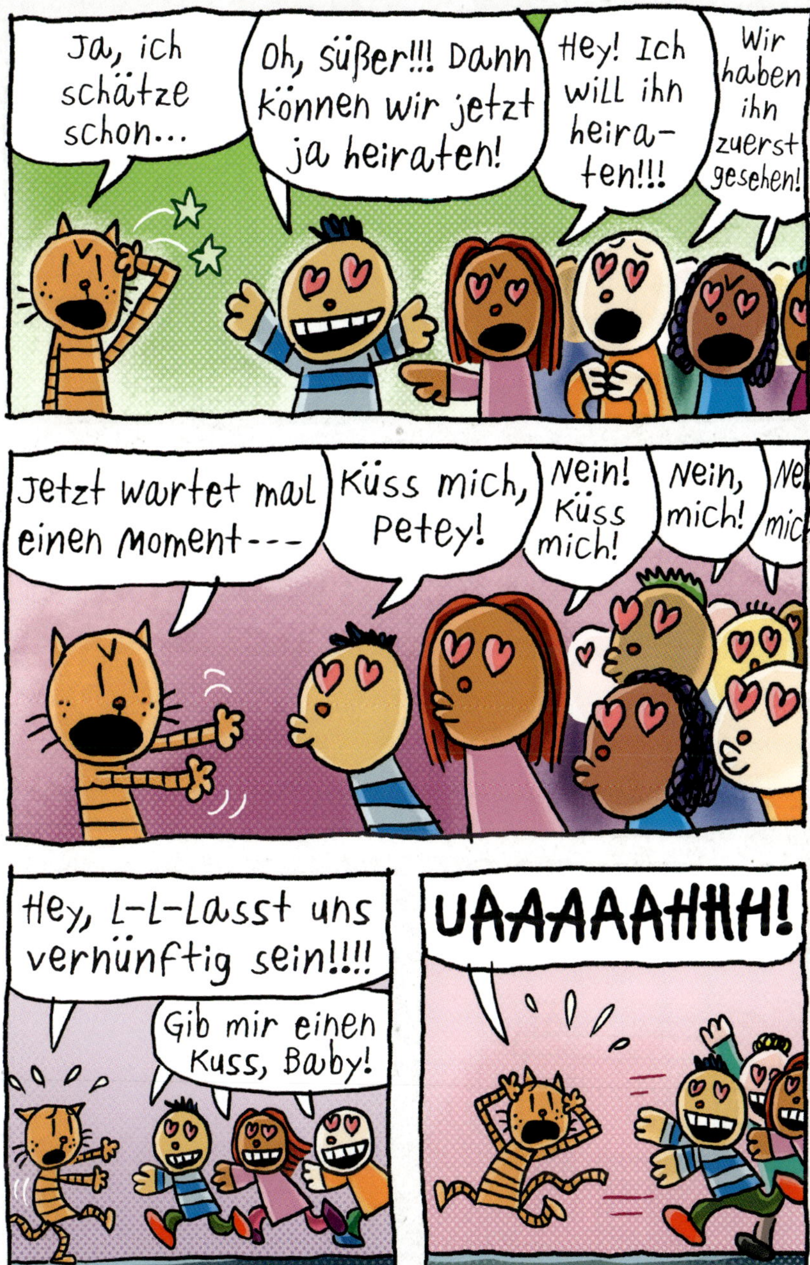
Ja, ich schätze schon...
Oh, süßer!!! Dann können wir jetzt ja heiraten!
Hey! Ich will ihn heira-ten!!!
Wir haben ihn zuerst gesehen!
Jetzt wartet mal einen Moment---
Küss mich, Petey!
Nein! Küss mich!
Nein, mich!
Hey, L-L-Lasst uns vernünftig sein!!!!
Gib mir einen Kuss, Baby!
UAAAAAHHH!

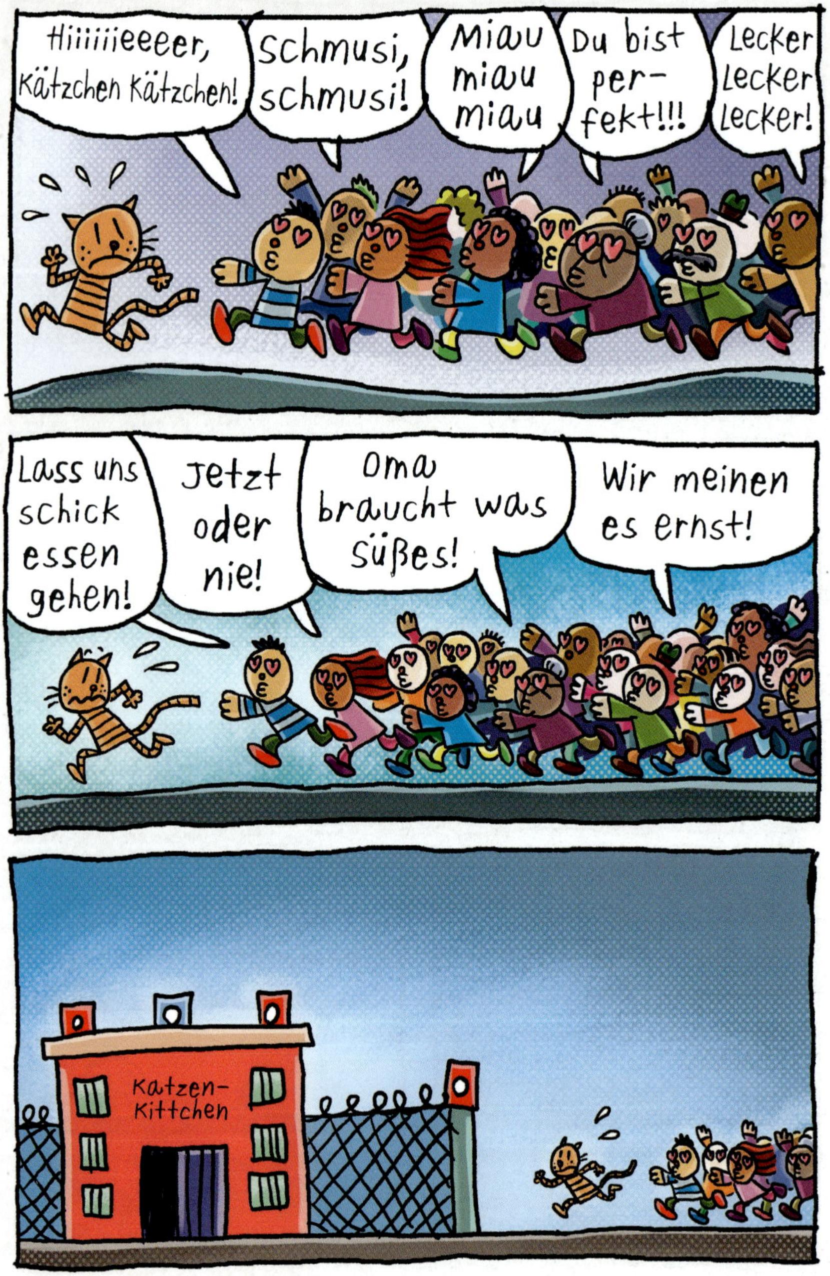
Hiiiiiieeeer, Kätzchen Kätzchen!
Schmusi, schmusi!
Miau miau miau
Du bist per-fekt!!!
Lecker Lecker Lecker!
Lass uns schick essen gehen!
Jetzt oder nie!
Oma braucht was Süßes!
Wir meinen es ernst!
Katzen-Kittchen

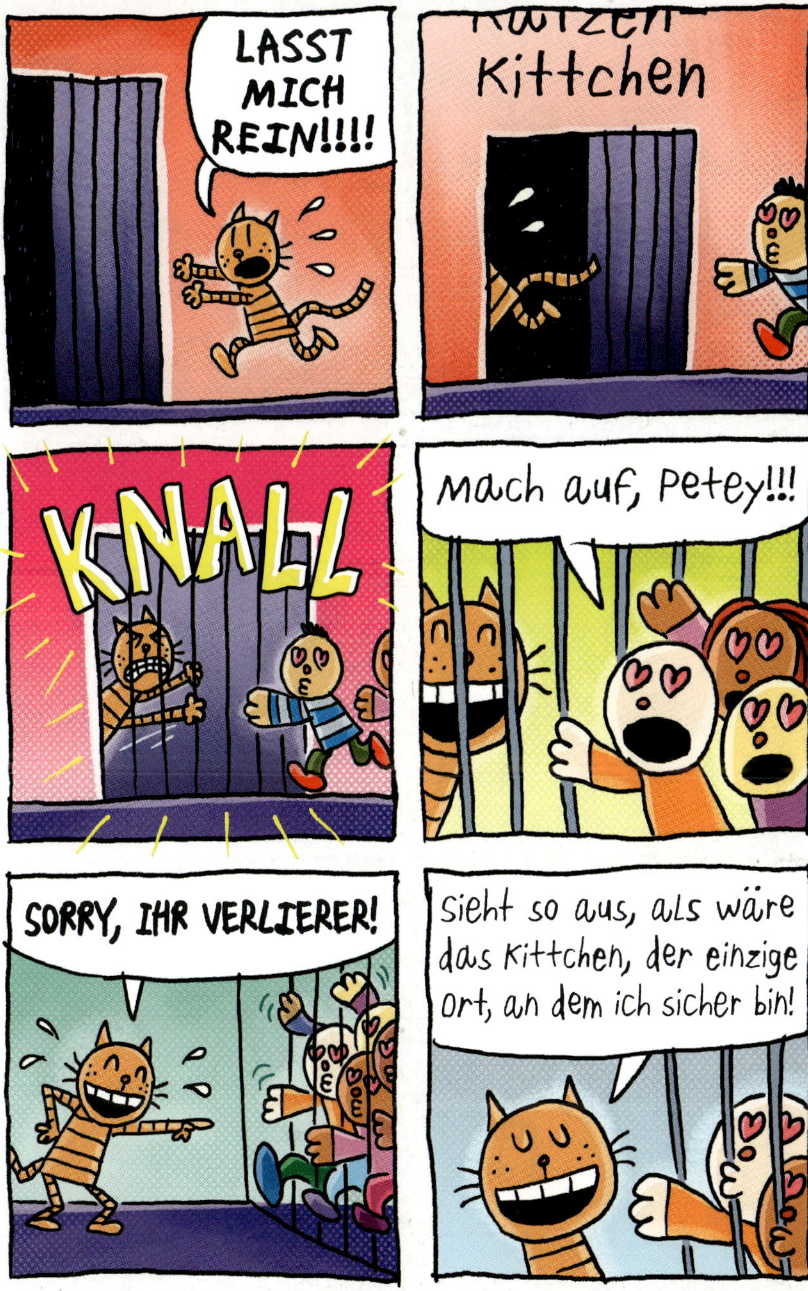
LASST MICH REIN!!!!
Kittchen
KNALL
Mach auf, Petey!!!
SORRY, IHR VERLIERER!
Sieht so aus, als wäre das Kittchen, der einzige Ort, an dem ich sicher bin!

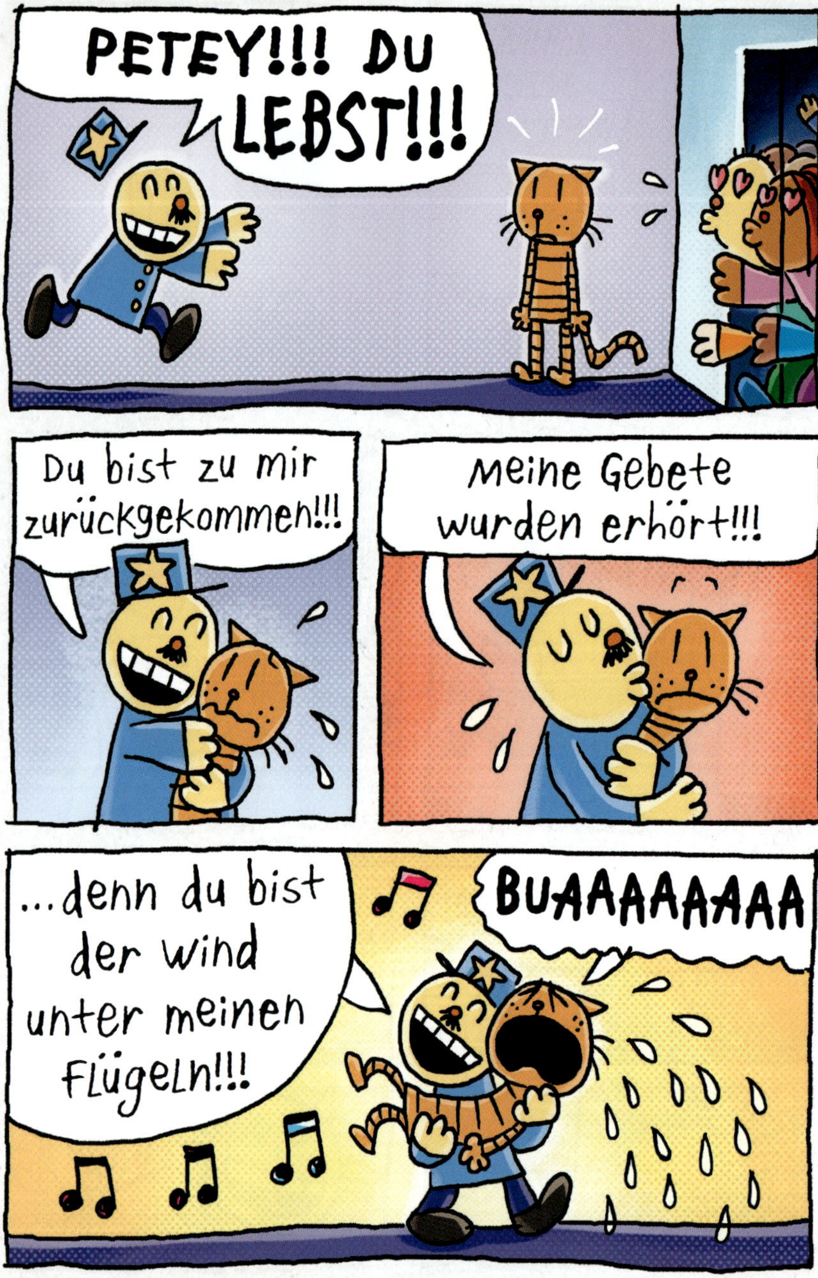
PETEY!!! DU LEBST!!!
Du bist zu mir zurückgekommen!!!
Meine Gebete wurden erhört!!!
...denn du bist der Wind unter meinen Flügeln!!!
BUAAAAAAAA

Kapitel 8

FLACH-KATZEN-FIEBER

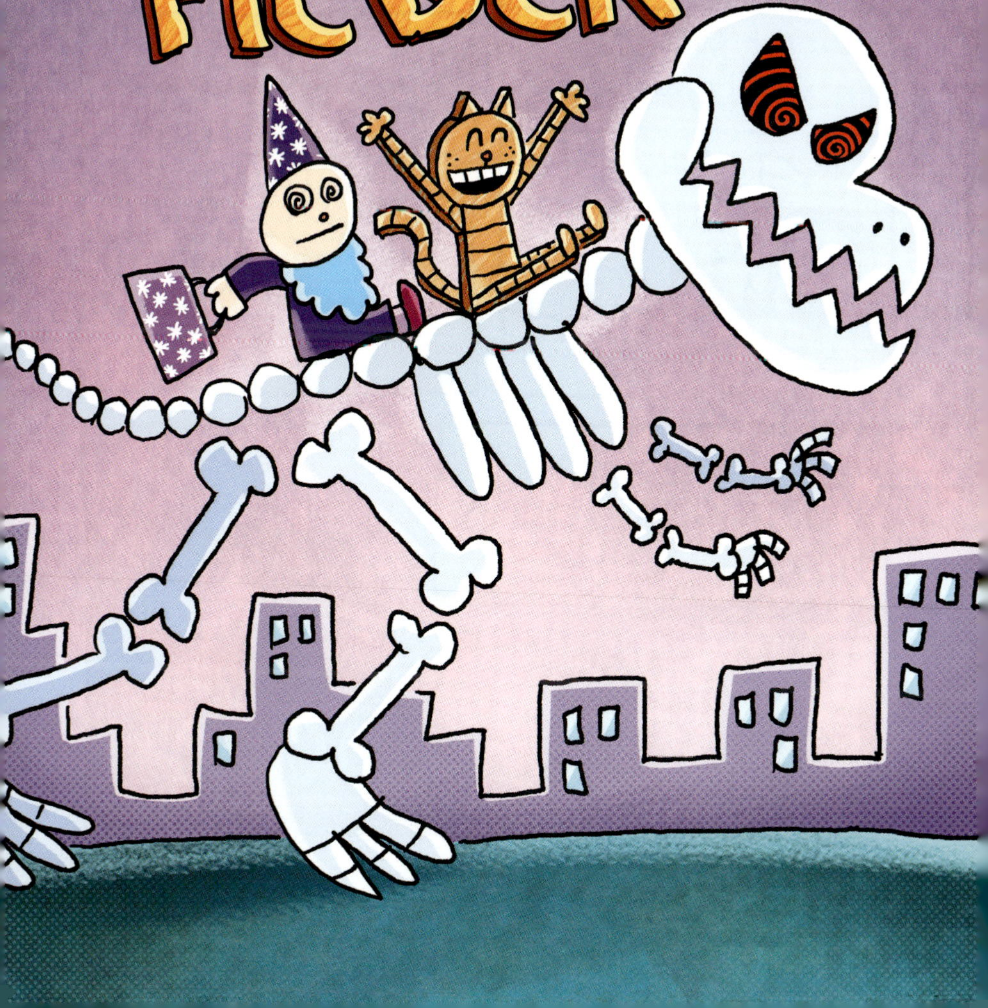

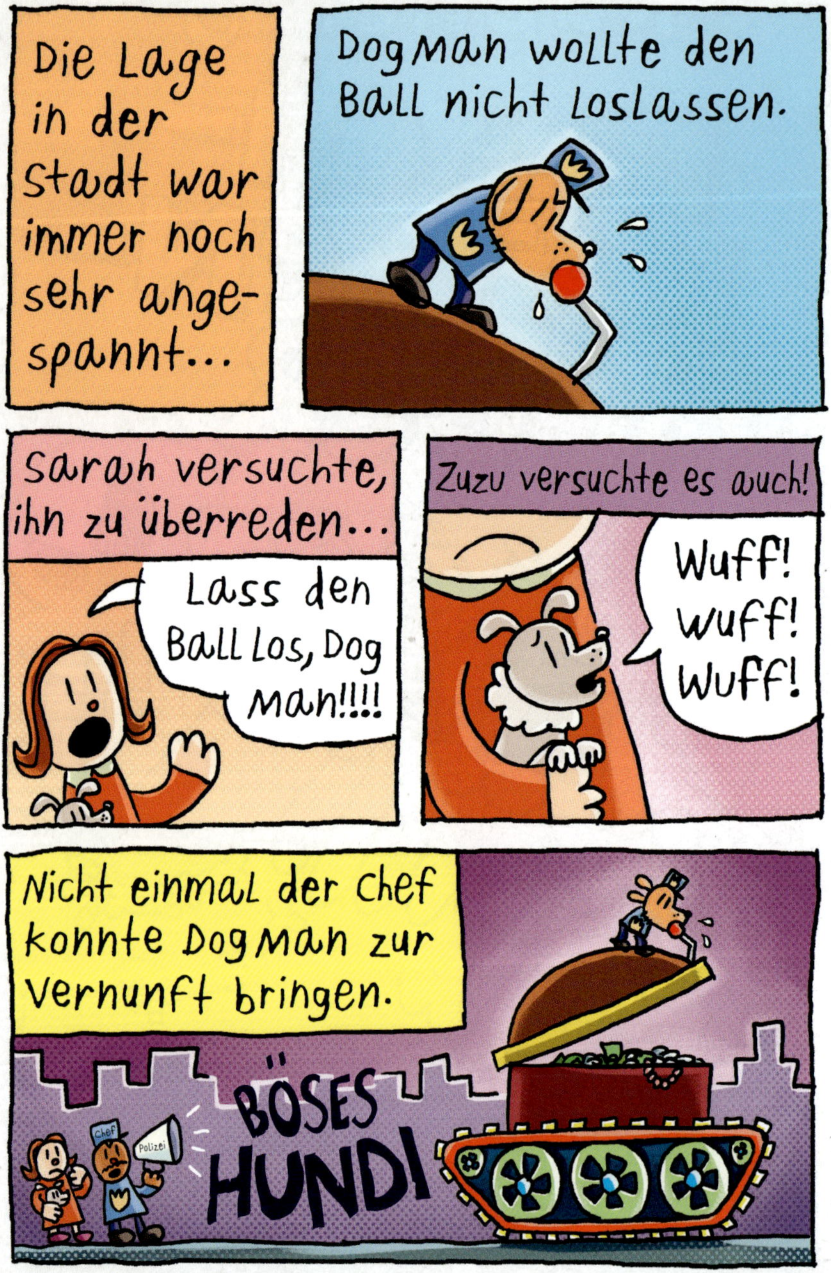
Die Lage in der Stadt war immer noch sehr ange-spannt...
Dog Man wollte den Ball nicht loslassen.
Sarah versuchte, ihn zu überreden...
Lass den Ball los, Dog Man!!!!
Zuzu versuchte es auch!
Wuff! Wuff! Wuff!
Nicht einmal der Chef konnte Dog Man zur Vernunft bringen.
Chef
Polizei
BÖSES HUNDI

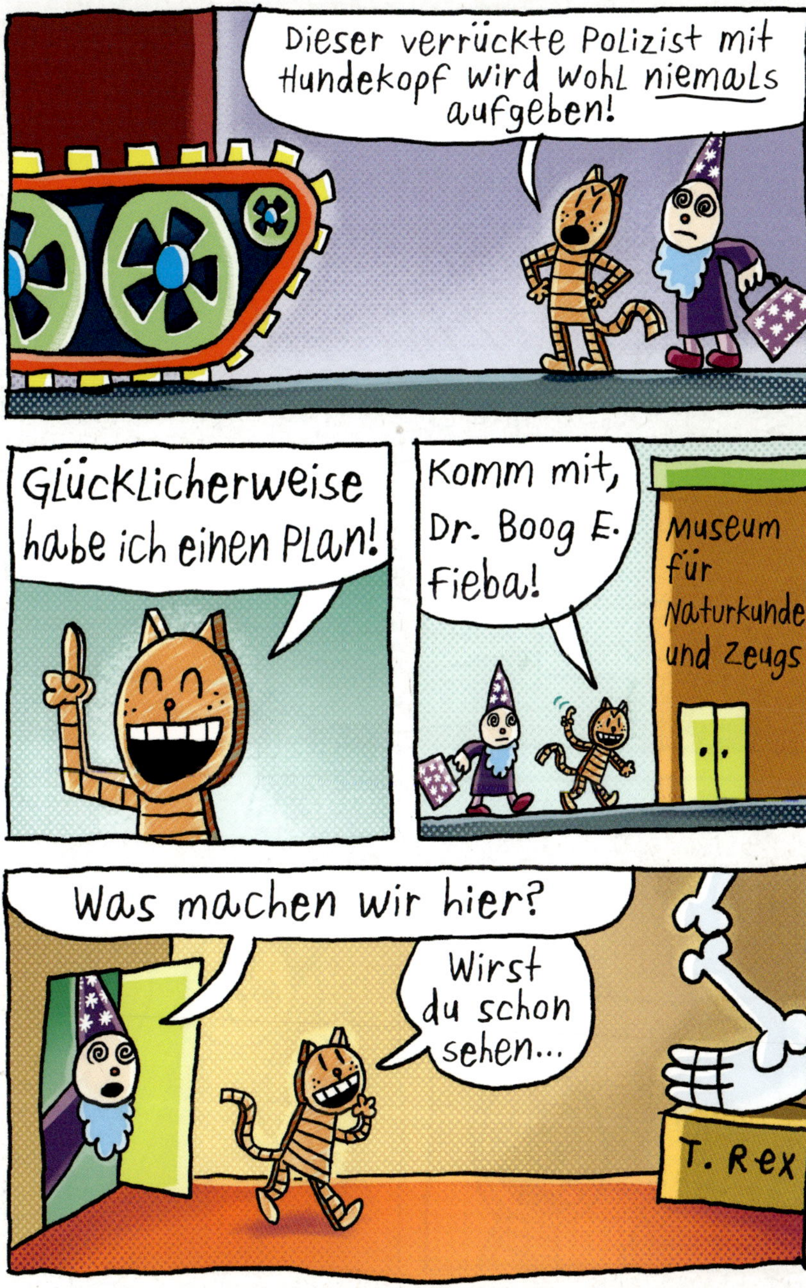
Dieser verrückte Polizist mit Hundekopf wird wohl niemals aufgeben!
Glücklicherweise habe ich einen Plan!
Komm mit, Dr. Boog E. Fieba!
Museum für Naturkunde und Zeugs
Was machen wir hier?
Wirst du schon sehen...
T. Rex

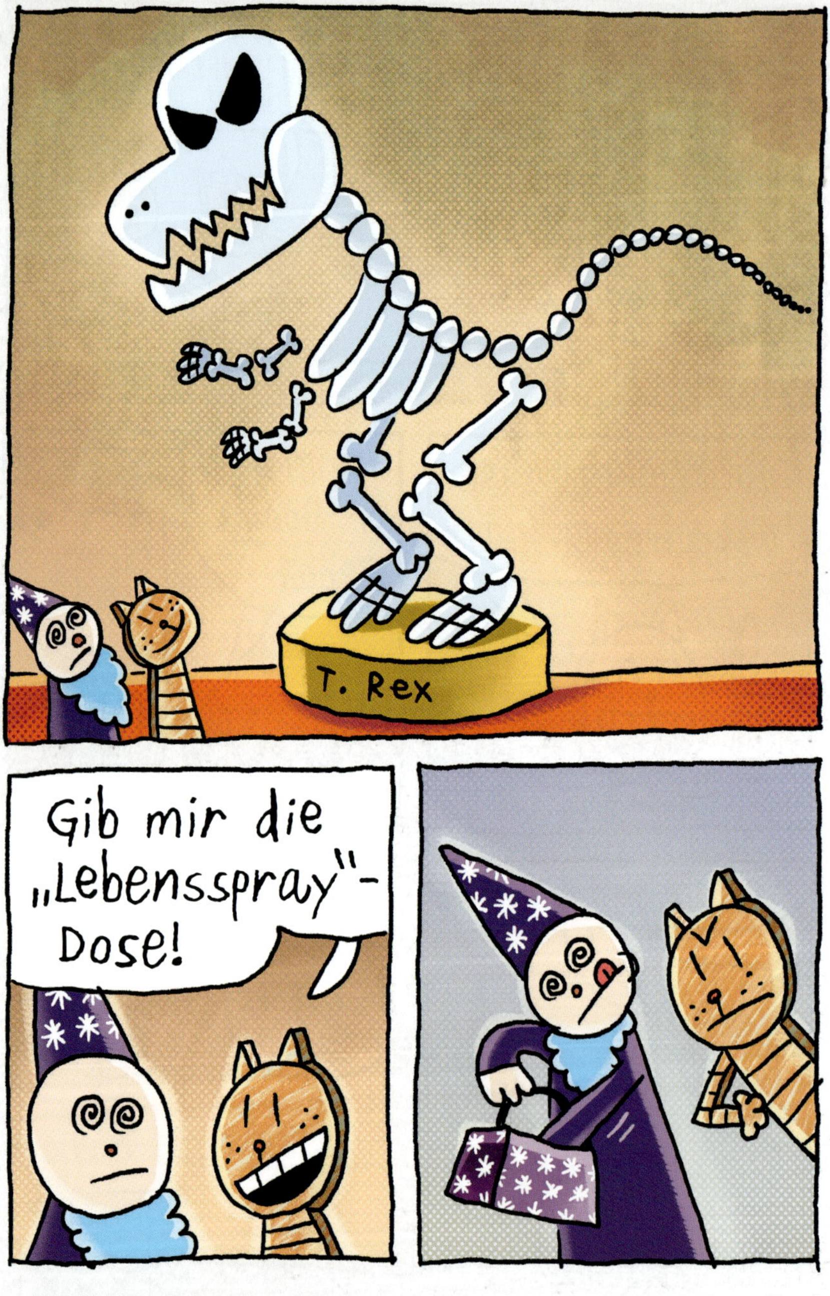
T. Rex
Gib mir die „Lebensspray"-Dose!

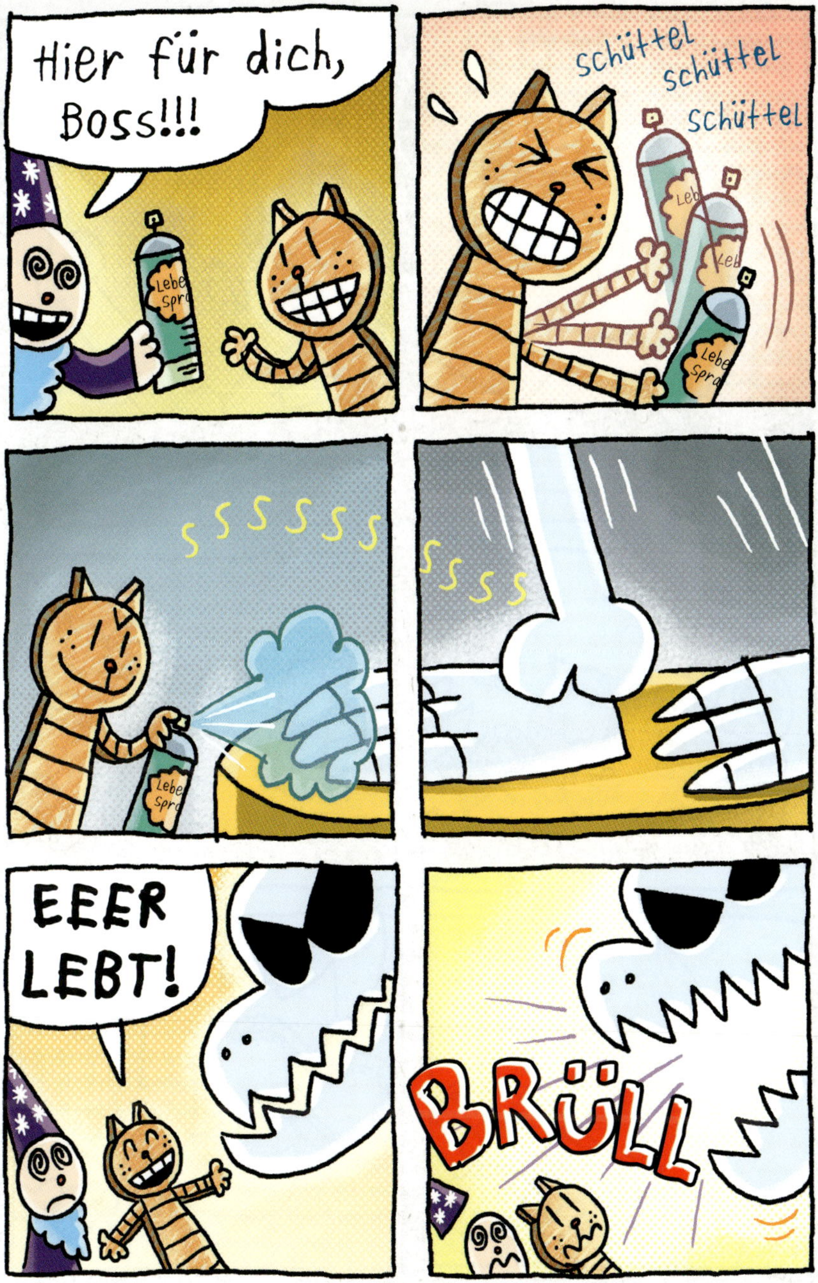
Hier für dich, Boss!!!
Schüttel
Schüttel
Schüttel
SSSSSS
SSSS
EEER LEBT!
BRÜLL

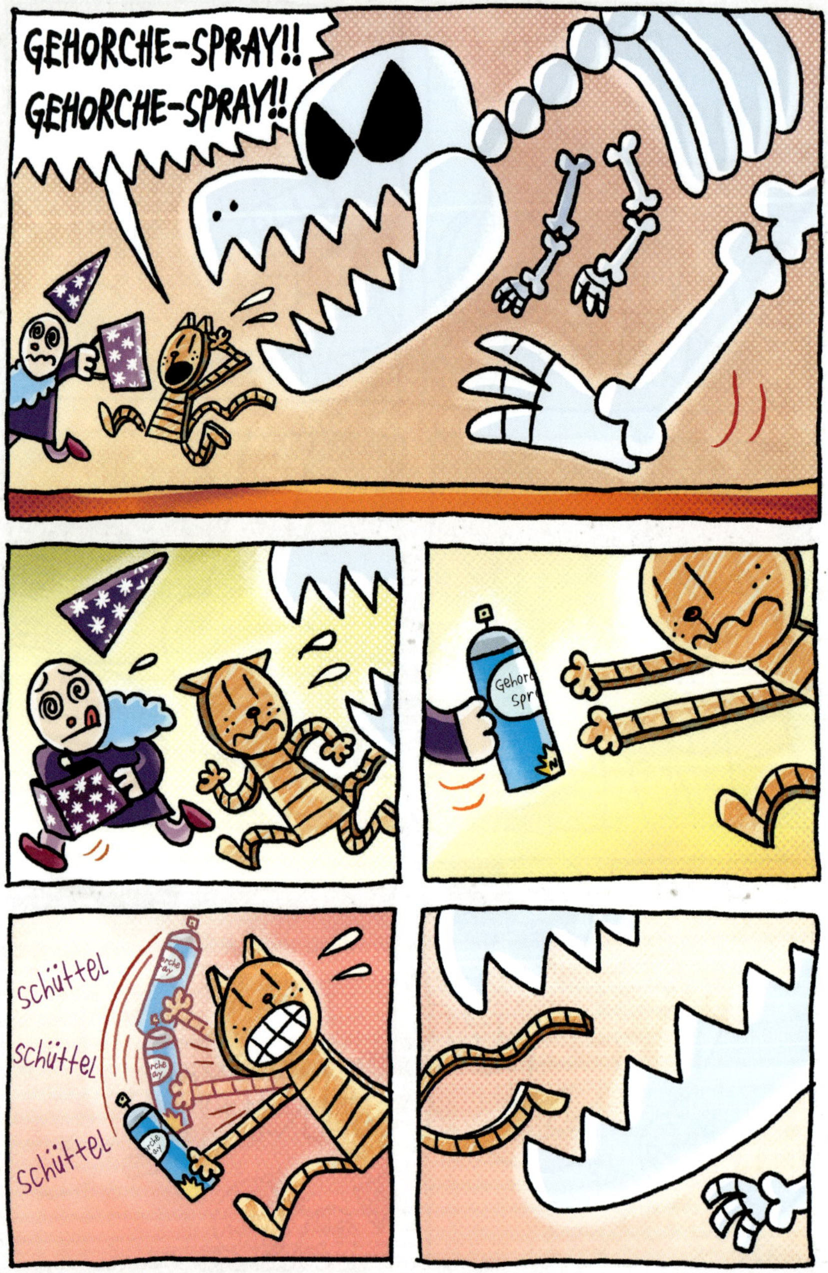
GEHORCHE-SPRAY!!
GEHORCHE-SPRAY!!
schüttel
schüttel
schüttel

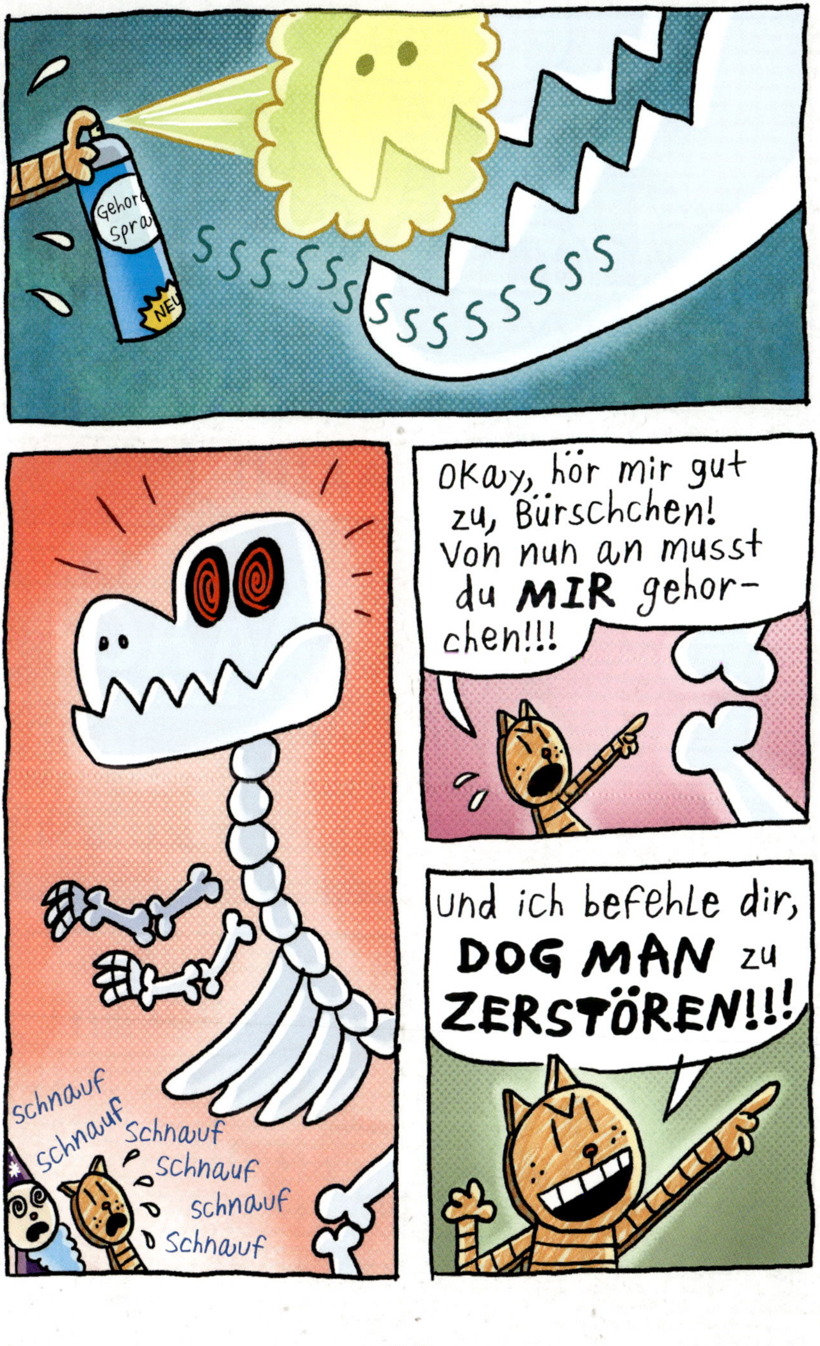
Gehorc
Spra
NEU
SSSSSSSSSSSSSSSS
Okay, hör mir gut zu, Bürschchen! Von nun an musst du **MIR** gehorchen!!!
schnauf
schnauf
schnauf
schnauf
schnauf
schnauf
und ich befehle dir, **DOG MAN** zu **ZERSTÖREN!!!**

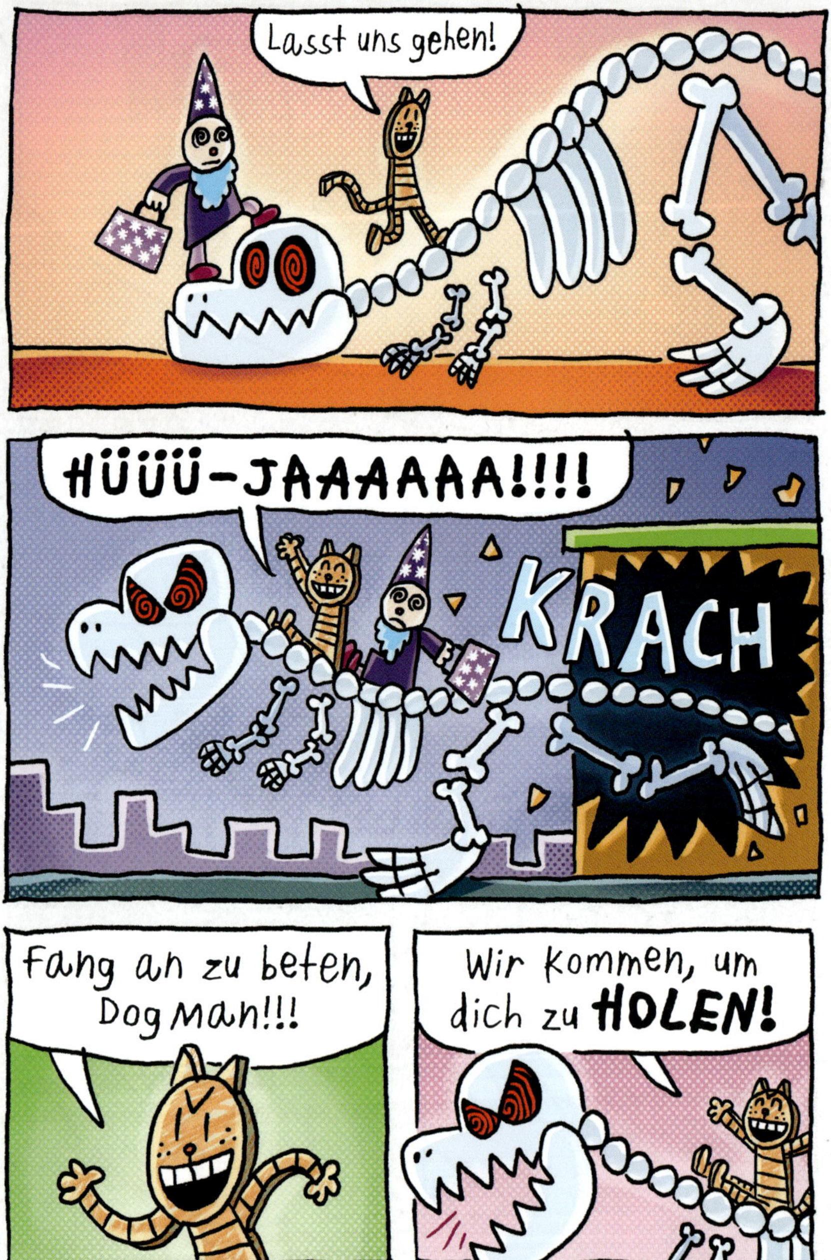
Lasst uns gehen!
HÜÜÜ-JAAAAAA!!!!
KRACH
Fang an zu beten, Dog Man!!!
Wir kommen, um dich zu HOLEN!

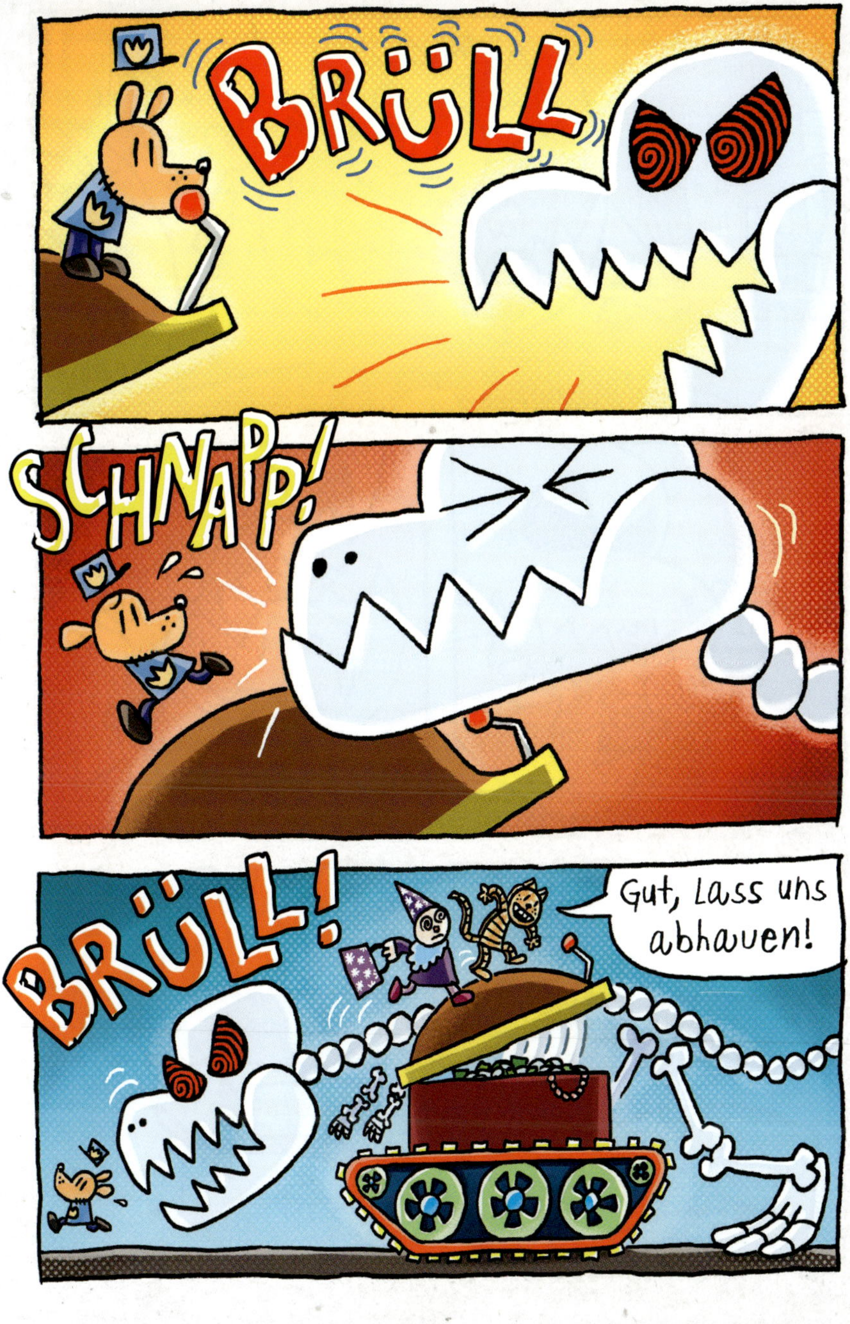
BRÜLL
SCHNAPP!
BRÜLL!
Gut, lass uns abhauen!

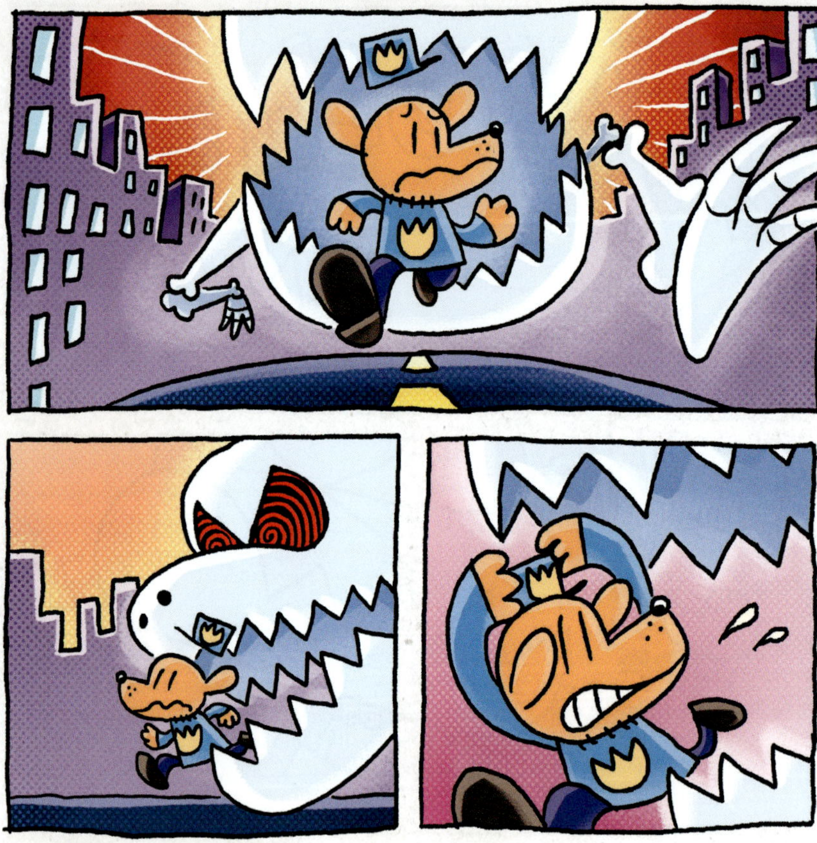

FLIP-O-RAMA

Geschmeidige Animations-Technologie...

Linke Hand hier.

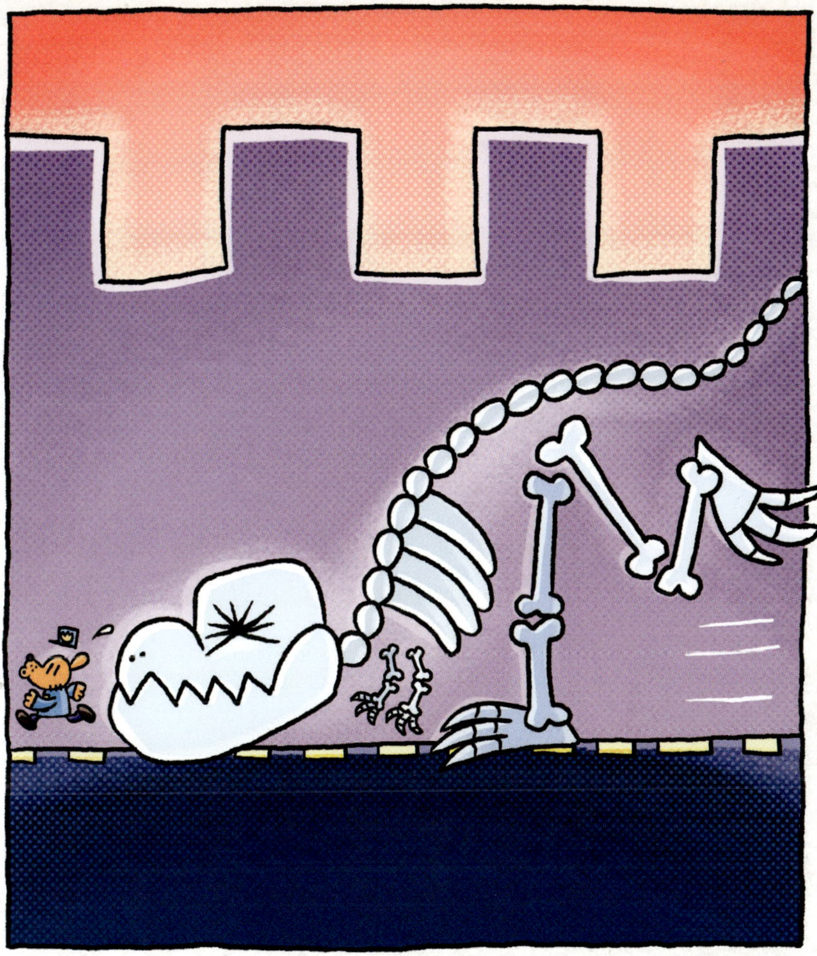

Jurassic-Beißer

Rechter Daumen hier.

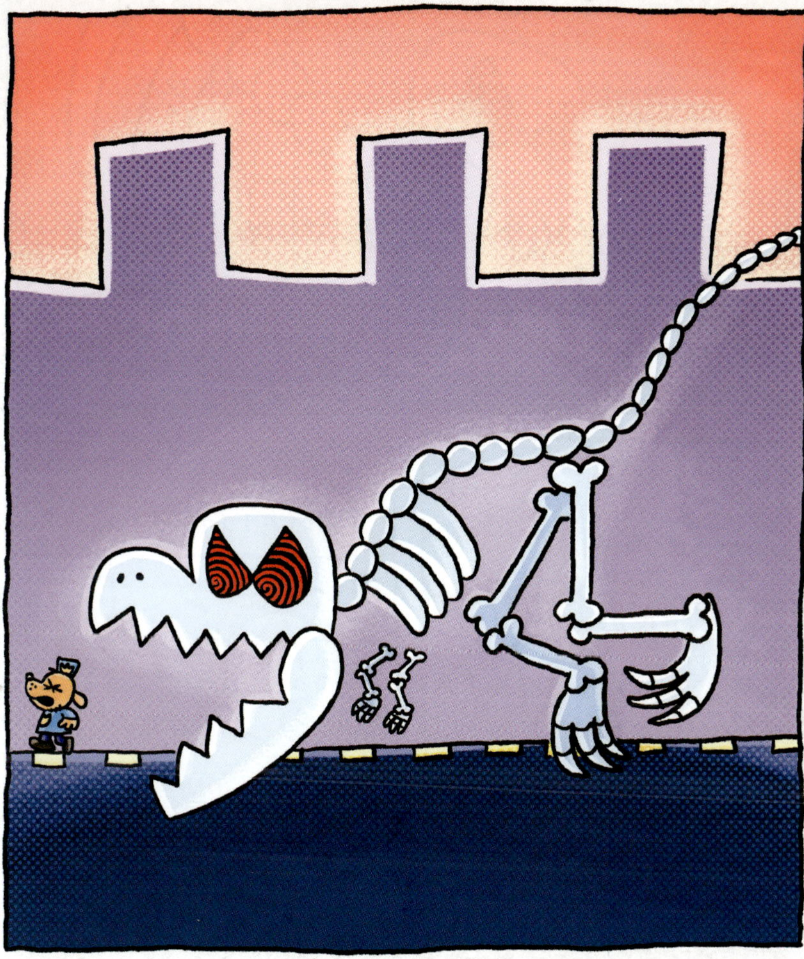

Jurassic-Beißer

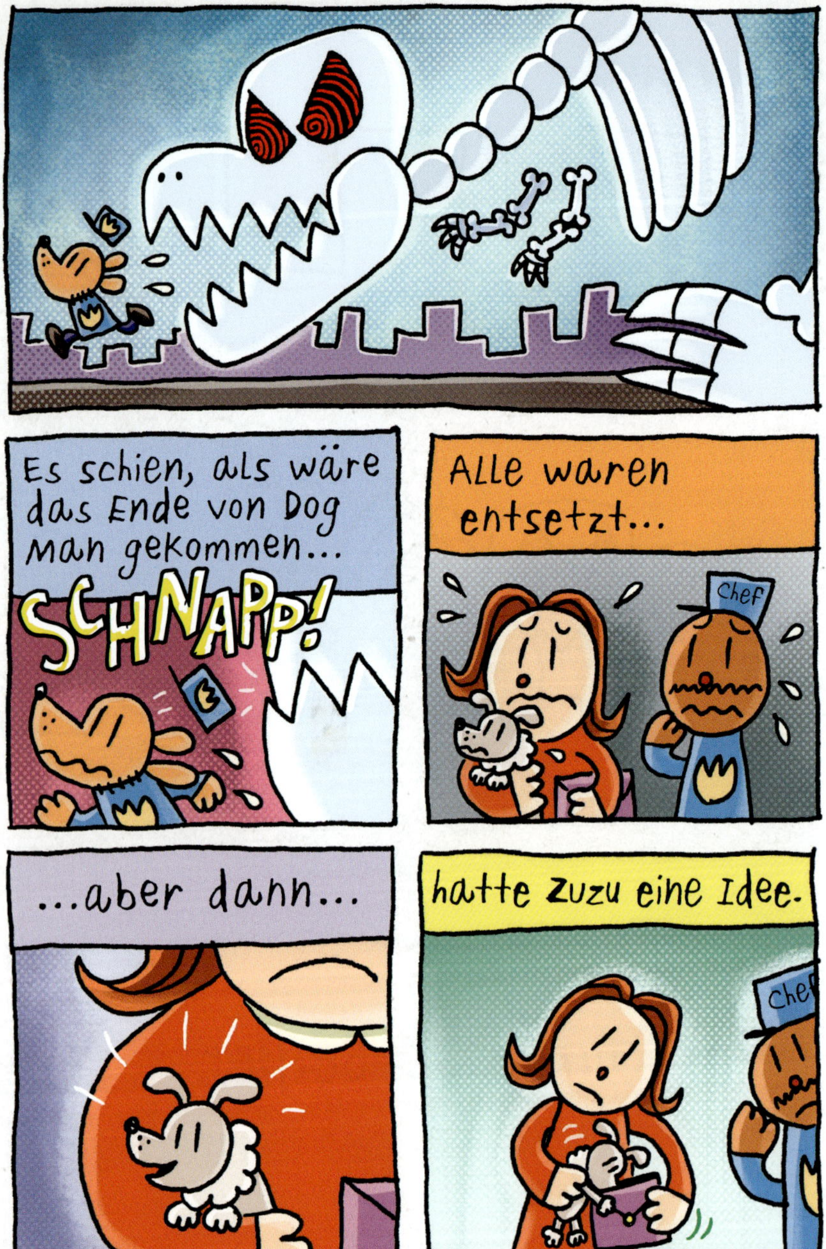
Es schien, als wäre das Ende von Dog Man gekommen...
SCHNAPP!
Alle waren entsetzt...
Chef
...aber dann...
hatte Zuzu eine Idee.
Chef

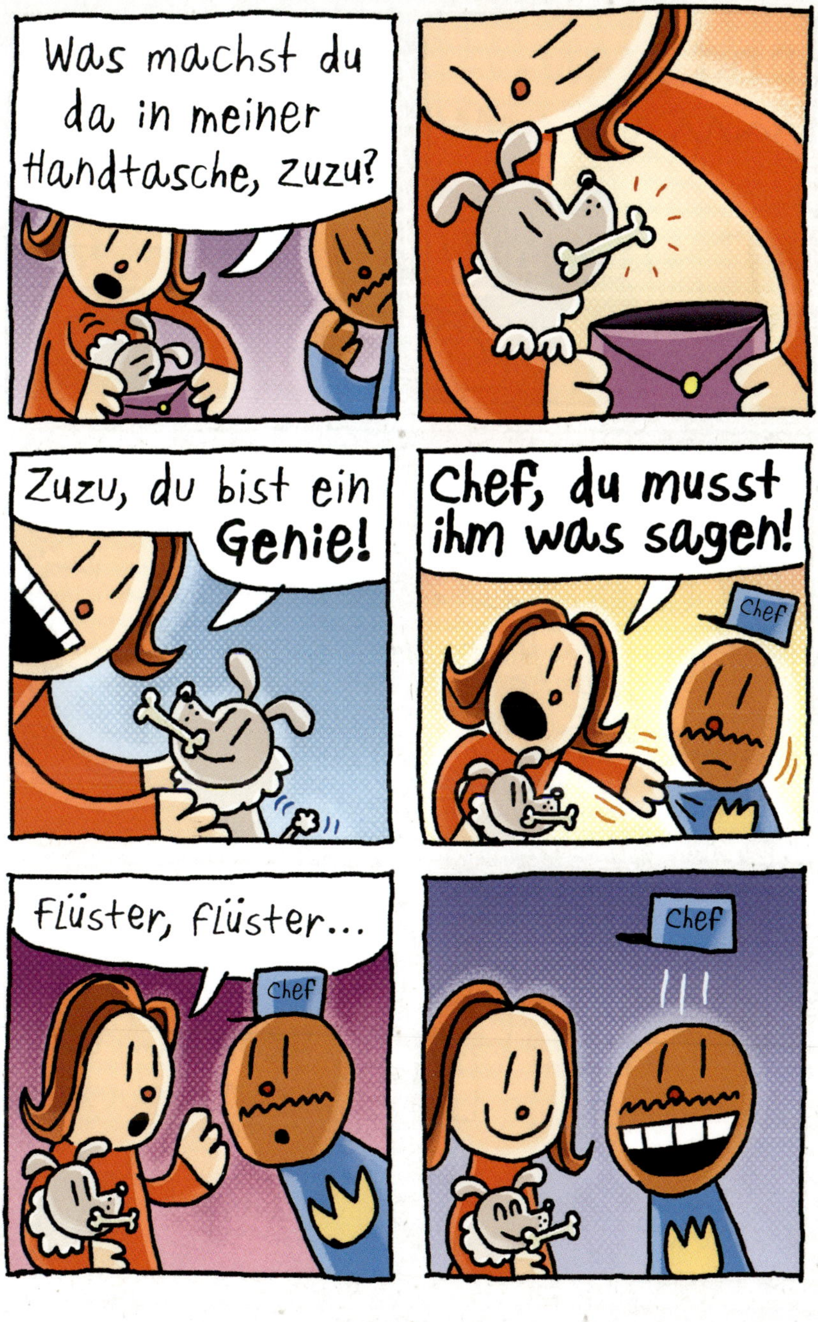
Was machst du da in meiner Handtasche, Zuzu?
Zuzu, du bist ein Genie!
Chef, du musst ihm was sagen!
Chef
Flüster, flüster …
Chef
Chef

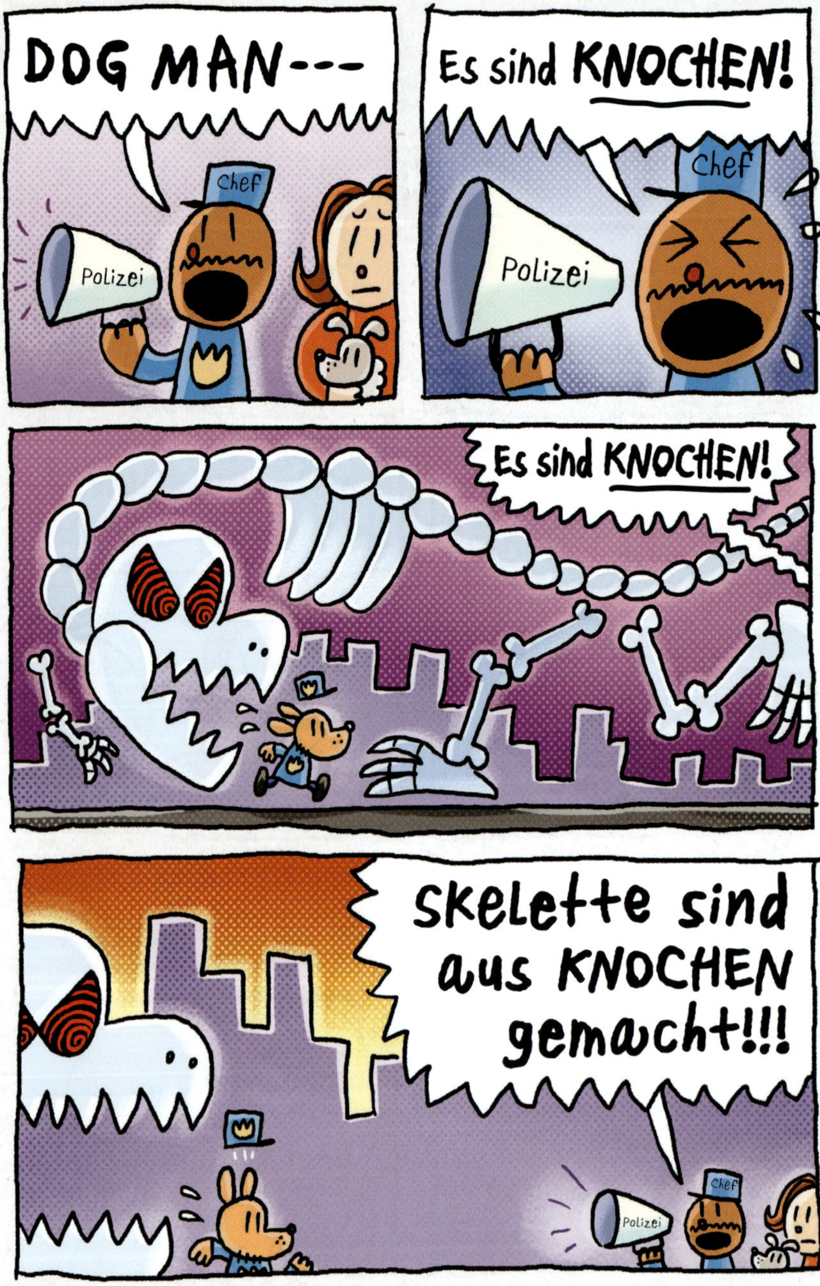
DOG MAN---
Polizei
Chef
Es sind KNOCHEN!
Chef
Polizei
Es sind KNOCHEN!
Skelette sind aus KNOCHEN gemacht!!!
Chef
Polizei

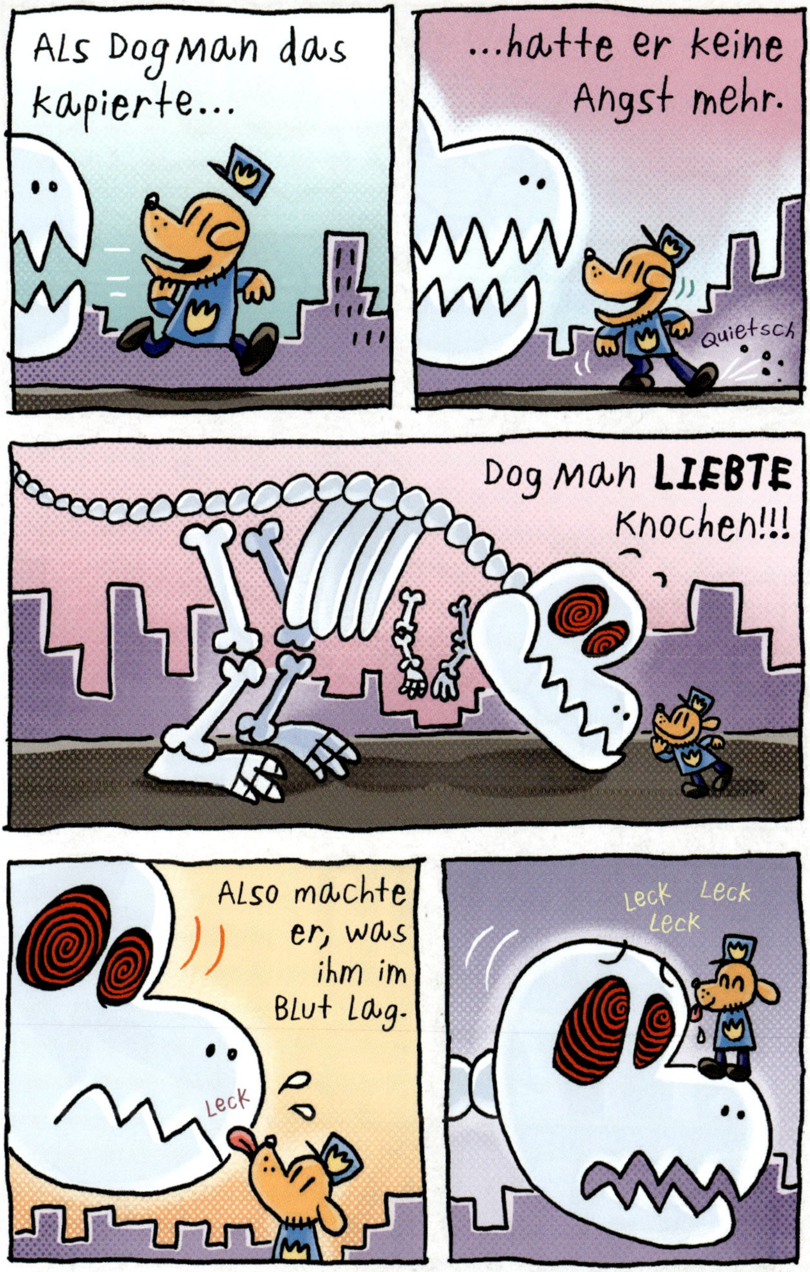
Als Dogman das kapierte…
…hatte er keine Angst mehr.
Quietsch
Dog Man **LIEBTE** Knochen!!!
Also machte er, was ihm im Blut lag.
Leck
Leck Leck
Leck

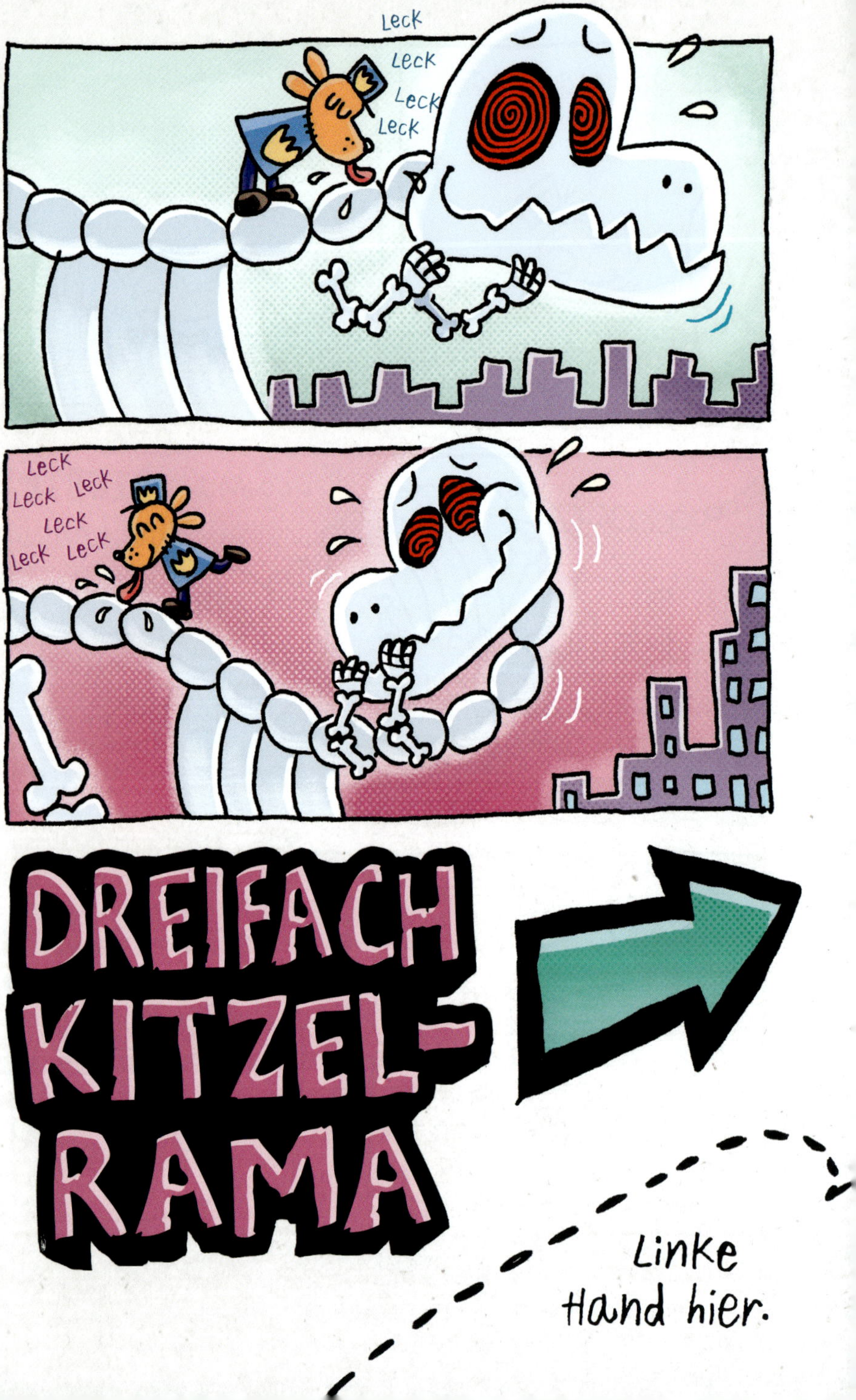
Leck
Leck
Leck
Leck
Leck
Leck Leck
Leck
Leck Leck
DREIFACH KITZEL-RAMA
Linke Hand hier.

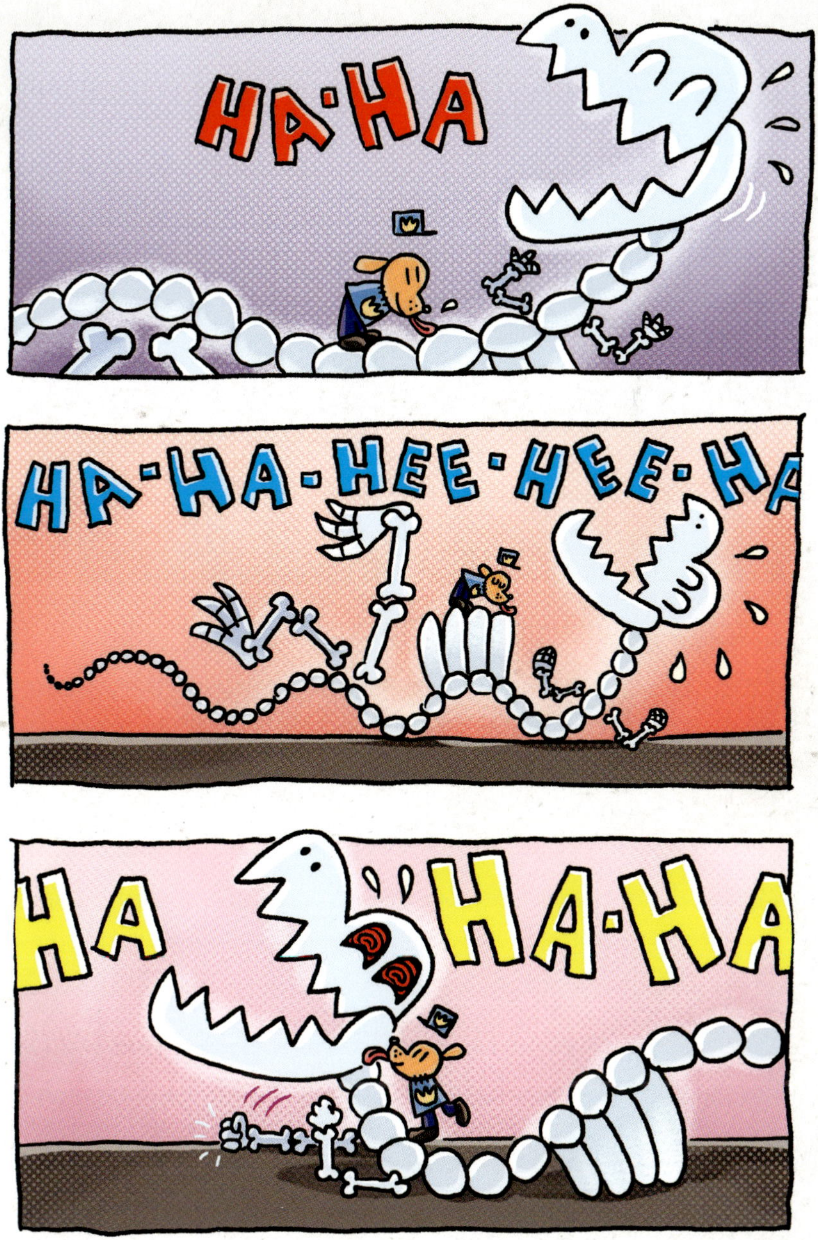

Rechter Daumen hier.

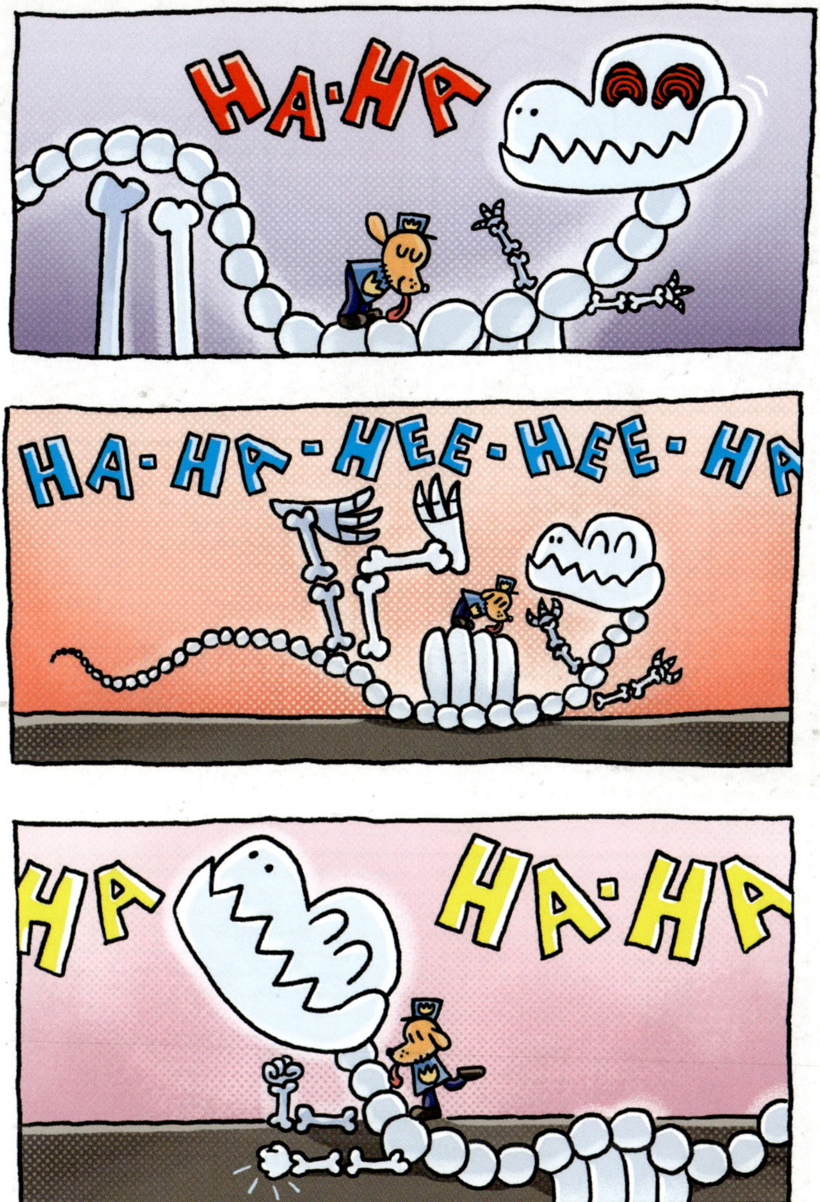
HA-HA
HA-HA-HEE-HEE-HA
HA
HA-HA

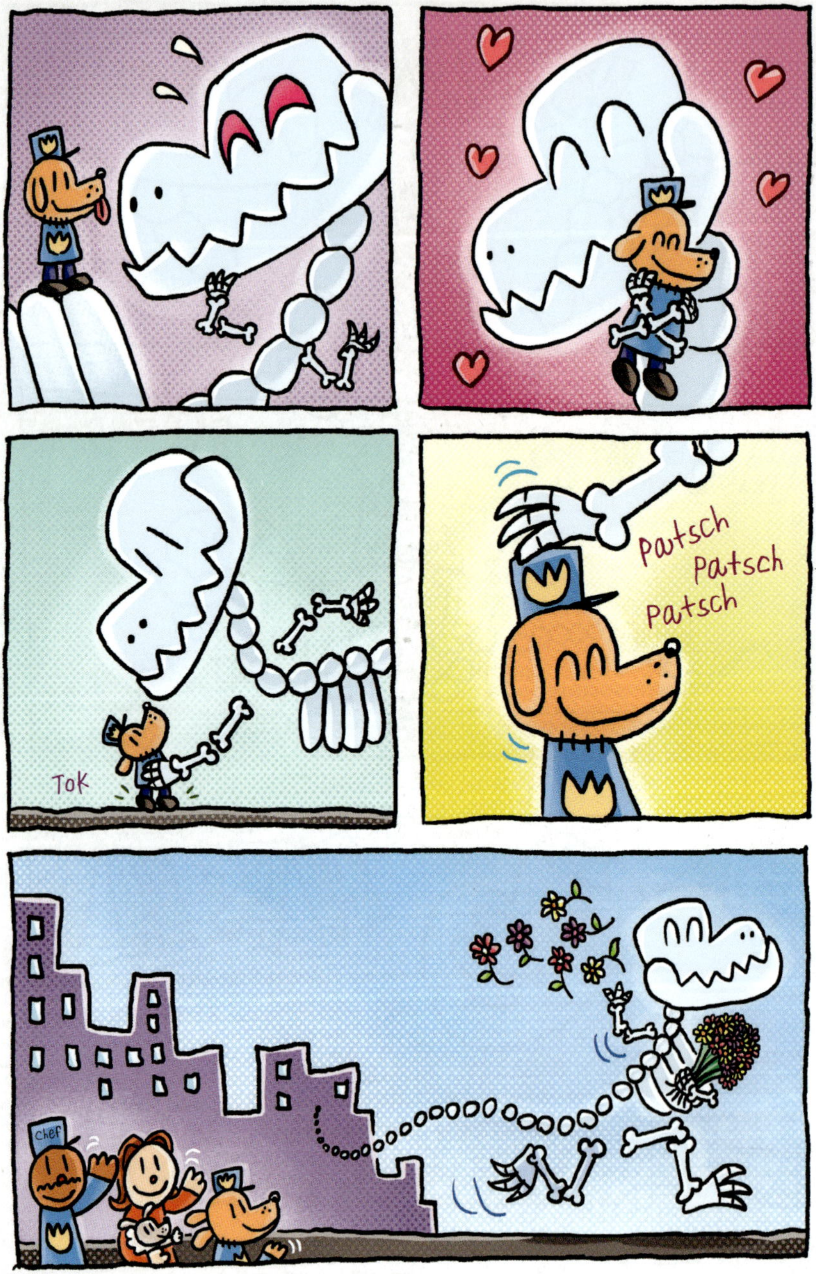
TOK
Patsch
Patsch
Patsch
Chef

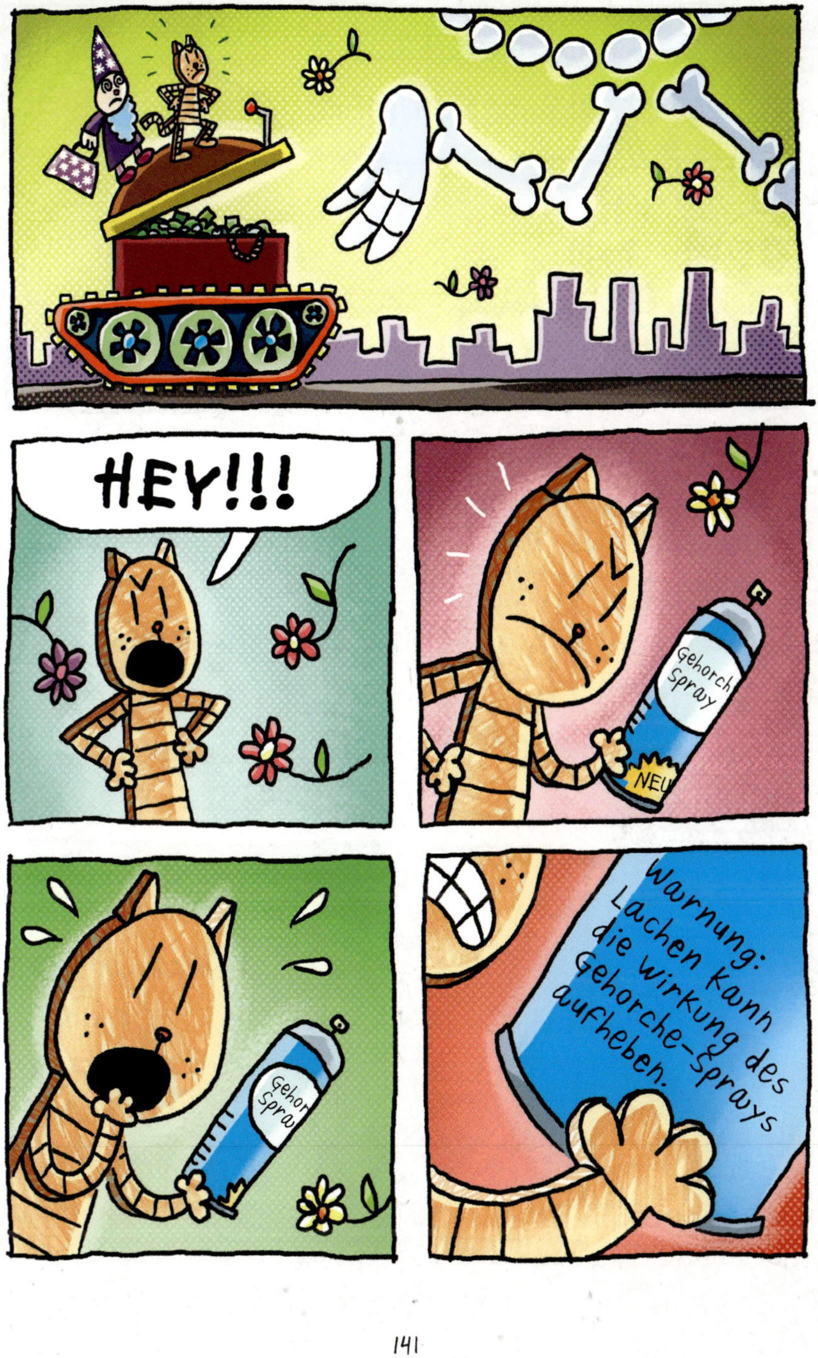
HEY!!!
Gehorch Spray
NEU
Gehor Spray
Warnung:
Lachen kann
die Wirkung des
Gehorche-Sprays
aufheben.

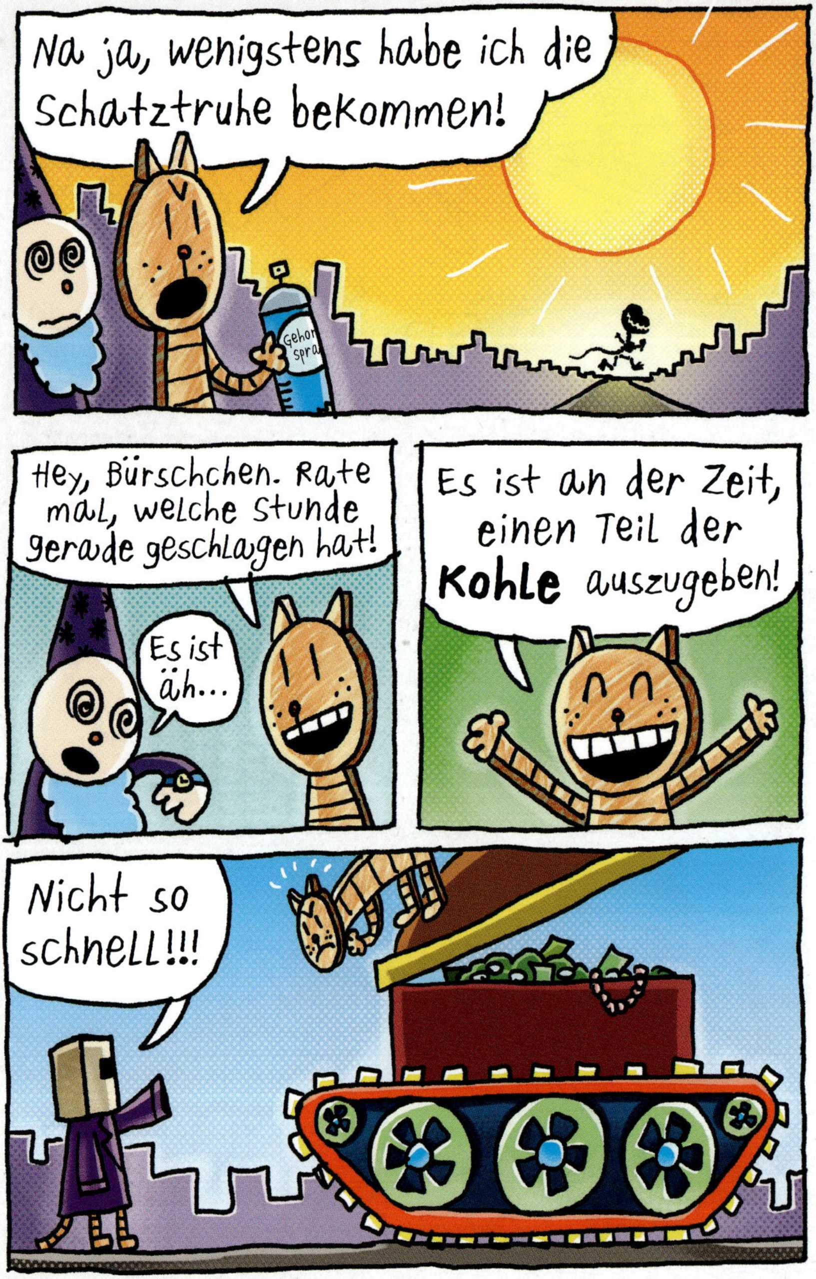
Na ja, wenigstens habe ich die Schatztruhe bekommen!
Hey, Bürschchen. Rate mal, welche Stunde gerade geschlagen hat!
Es ist äh…
Es ist an der Zeit, einen Teil der **Kohle** auszugeben!
Nicht so schnell!!!

Kapitel 9

Der Geheimnis-volle Fremde kehrt zurück

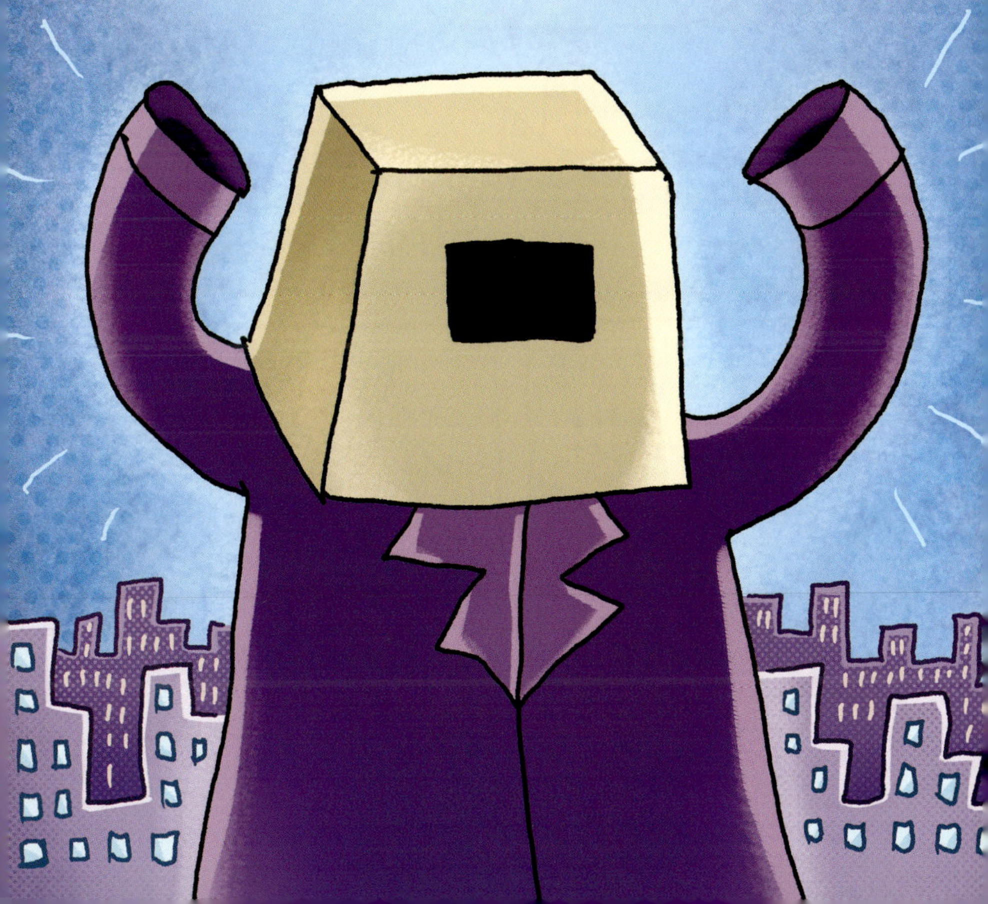

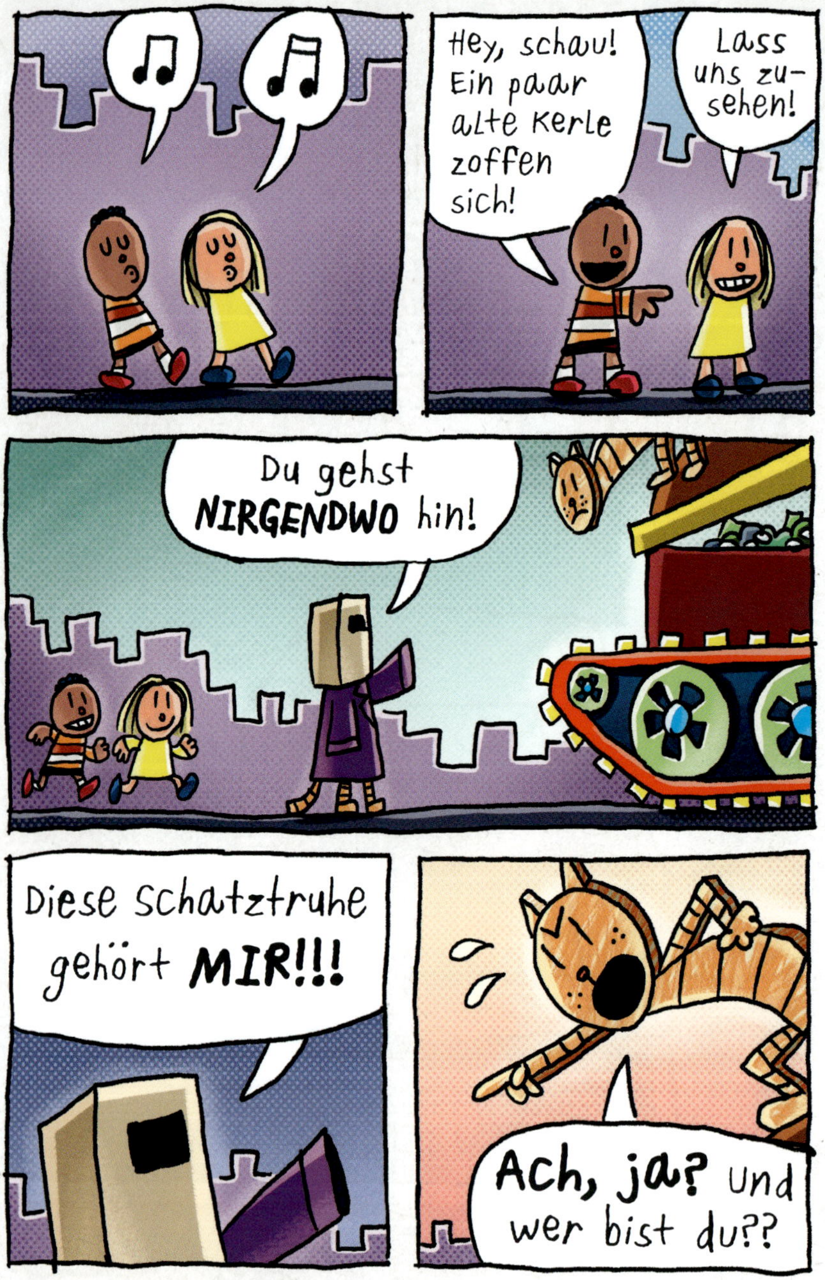
♫
♫
Hey, schau! Ein paar alte Kerle zoffen sich!
Lass uns zusehen!
Du gehst **NIRGENDWO** hin!
Diese Schatztruhe gehört **MIR!!!**
Ach, ja? Und wer bist du??

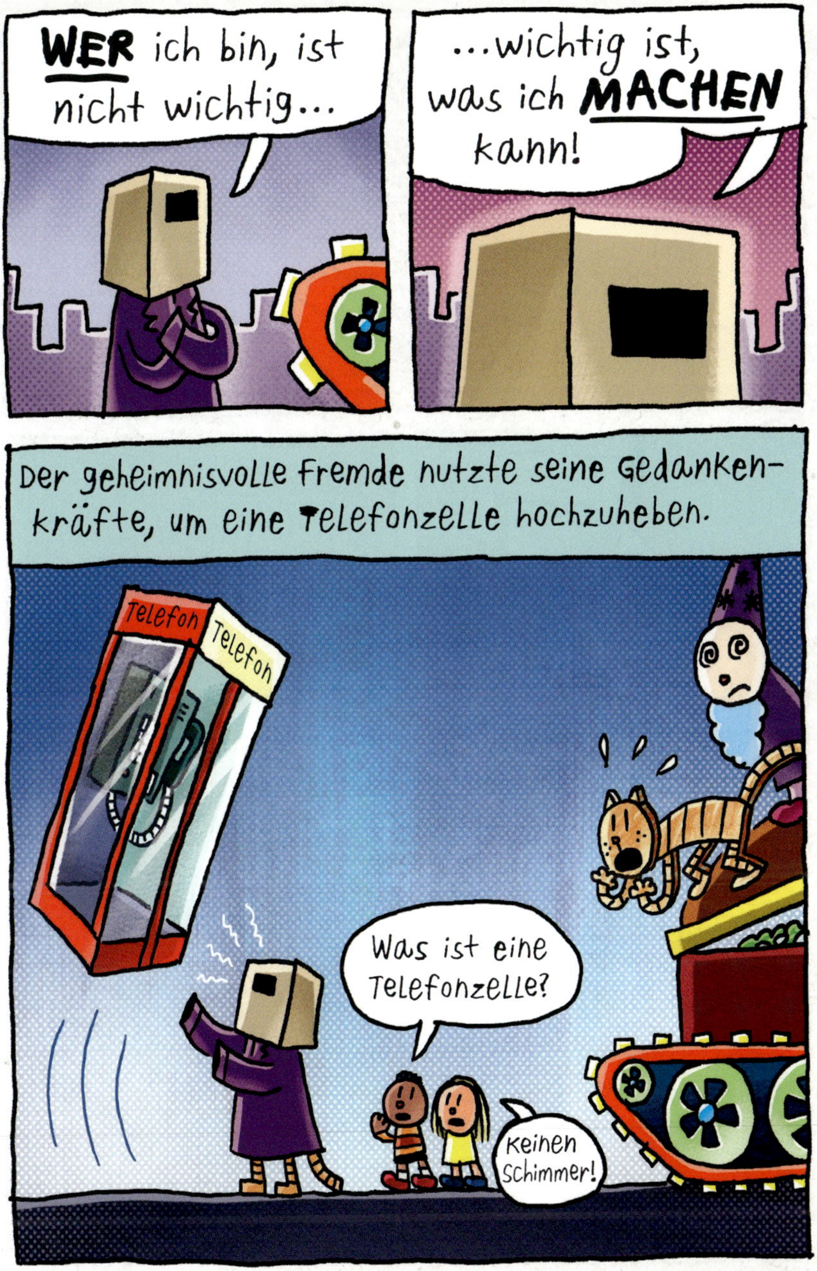
WER ich bin, ist nicht wichtig...
...wichtig ist, was ich MACHEN kann!
Der geheimnisvolle Fremde nutzte seine Gedankenkräfte, um eine Telefonzelle hochzuheben.
Telefon
Telefon
Was ist eine Telefonzelle?
Keinen Schimmer!

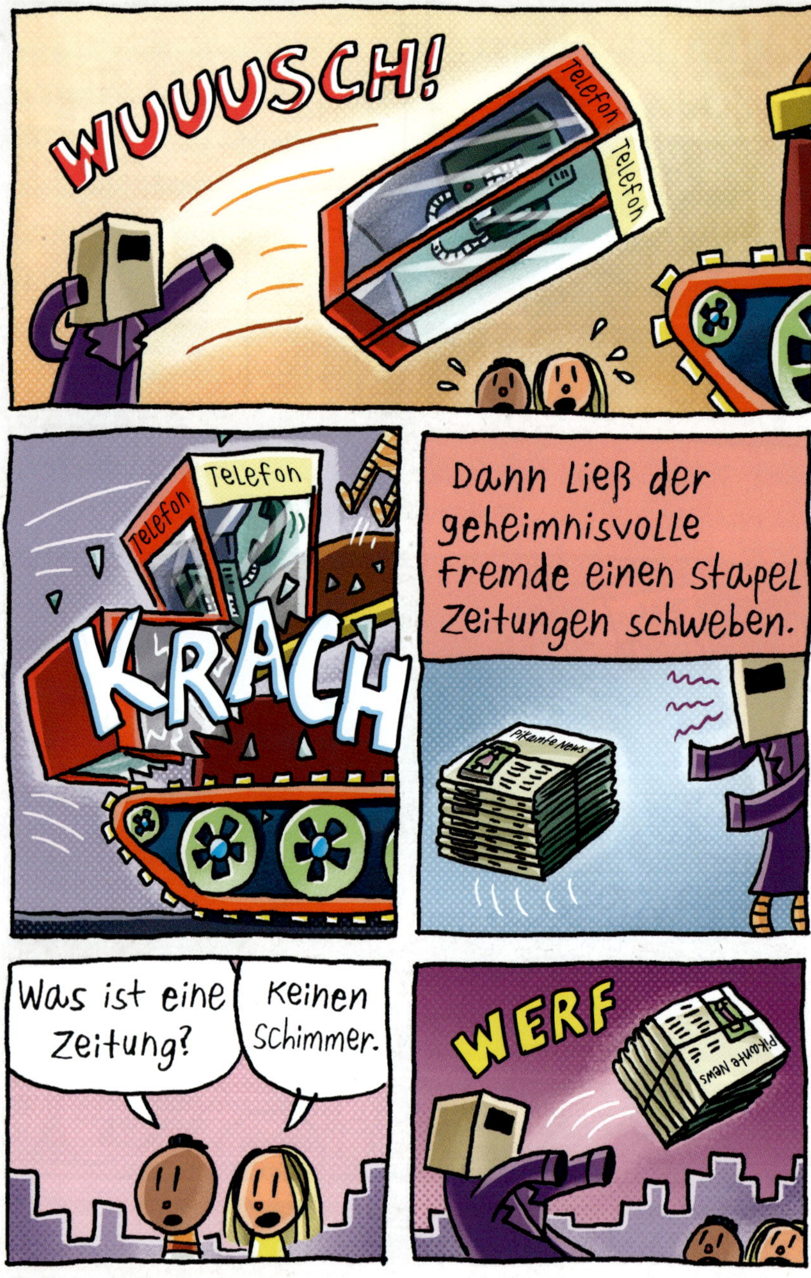
WUUUSCH!
Telefon
Telefon
Telefon
Telefon
KRACH
Dann ließ der geheimnisvolle Fremde einen Stapel Zeitungen schweben.
Pikante News
Was ist eine Zeitung?
Keinen Schimmer.
WERF
Pikante News

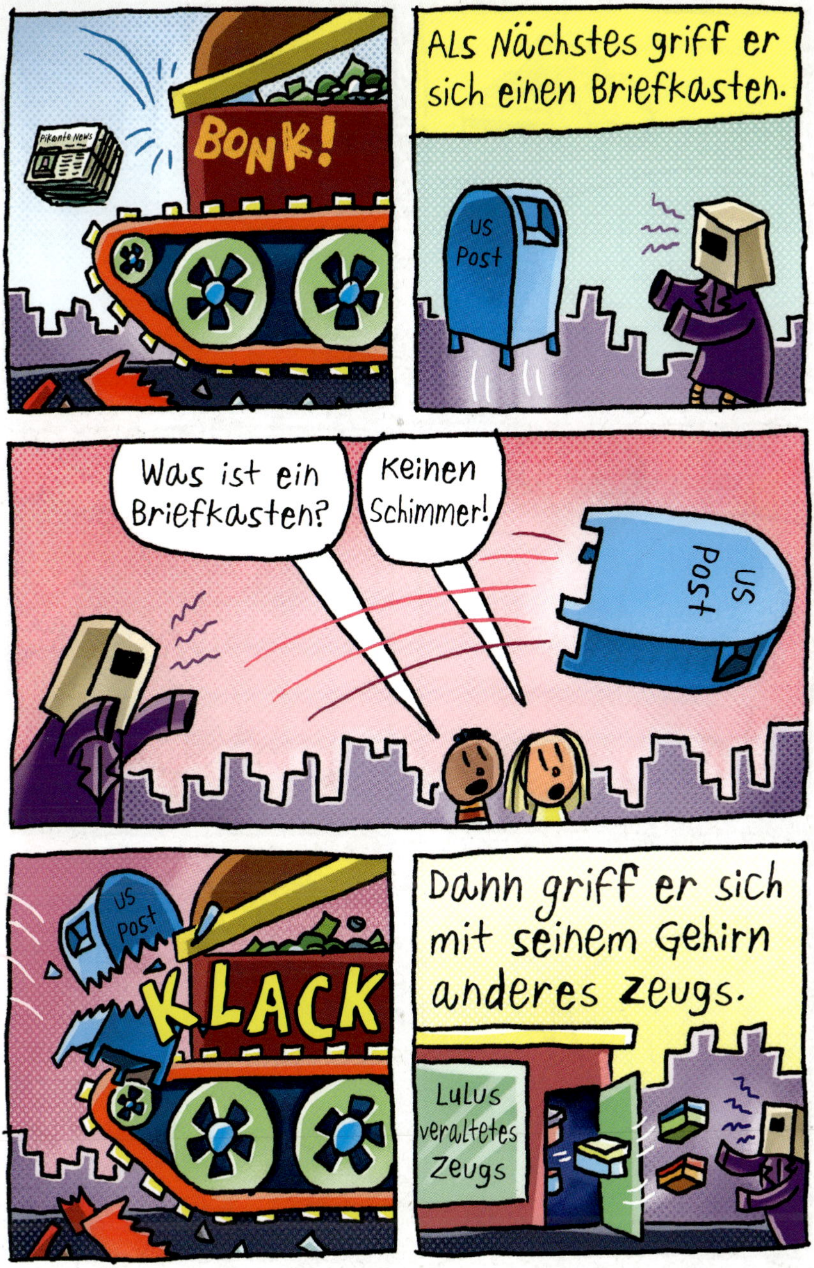
Pikante News
BONK!
Als Nächstes griff er sich einen Briefkasten.
US Post
Was ist ein Briefkasten?
Keinen Schimmer!
US Post
US Post
KLACK
Dann griff er sich mit seinem Gehirn anderes Zeugs.
Lulus veraltetes Zeugs

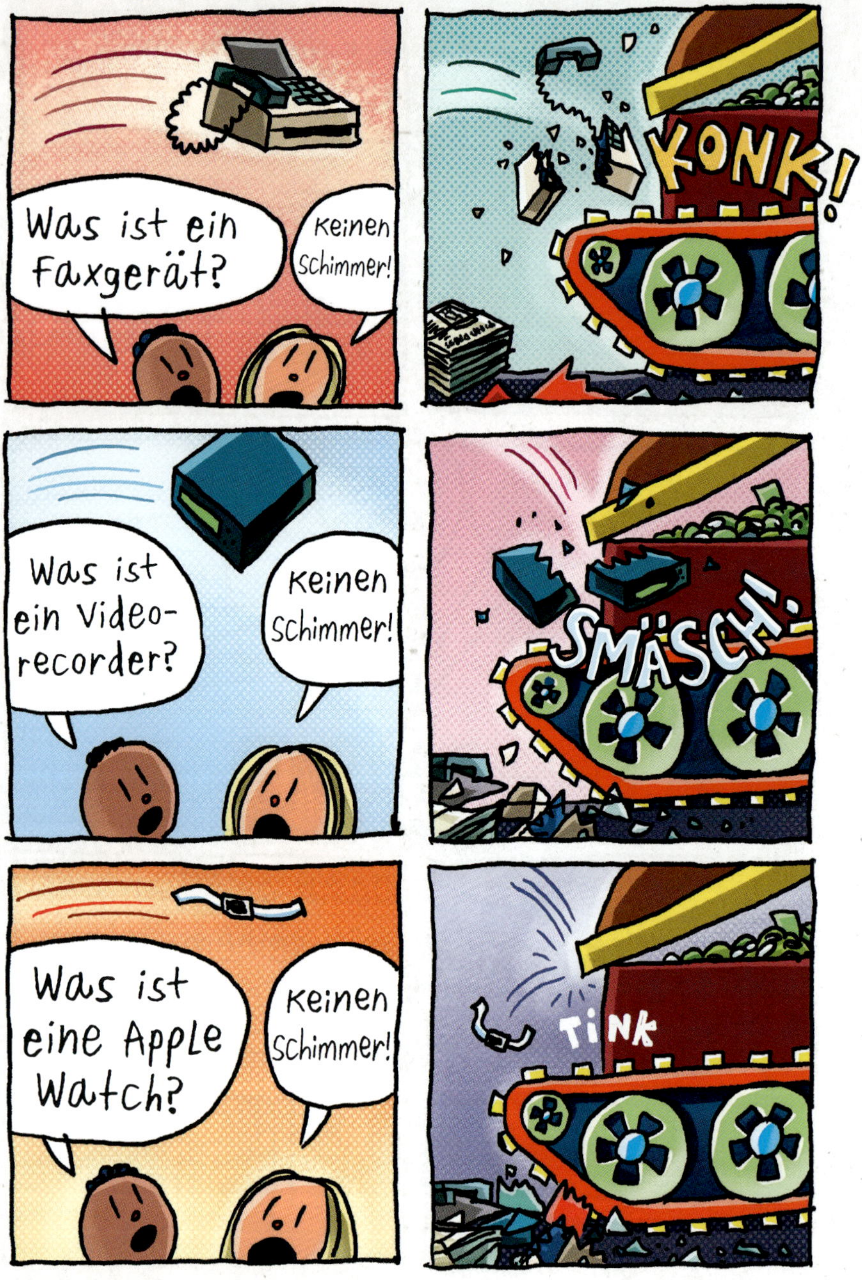
Was ist ein Faxgerät?
Keinen Schimmer!
KONK!
Was ist ein Videorecorder?
Keinen Schimmer!
SMÄSCH!
Was ist eine Apple Watch?
Keinen Schimmer!
TINK

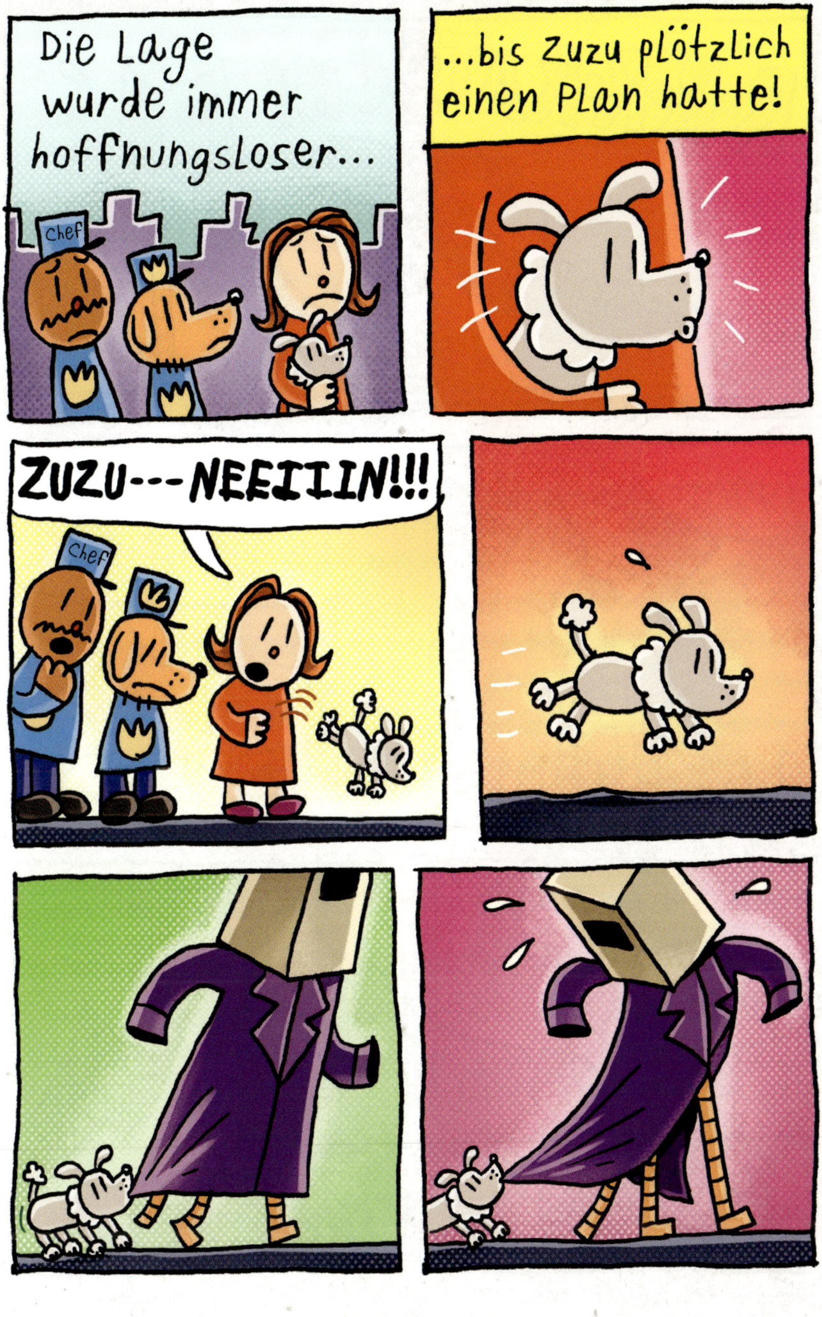
Die Lage wurde immer hoffnungsloser...
Chef
...bis Zuzu plötzlich einen Plan hatte!
ZUZU---NEEIIIN!!!
Chef

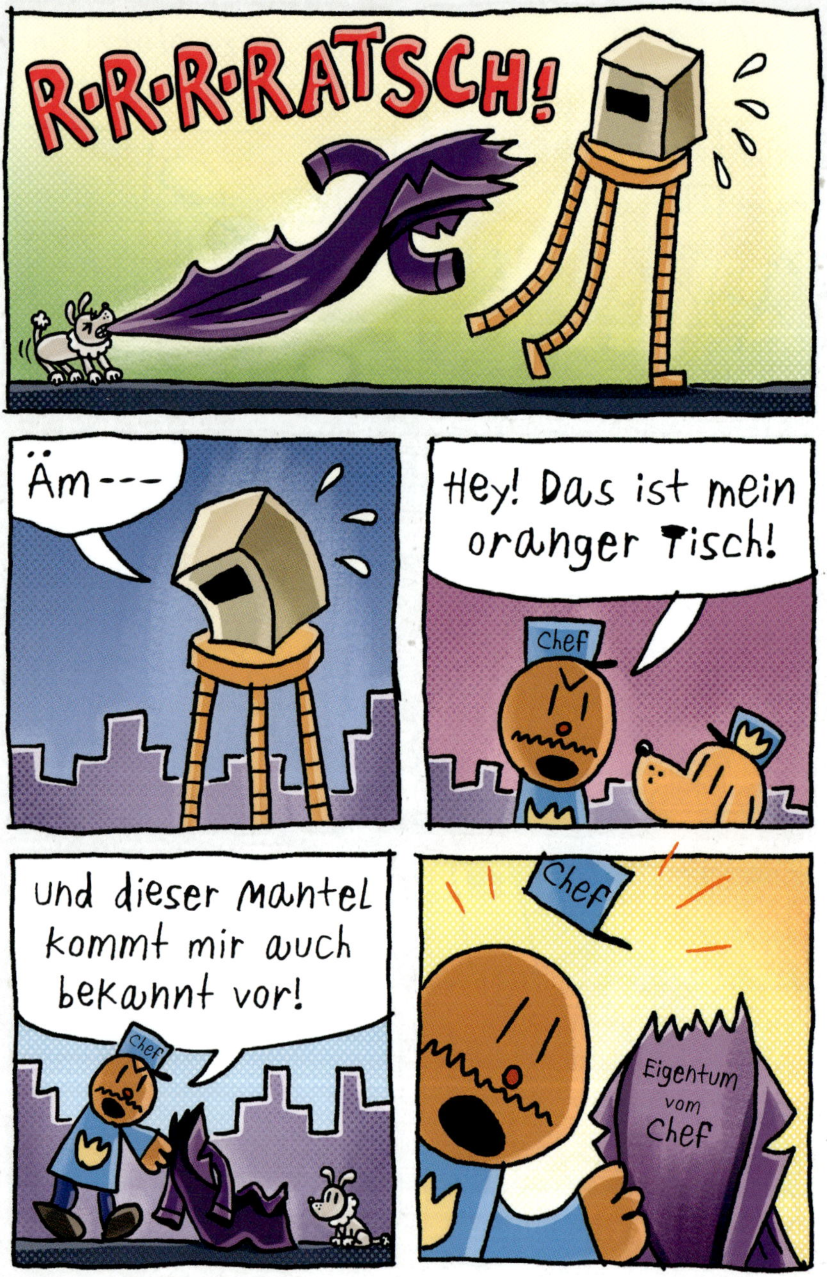

R-R-R-RATSCH!
Äm---
Hey! Das ist mein oranger Tisch!
Chef
und dieser Mantel kommt mir auch bekannt vor!
Chef
Chef
Eigentum vom Chef

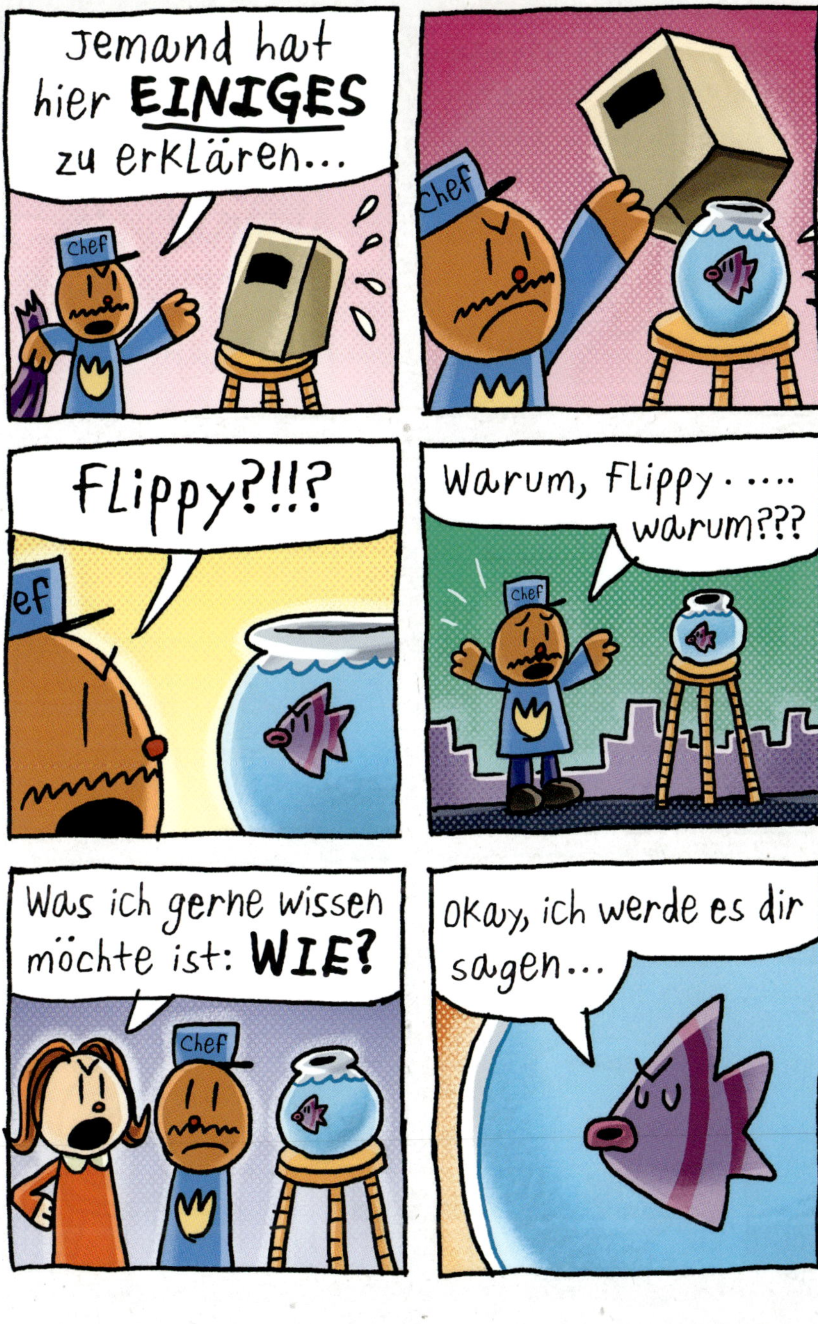
Jemand hat hier EINIGES zu erklären...
Chef
Chef
FLippy?!!?
Warum, FLippy.....
warum???
Chef
Was ich gerne wissen möchte ist: WIE?
Chef
Okay, ich werde es dir sagen...

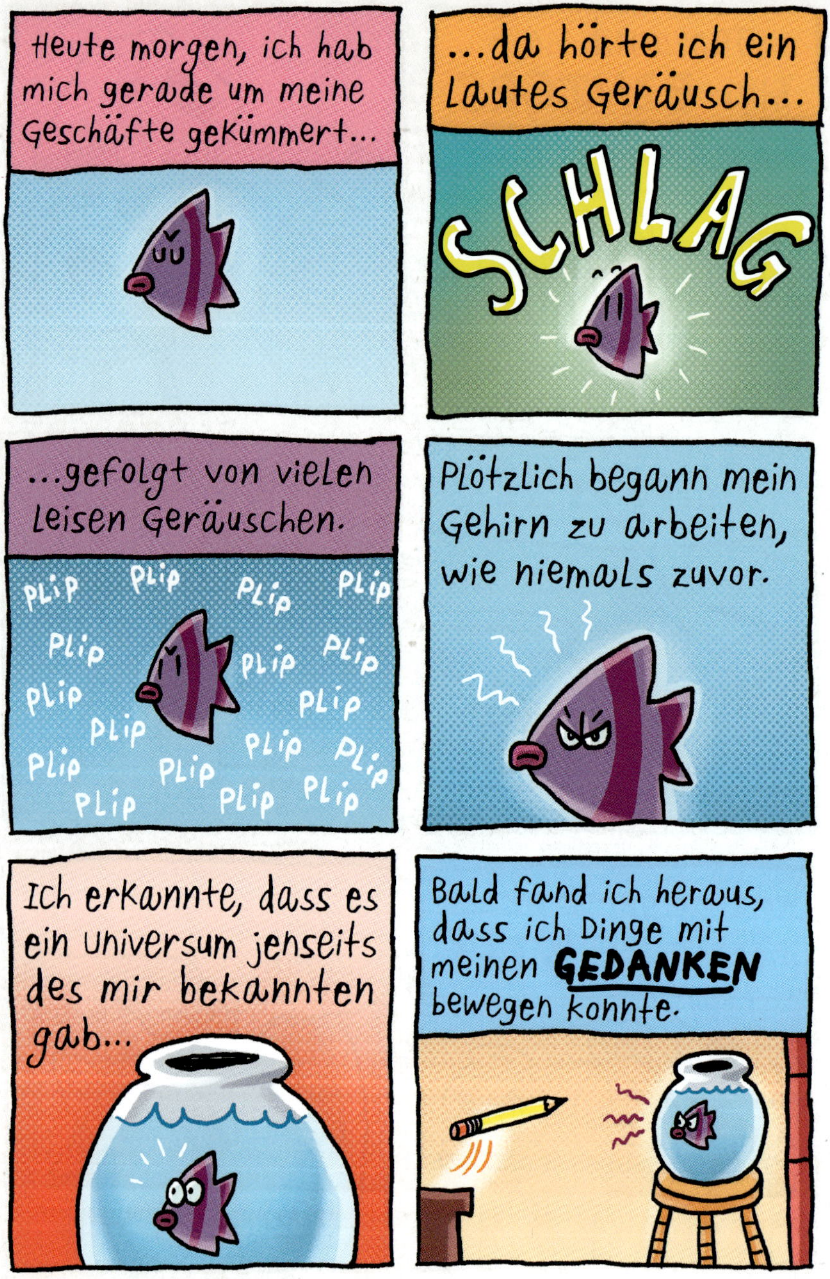
Heute morgen, ich hab mich gerade um meine Geschäfte gekümmert…
…da hörte ich ein lautes Geräusch…
SCHLAG
…gefolgt von vielen leisen Geräuschen.
PLIP PLIP PLIP PLIP PLIP PLIP PLIP PLIP PLIP PLIP PLIP PLIP PLIP PLIP PLIP PLIP PLIP PLIP
Plötzlich begann mein Gehirn zu arbeiten, wie niemals zuvor.
Ich erkannte, dass es ein Universum jenseits des mir bekannten gab…
Bald fand ich heraus, dass ich Dinge mit meinen GEDANKEN bewegen konnte.

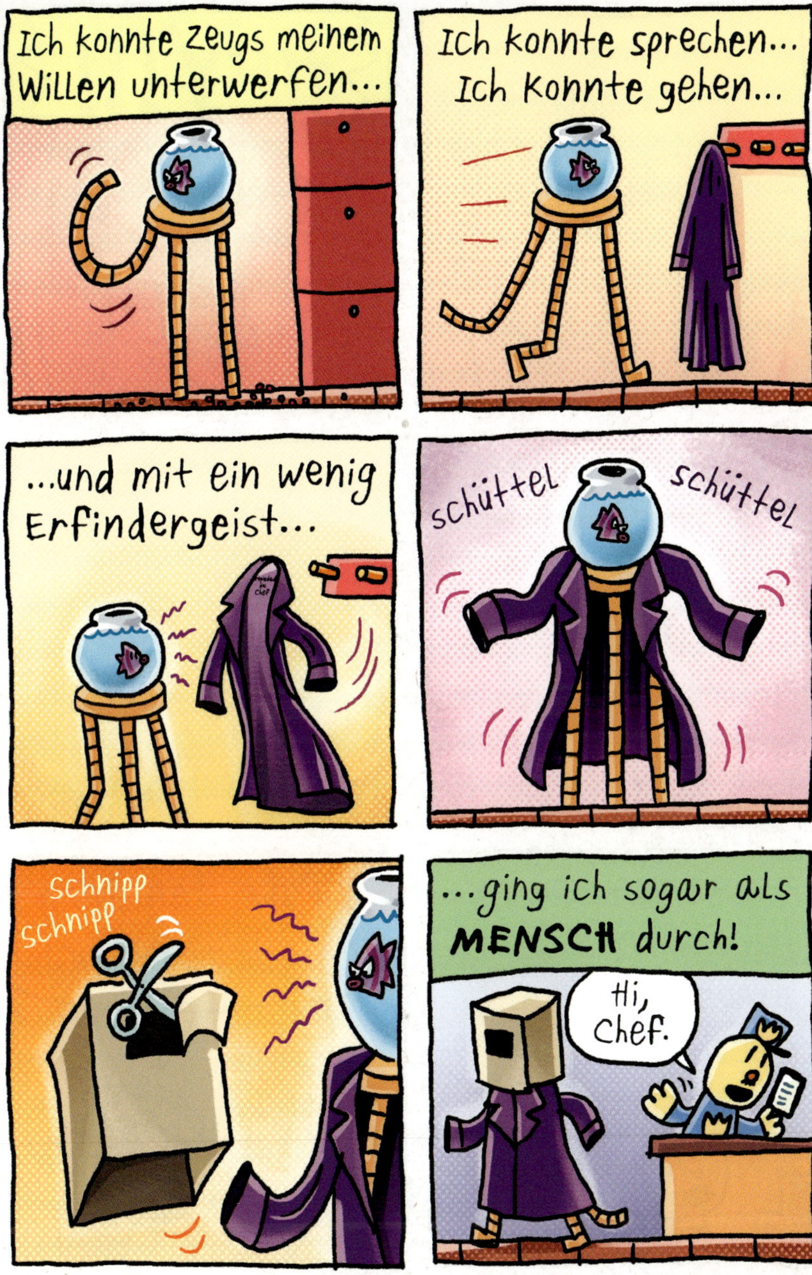
Ich konnte Zeugs meinem Willen unterwerfen...
Ich konnte sprechen... Ich konnte gehen...
...und mit ein wenig Erfindergeist...
schüttel
schüttel
schnipp schnipp
...ging ich sogar als **MENSCH** durch!
Hi, Chef.

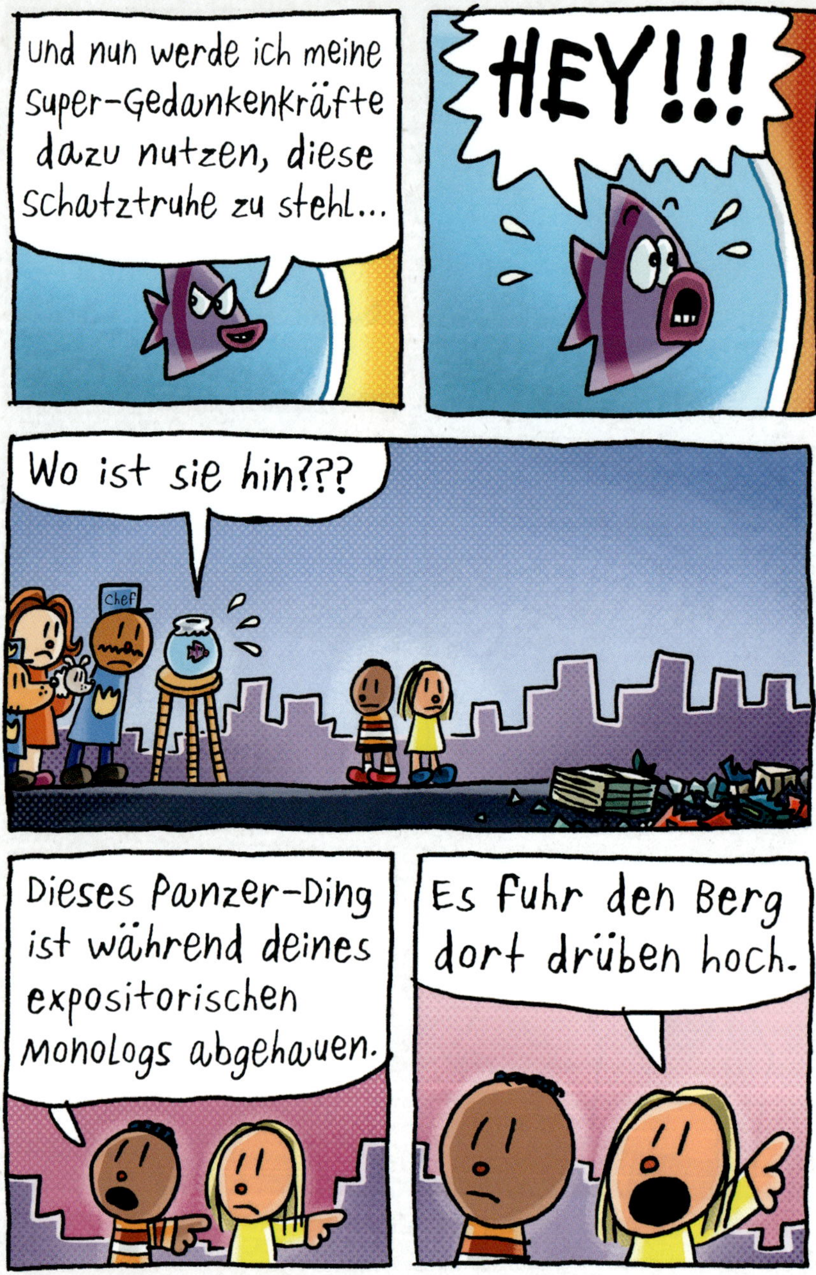
und nun werde ich meine Super-Gedankenkräfte dazu nutzen, diese Schatztruhe zu stehl...
HEY!!!
Wo ist sie hin???
Chef
Dieses Panzer-Ding ist während deines expositorischen Monologs abgehauen.
Es fuhr den Berg dort drüben hoch.

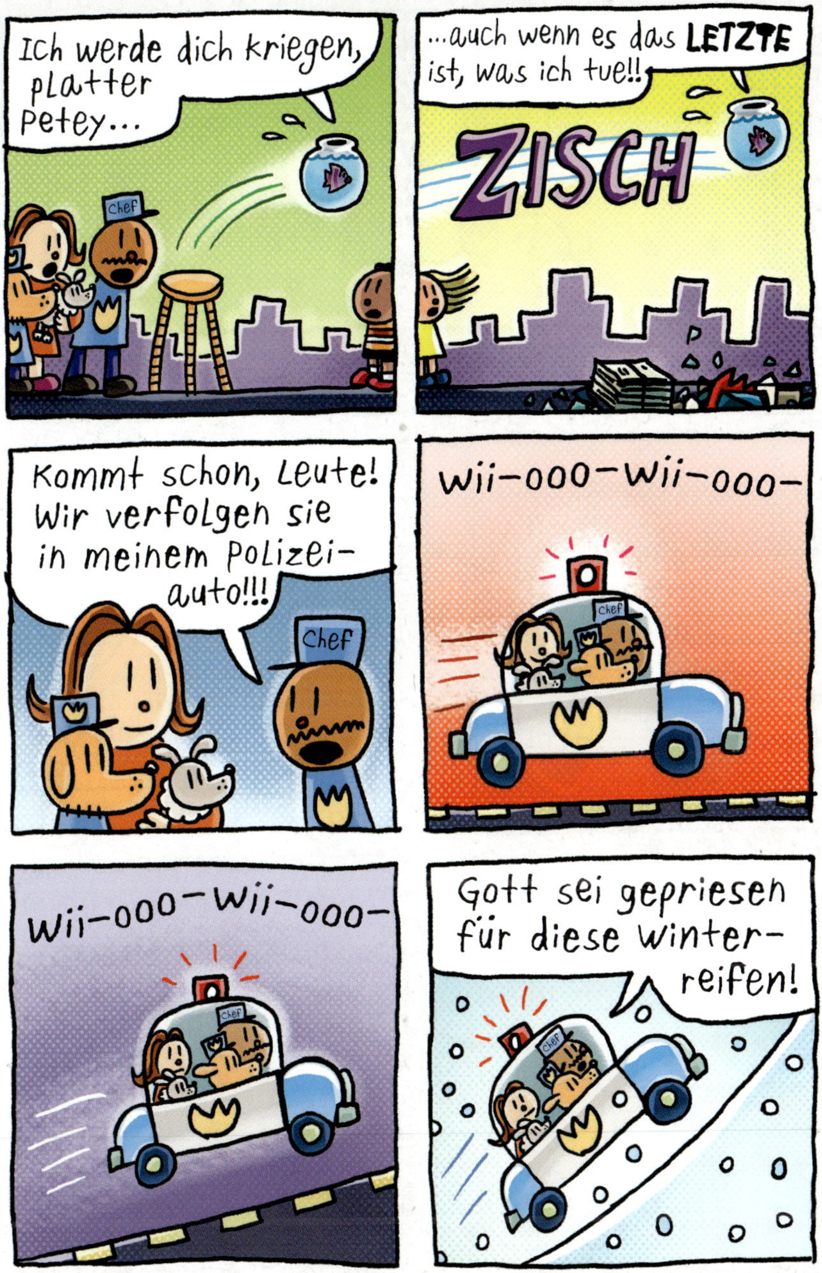
Ich werde dich kriegen, platter Petey…
…auch wenn es das LETZTE ist, was ich tue!!
ZISCH
Kommt schon, Leute! Wir verfolgen sie in meinem Polizei-auto!!!
Chef
Wii-ooo-Wii-ooo-
Wii-ooo-Wii-ooo-
Gott sei gepriesen für diese Winter-reifen!

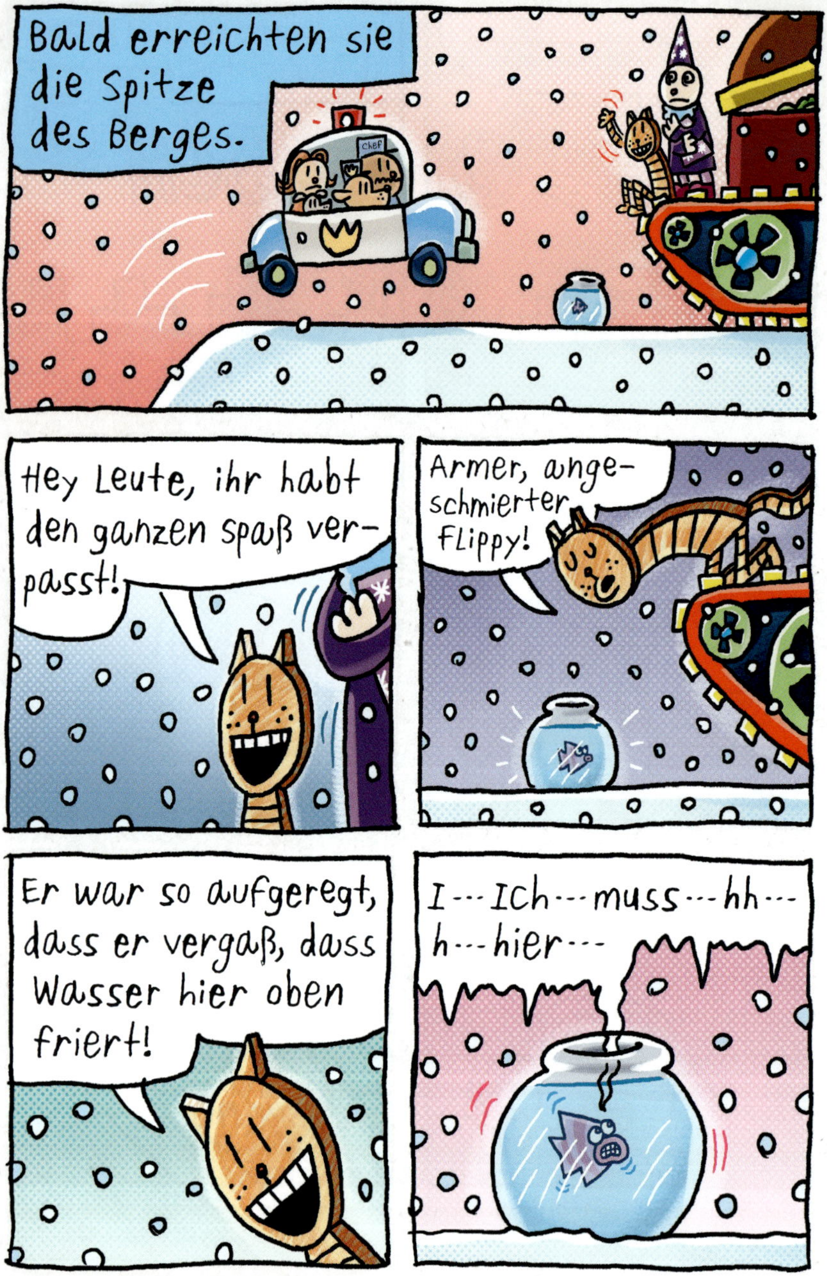
Bald erreichten sie die Spitze des Berges.
Chef
Hey Leute, ihr habt den ganzen Spaß verpasst!
Armer, angeschmierter Flippy!
Er war so aufgeregt, dass er vergaß, dass Wasser hier oben friert!
I… Ich… muss… hh… h… hier…

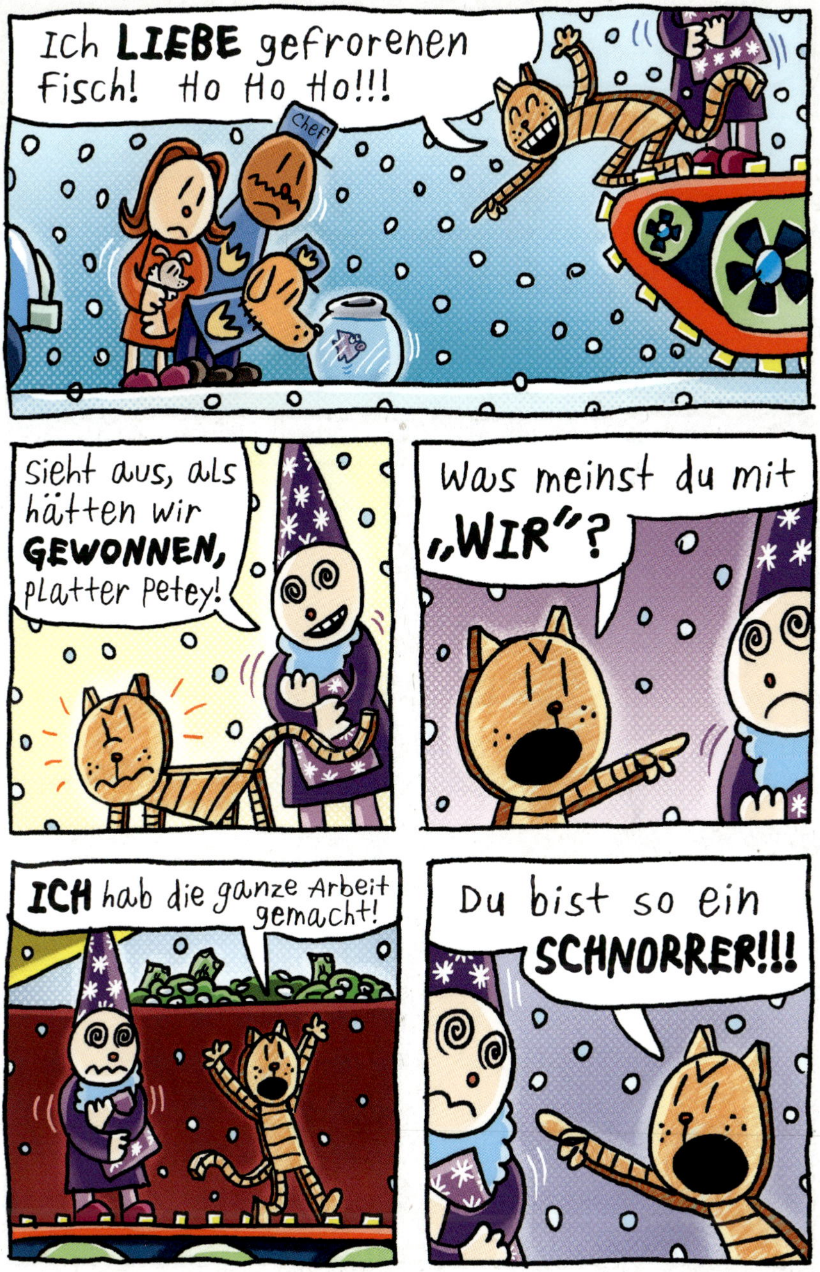

Ich LIEBE gefrorenen Fisch! Ho Ho Ho!!!
Chef
Sieht aus, als hätten wir GEWONNEN, platter Petey!
Was meinst du mit „WIR"?
ICH hab die ganze Arbeit gemacht!
Du bist so ein SCHNORRER!!!

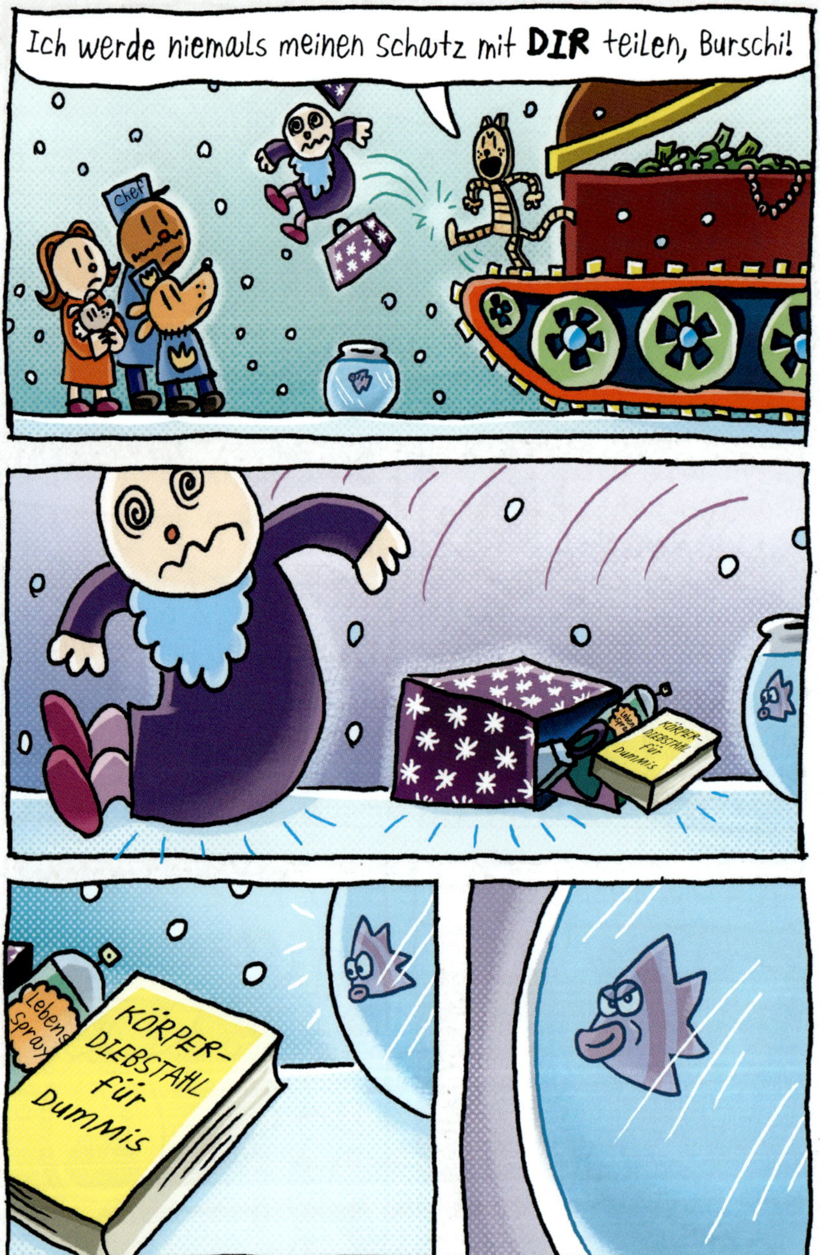

Ich werde niemals meinen Schatz mit **DIR** teilen, Burschi!
Chef
KÖRPER-DIEBSTAHL für Dummis
Lebens-Spray

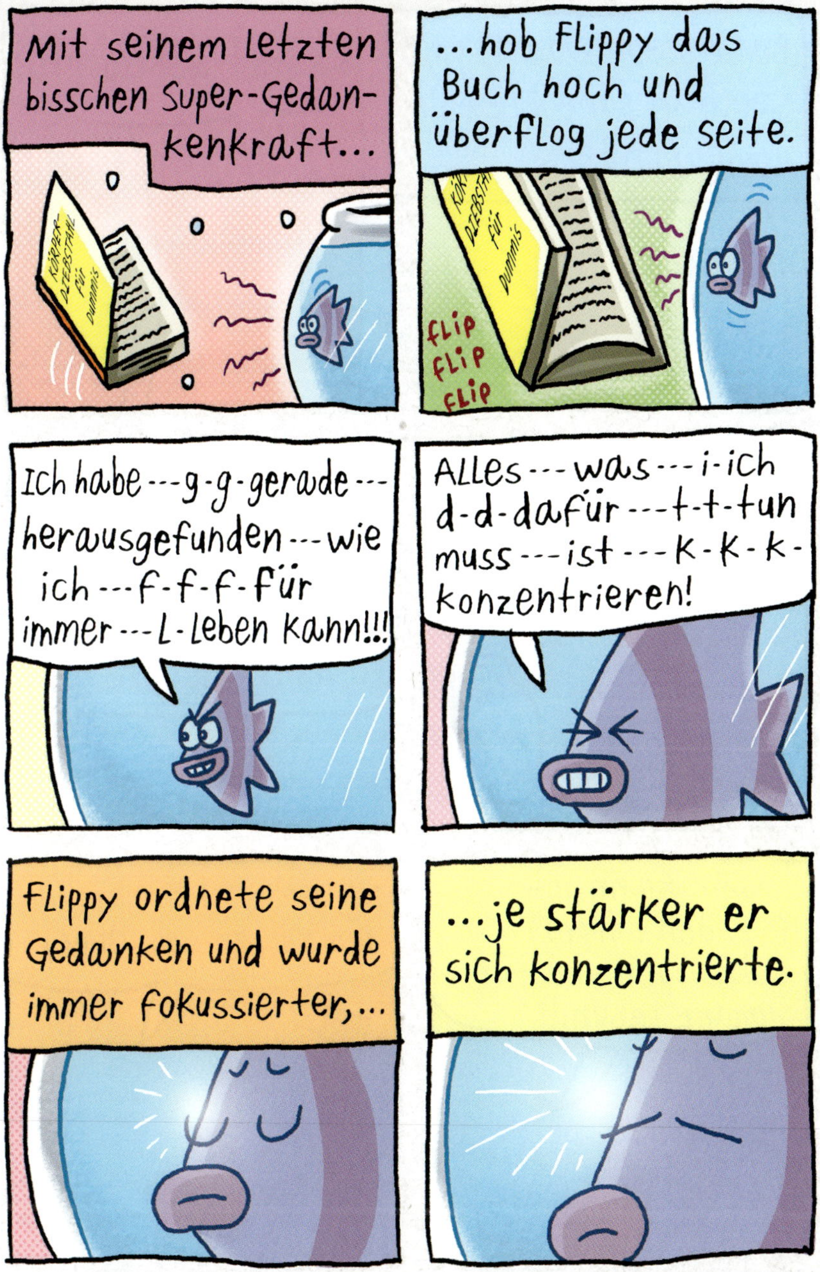
Mit seinem letzten bisschen Super-Gedankenkraft …
KÖRPER-DIEBSTAHL für Dummis
… hob Flippy das Buch hoch und überflog jede Seite.
FLIP FLIP FLIP
Ich habe --- g-g-gerade --- herausgefunden --- wie ich --- f-f-f-für immer --- L-Leben kann!!!
Alles --- was --- i-ich d-d-dafür --- t-t-tun muss --- ist --- K-K-K-konzentrieren!
Flippy ordnete seine Gedanken und wurde immer fokussierter, …
… je stärker er sich konzentrierte.

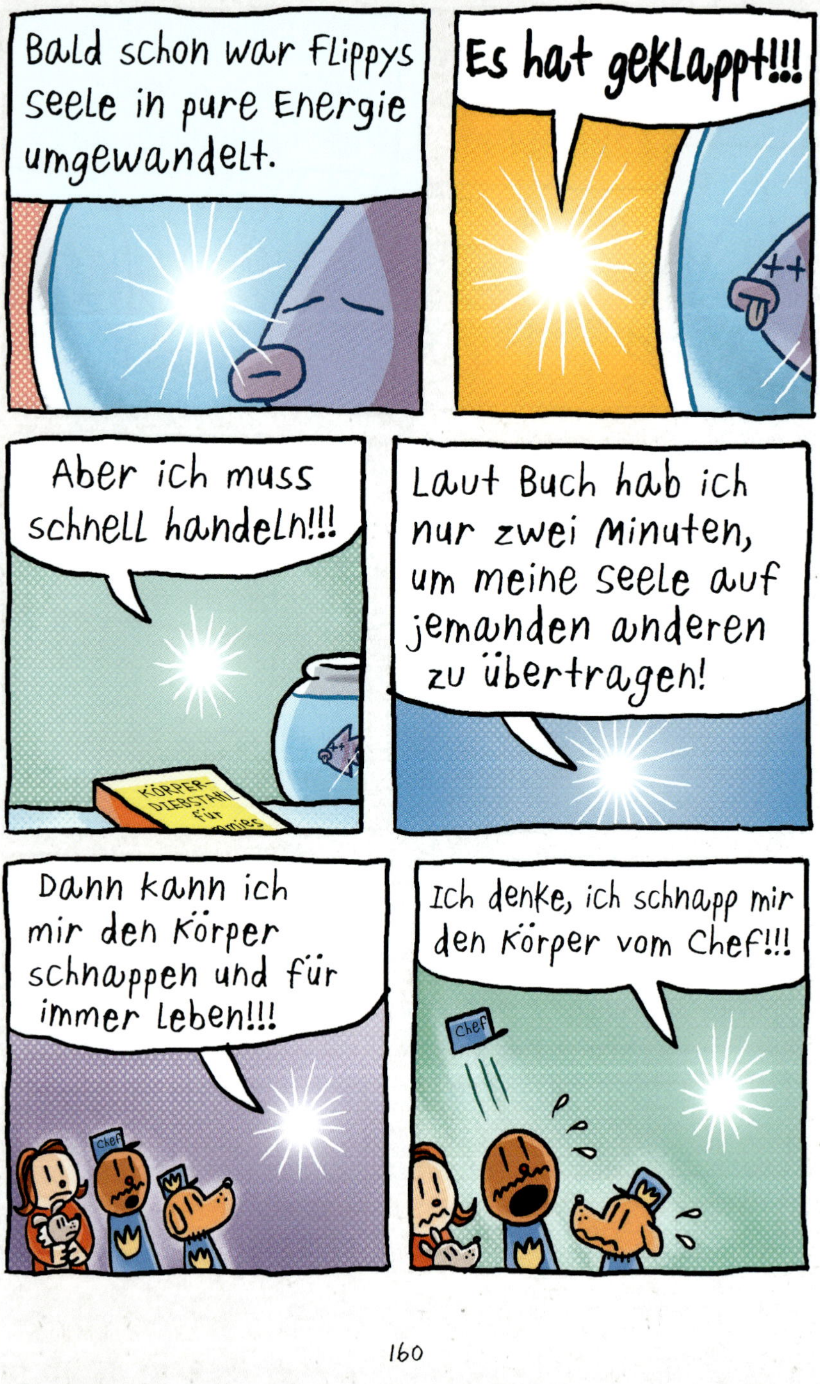
Bald schon war Flippys Seele in pure Energie umgewandelt.
Es hat geklappt!!!
Aber ich muss schnell handeln!!!
KÖRPER-DIEBSTAHL für
Laut Buch hab ich nur zwei Minuten, um meine Seele auf jemanden anderen zu übertragen!
Dann kann ich mir den Körper schnappen und für immer leben!!!
Chef
Ich denke, ich schnapp mir den Körper vom Chef!!!
Chef

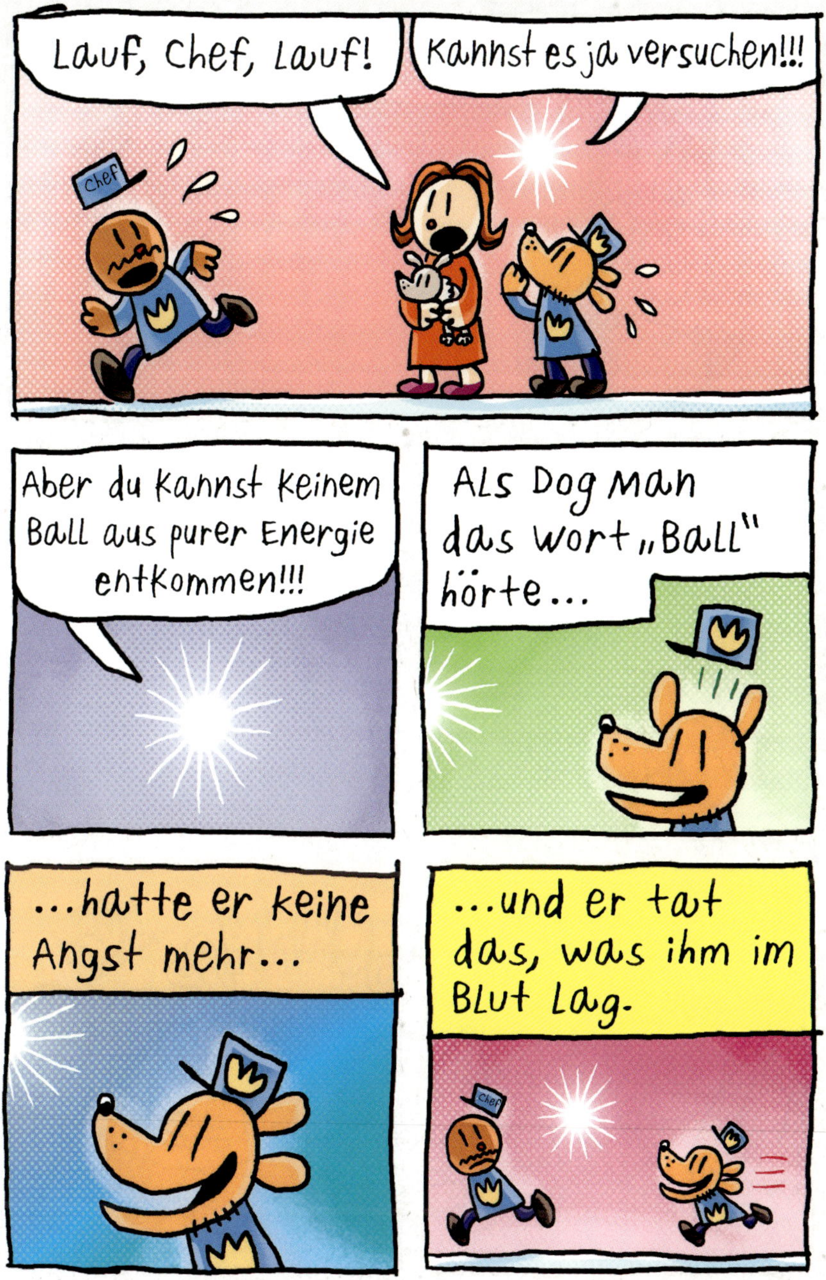
Lauf, Chef, Lauf!
Kannst es ja versuchen!!!
Chef
Aber du kannst keinem Ball aus purer Energie entkommen!!!
Als Dog Man das Wort „Ball" hörte ...
... hatte er keine Angst mehr ...
... und er tat das, was ihm im Blut lag.
Chef

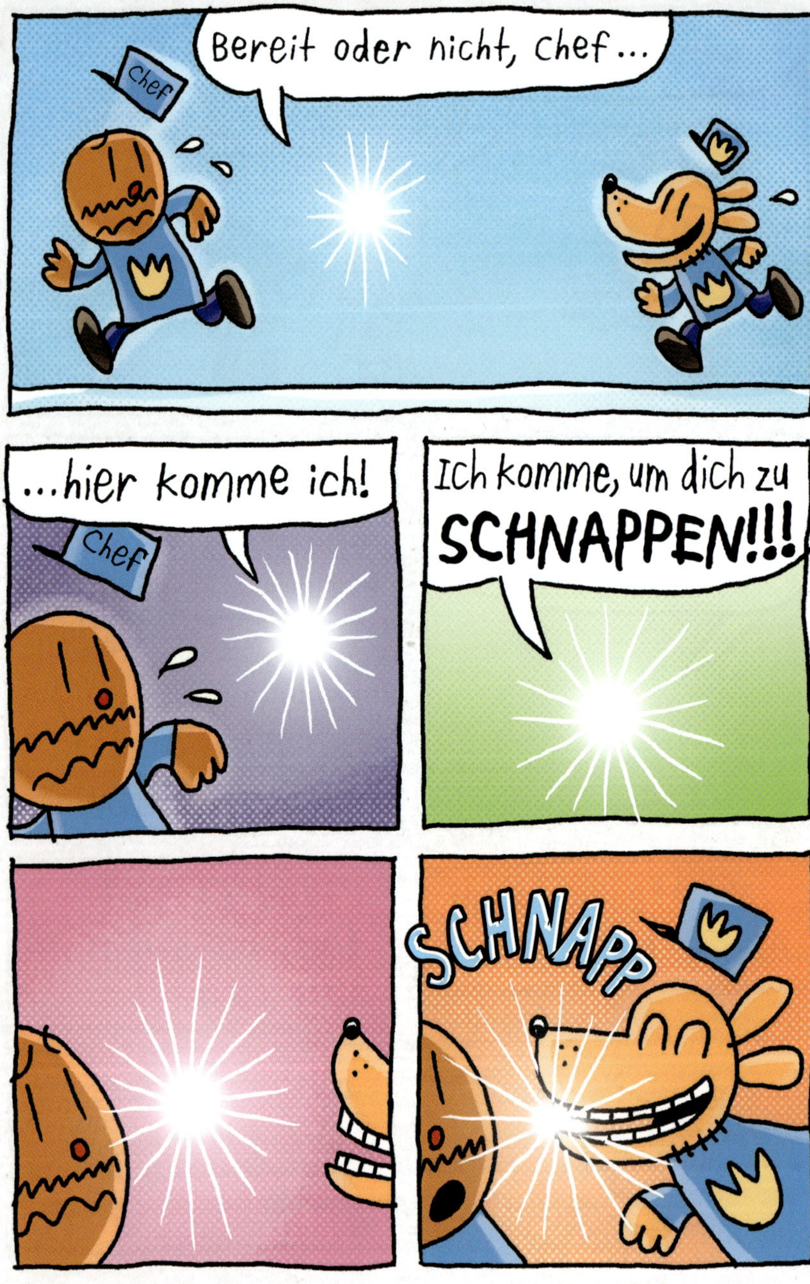
Chef
Bereit oder nicht, chef...
...hier komme ich!
Chef
Ich komme, um dich zu SCHNAPPEN!!!
SCHNAPP

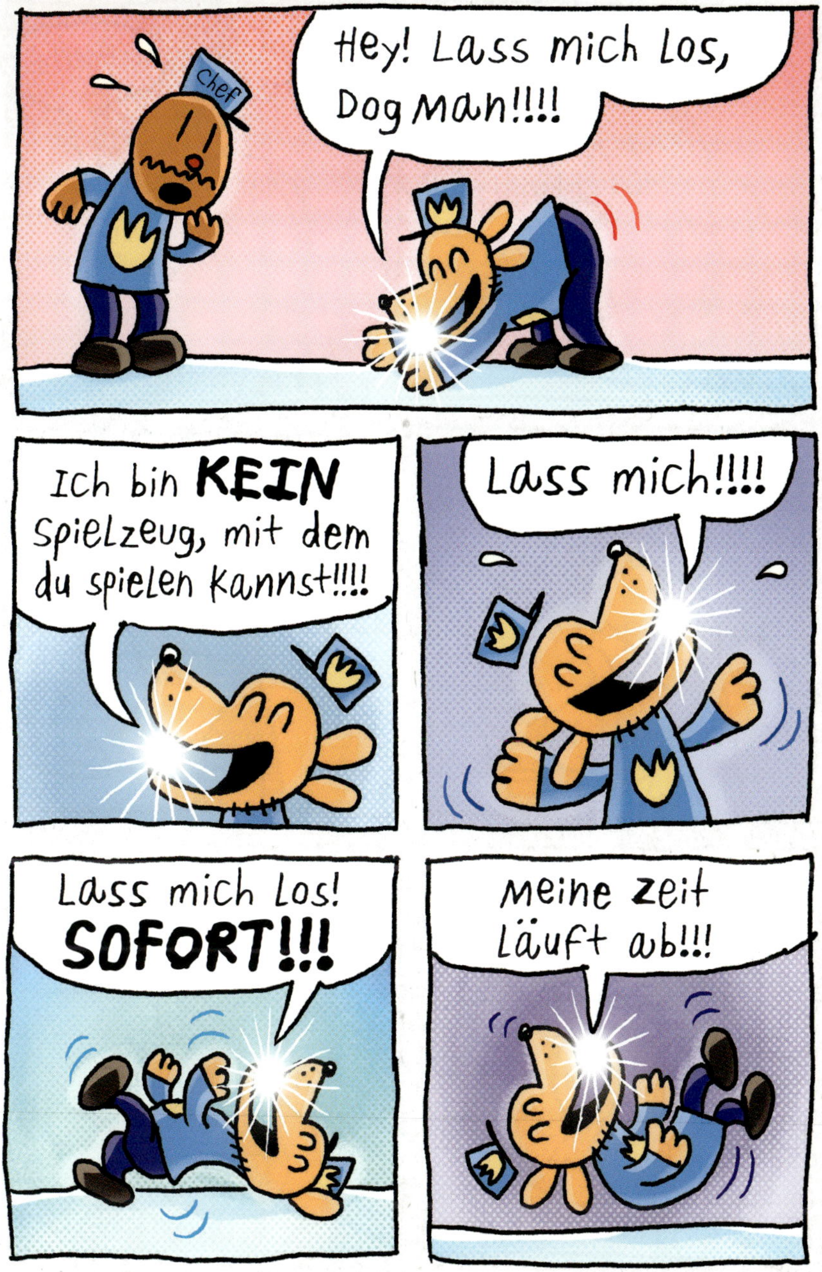
Chef
Hey! Lass mich los, Dog Man!!!!
Ich bin KEIN Spielzeug, mit dem du spielen kannst!!!!
Lass mich!!!!
Lass mich los! SOFORT!!!
Meine Zeit läuft ab!!!

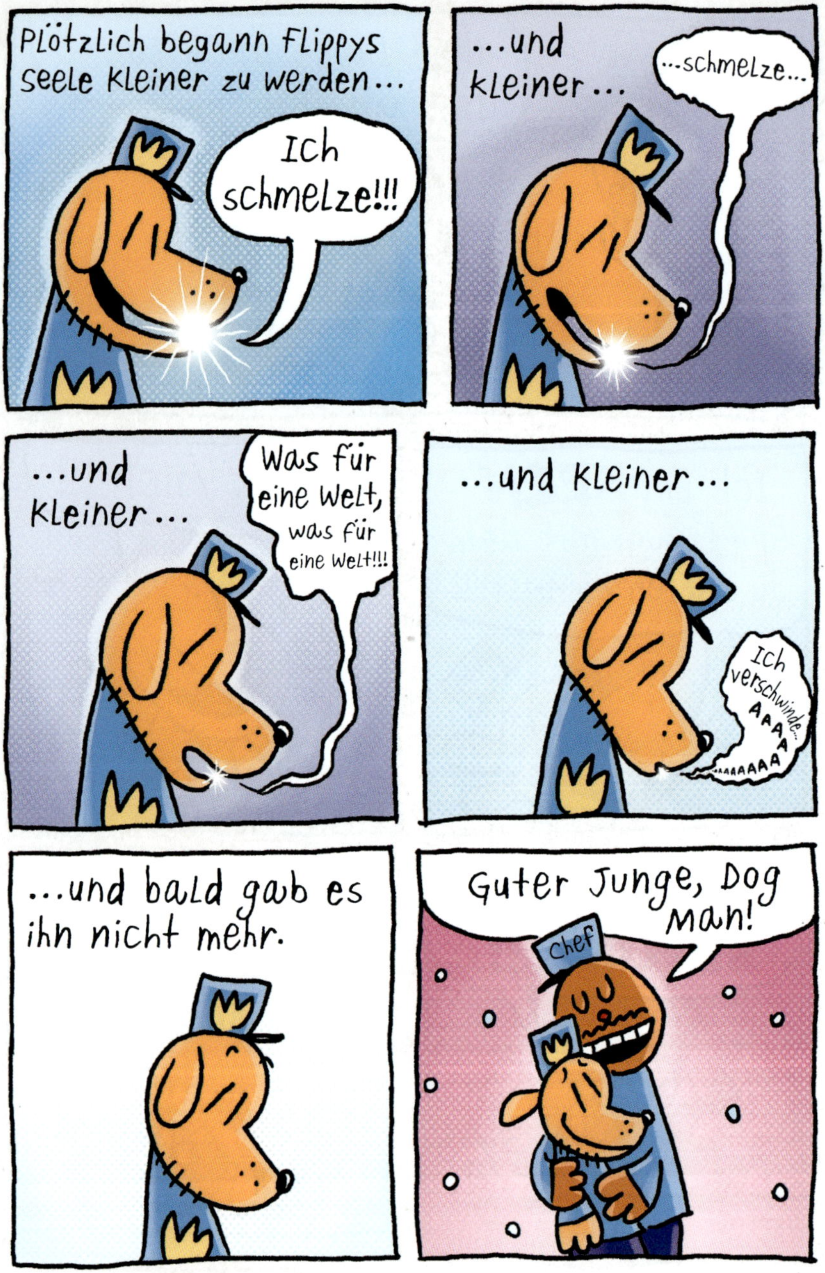
Plötzlich begann Flippys Seele kleiner zu werden...
Ich schmelze!!!
...und kleiner...
...schmelze...
...und kleiner...
Was für eine Welt, was für eine Welt!!!
...und kleiner...
Ich verschwinde... AAAAAAAAAAA
...und bald gab es ihn nicht mehr.
Chef
Guter Junge, Dog Man!

Kapitel 10
Ein eisiges Ende

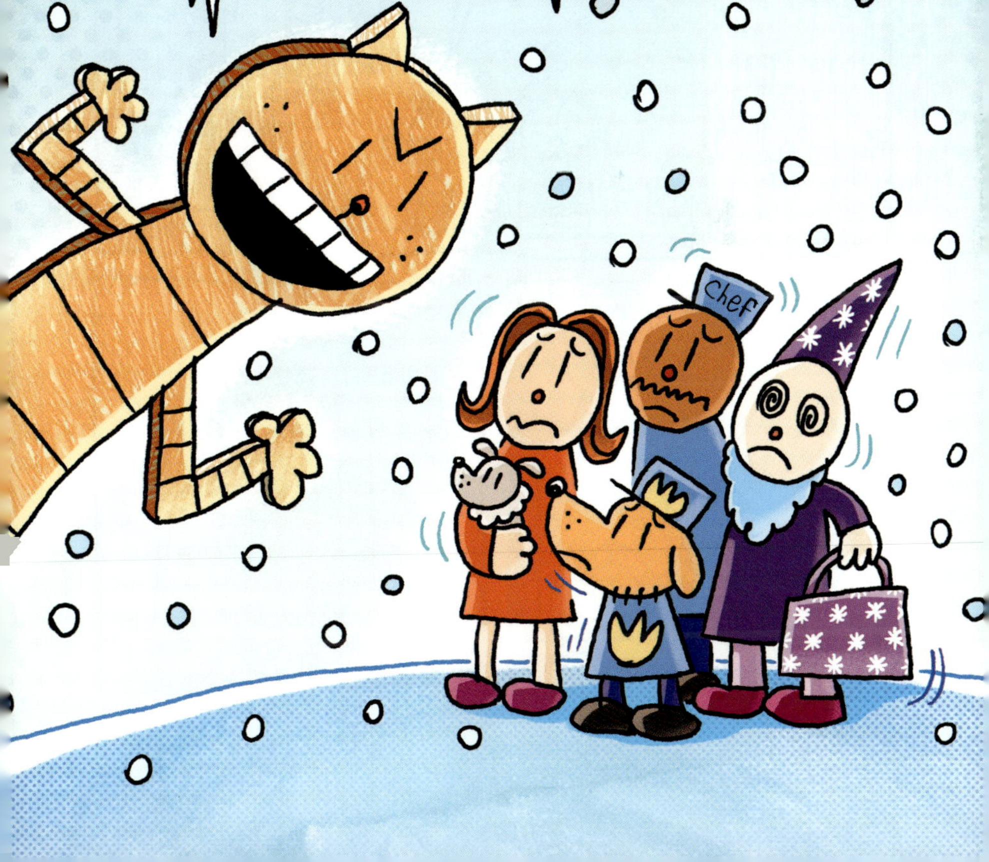

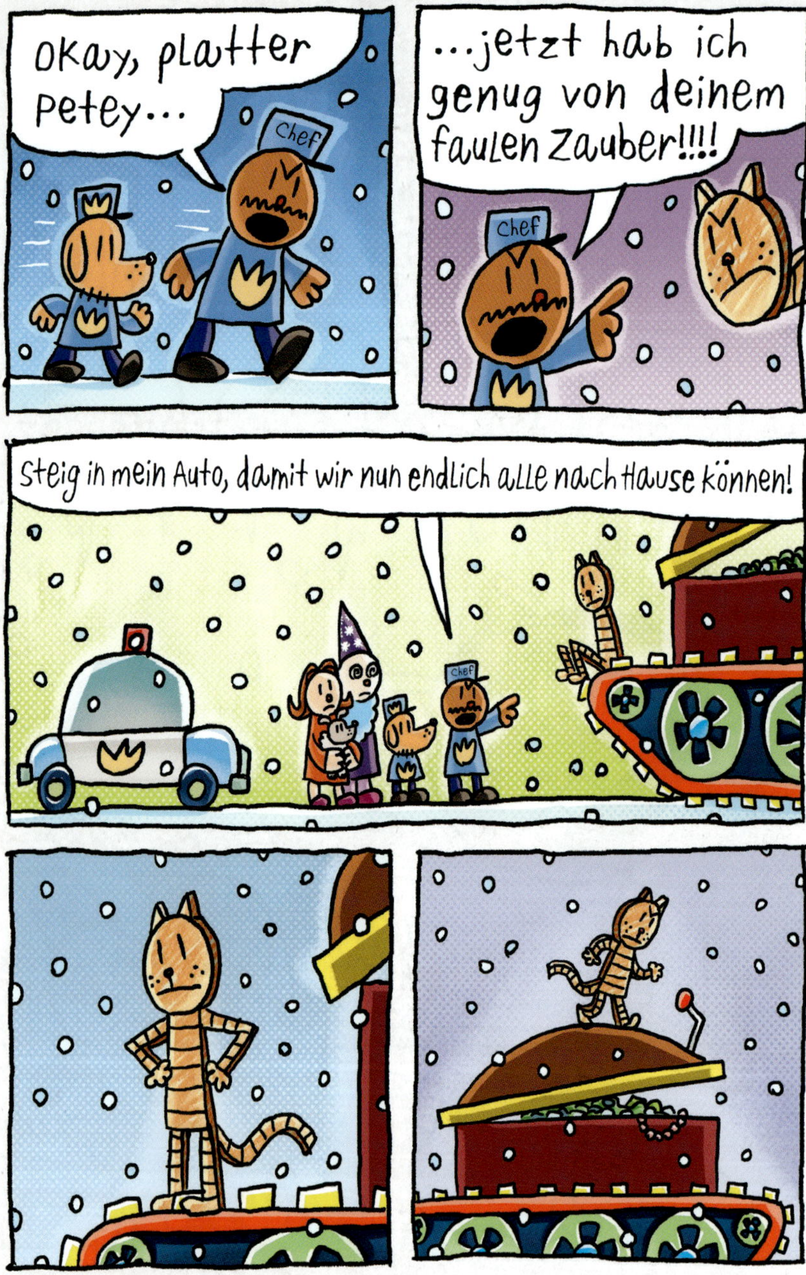
OKAY, PLATTER PETEY...
Chef
...JETZT HAB ICH GENUG VON DEINEM FAULEN ZAUBER!!!!
Chef
STEIG IN MEIN AUTO, DAMIT WIR NUN ENDLICH ALLE NACH HAUSE KÖNNEN!
Chef

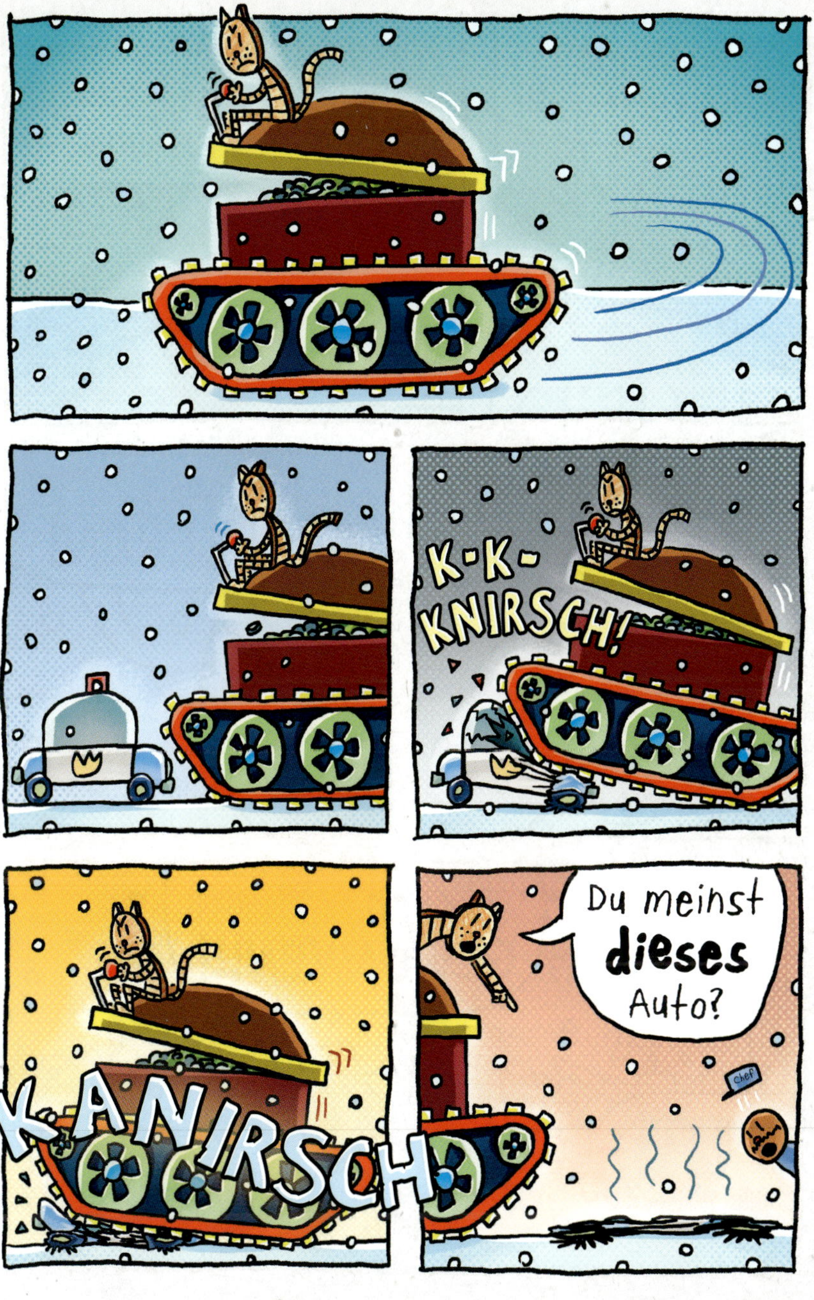
K-K-KNIRSCH!
KANIRSCH
Du meinst dieses Auto?
Chef

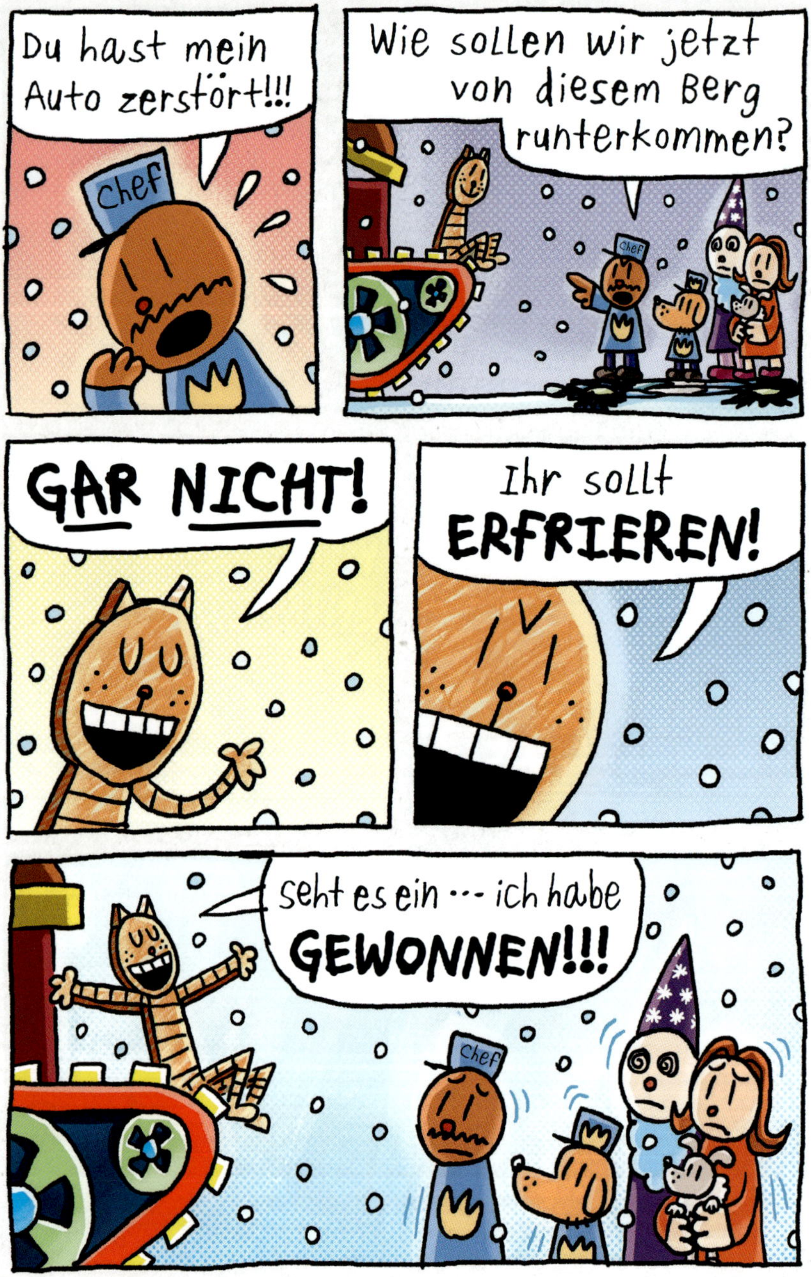
Du hast mein Auto zerstört!!!
Chef
Wie sollen wir jetzt von diesem Berg runterkommen?
Chef
GAR NICHT!
Ihr sollt ERFRIEREN!
seht es ein ··· ich habe GEWONNEN!!!
Chef

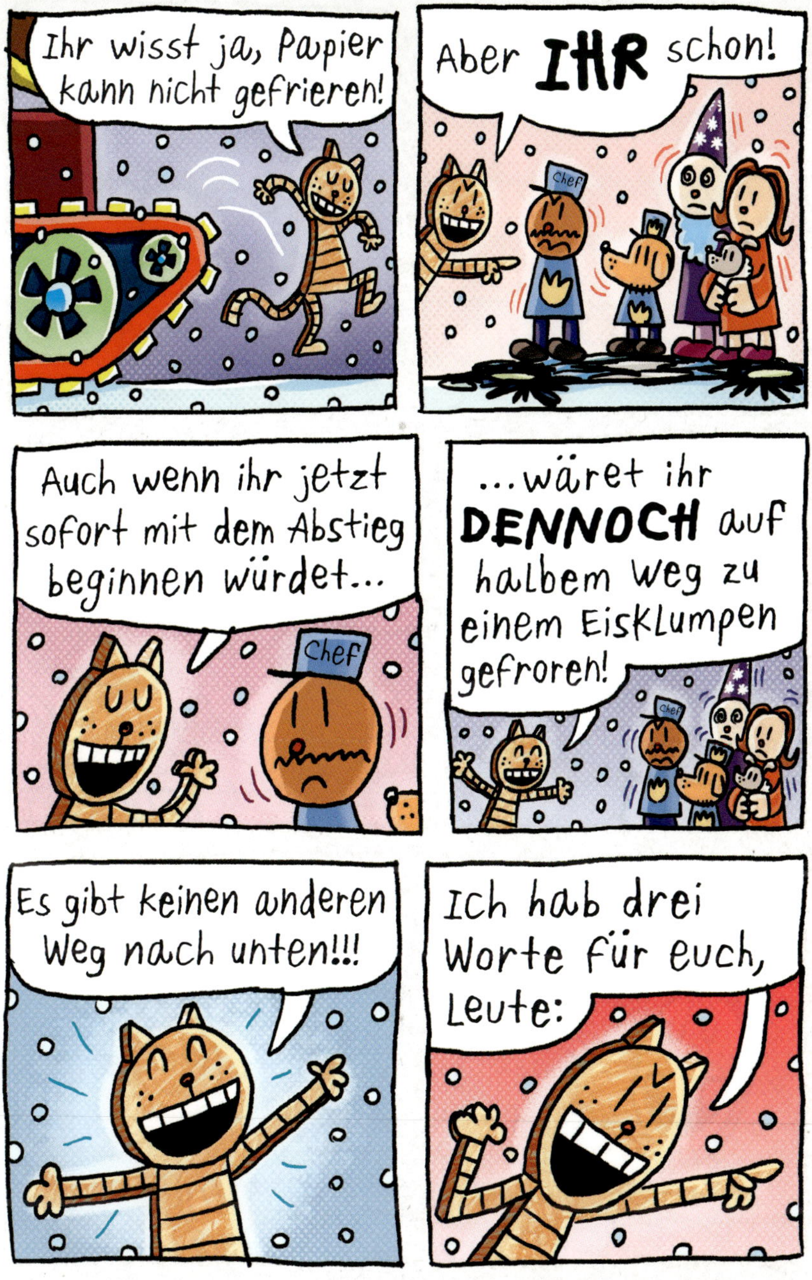
Ihr wisst ja, Papier kann nicht gefrieren!
Aber IHR schon!
Chef
Auch wenn ihr jetzt sofort mit dem Abstieg beginnen würdet...
Chef
...wäret ihr DENNOCH auf halbem Weg zu einem Eisklumpen gefroren!
Chef
Es gibt keinen anderen Weg nach unten!!!
Ich hab drei Worte für euch, Leute:

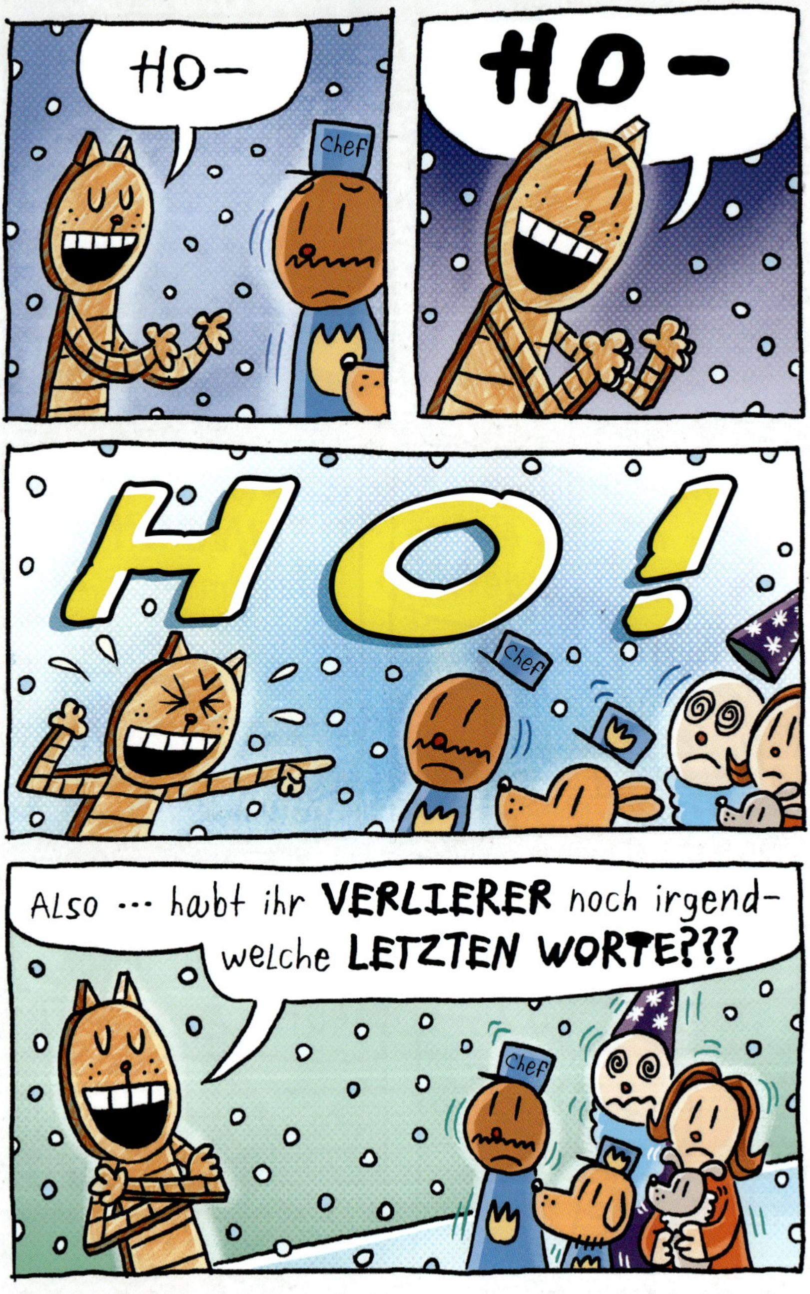
HO-
HO-
HO!
Chef
ALSO ... habt ihr VERLIERER noch irgend-welche LETZTEN WORTE???

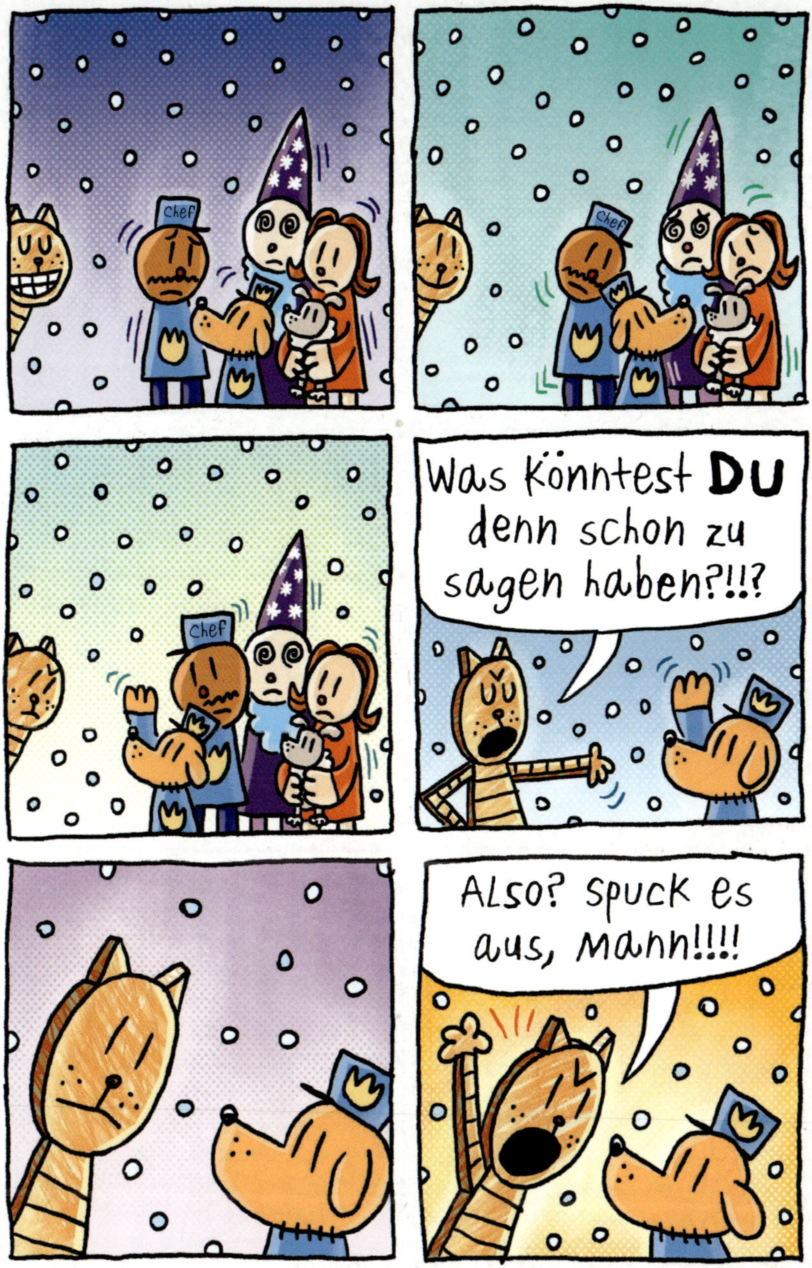
Chef
Chef
Chef
Was Könntest DU
denn schon zu
sagen haben?!!?
ALSO? spuck es
aus, Mann!!!!

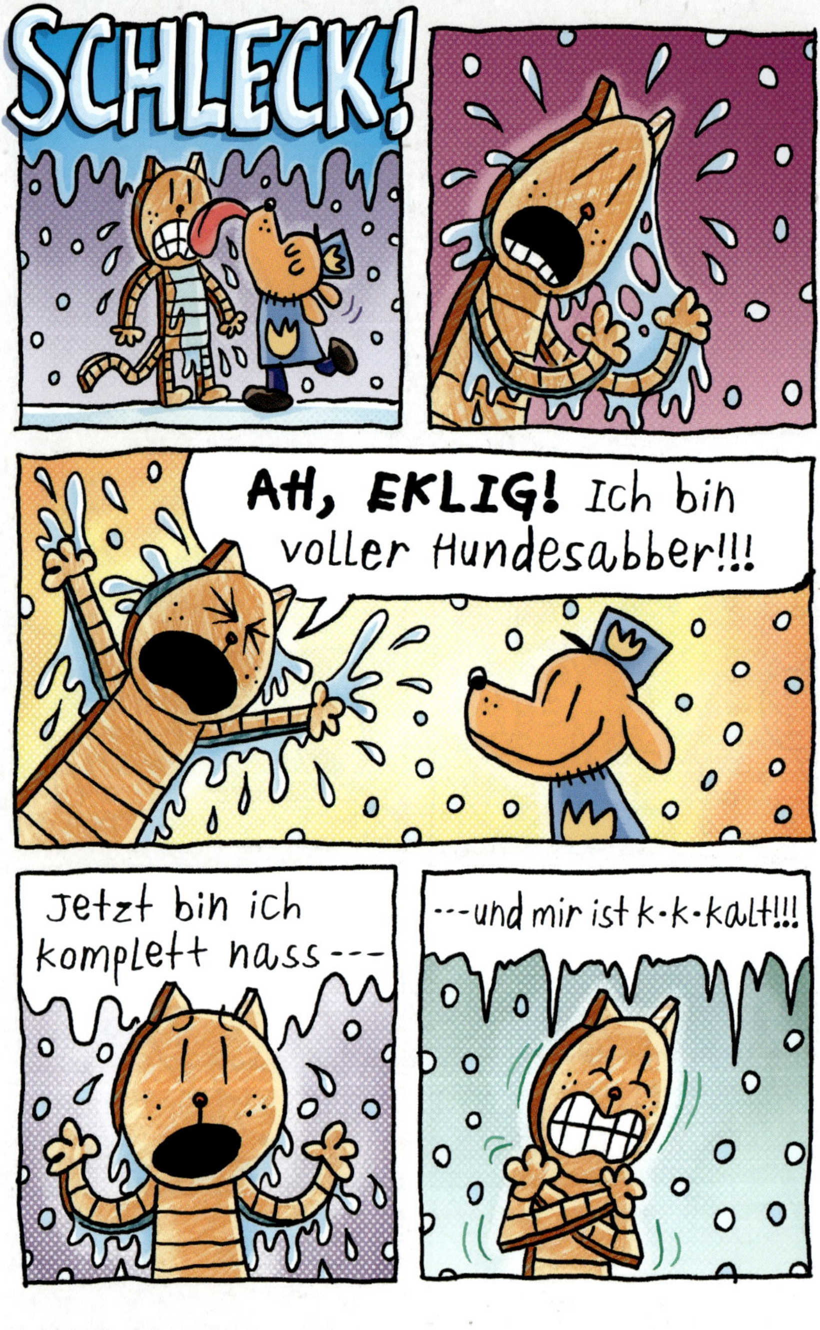
SCHLECK!
AH, EKLIG! Ich bin voller Hundesabber!!!
Jetzt bin ich komplett nass ...
... und mir ist k-k-kalt!!!

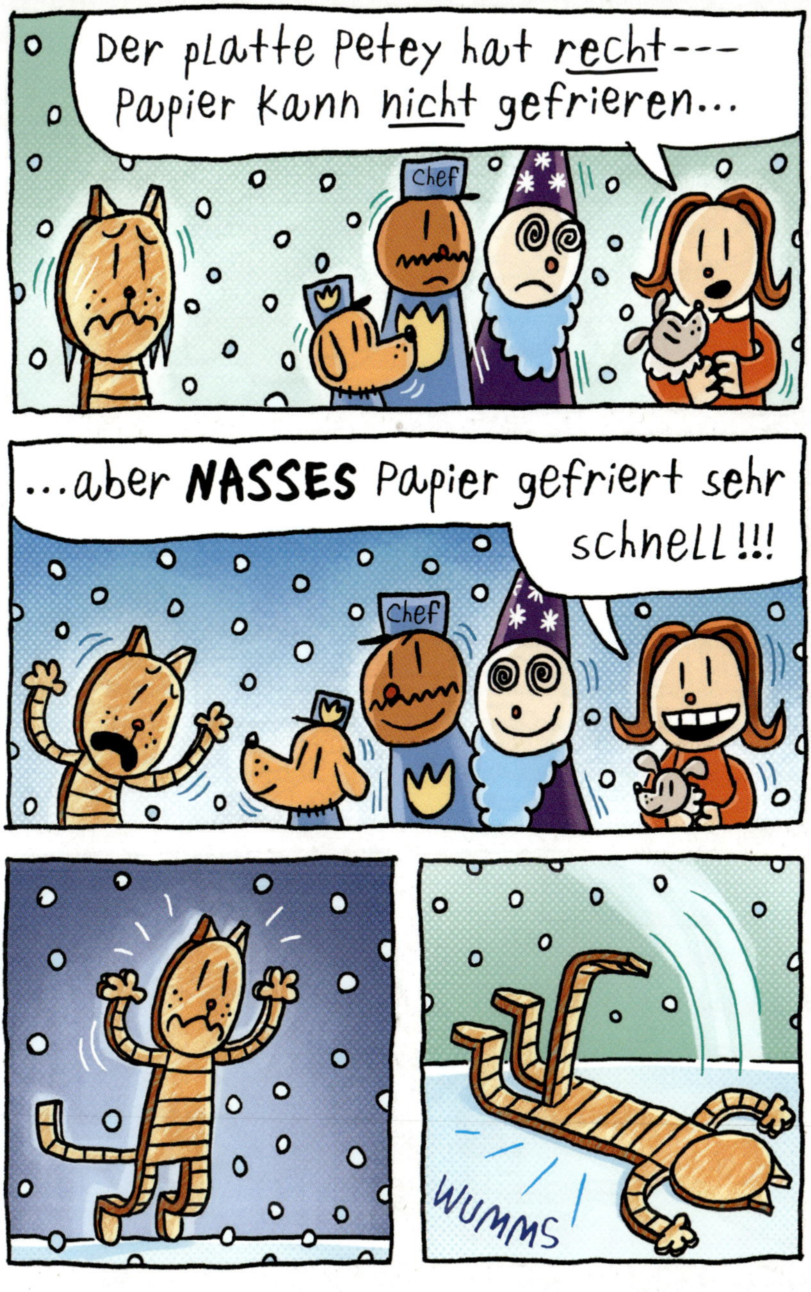
Der platte Petey hat recht---
Papier kann nicht gefrieren...
Chef
...aber NASSES Papier gefriert sehr schnell!!!
Chef
WUMMS

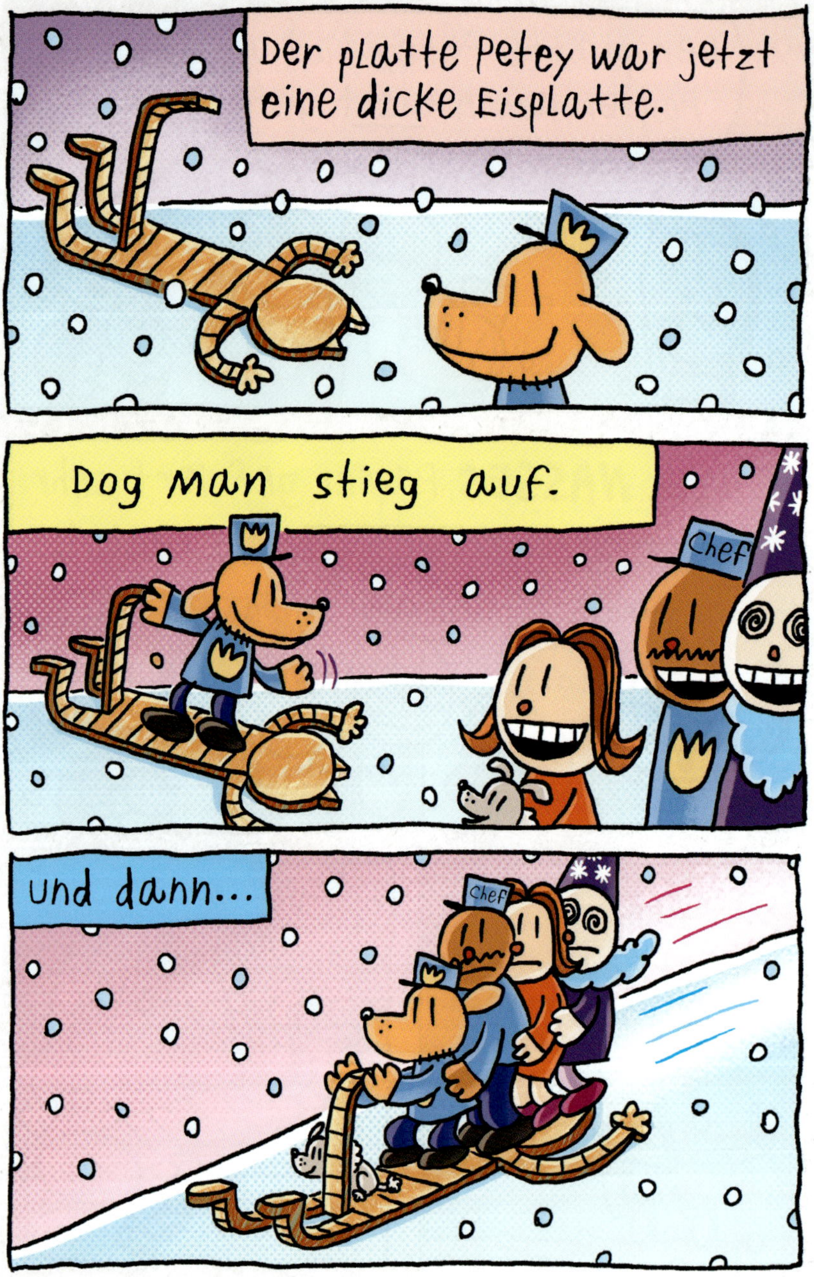
Der platte Petey war jetzt eine dicke Eisplatte.
Dog Man stieg auf.
Chef
und dann...
Chef

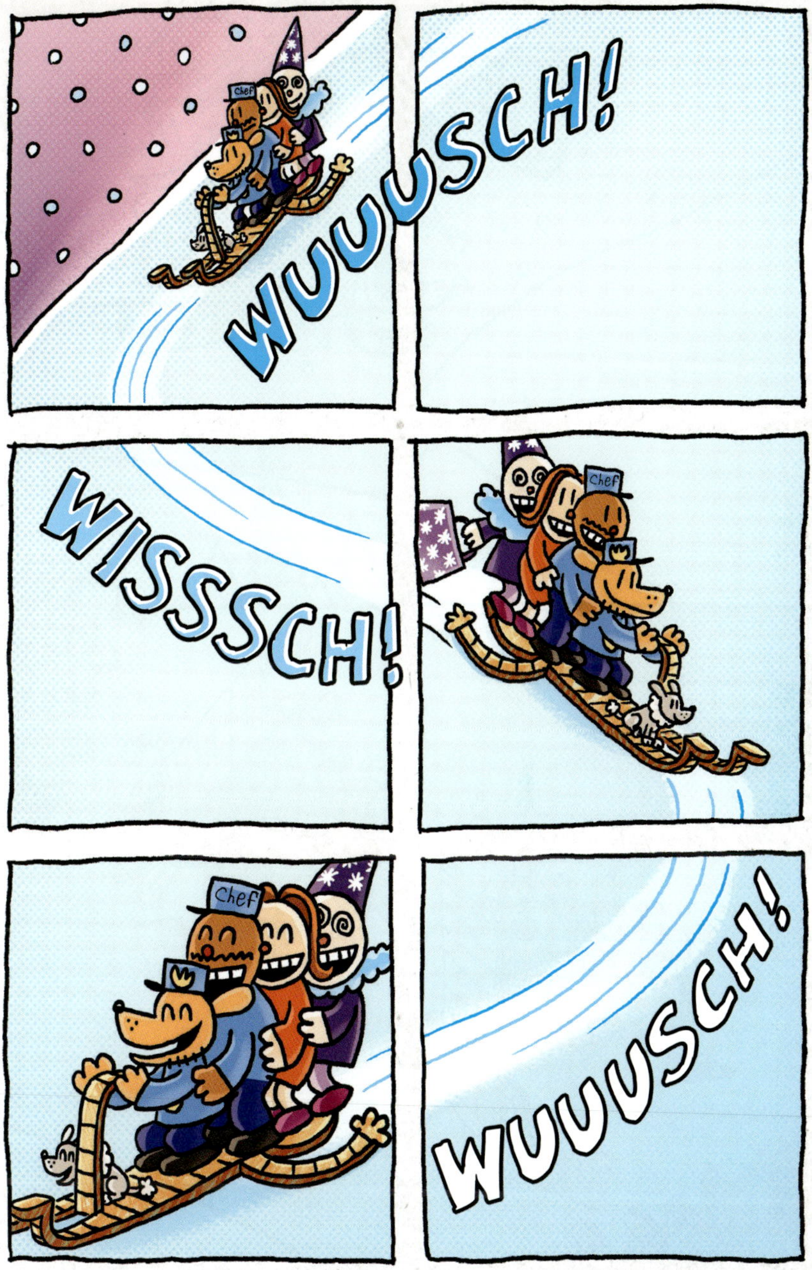
Chef
WUUUSCH!
WISSSCH!
Chef
Chef
WUUUSCH!

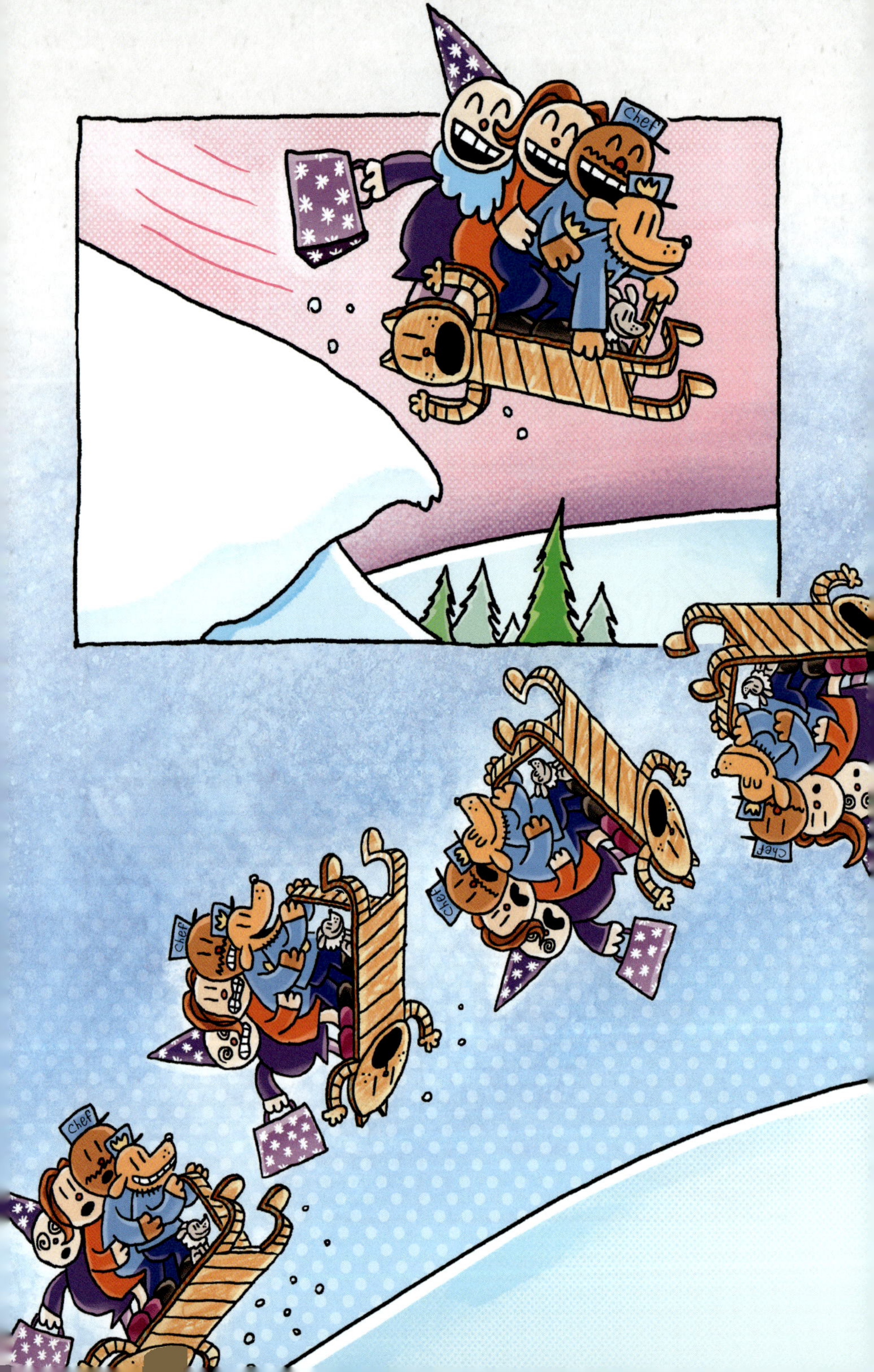
Chef
Chef
Chef
Chef
Chef

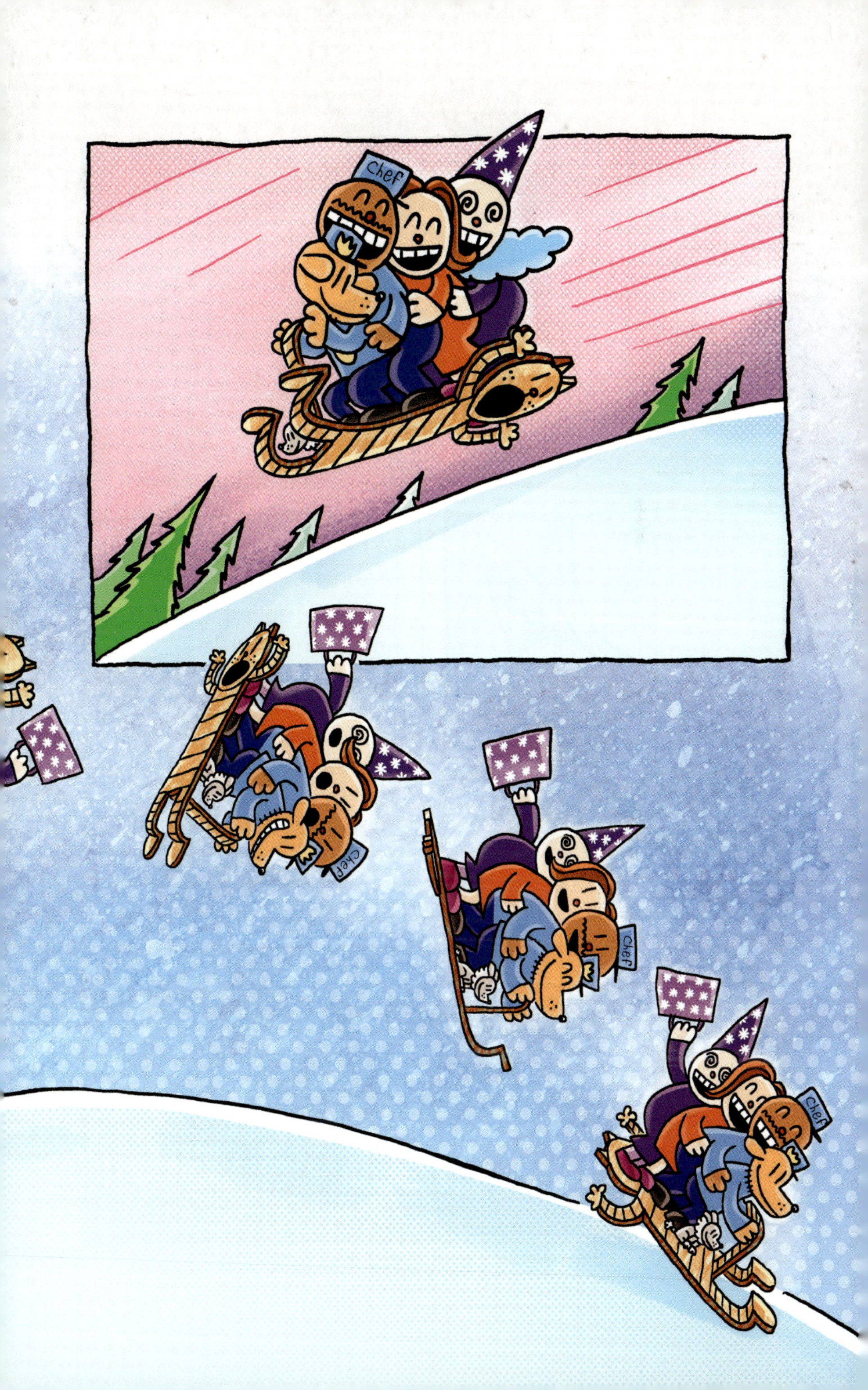
Chef

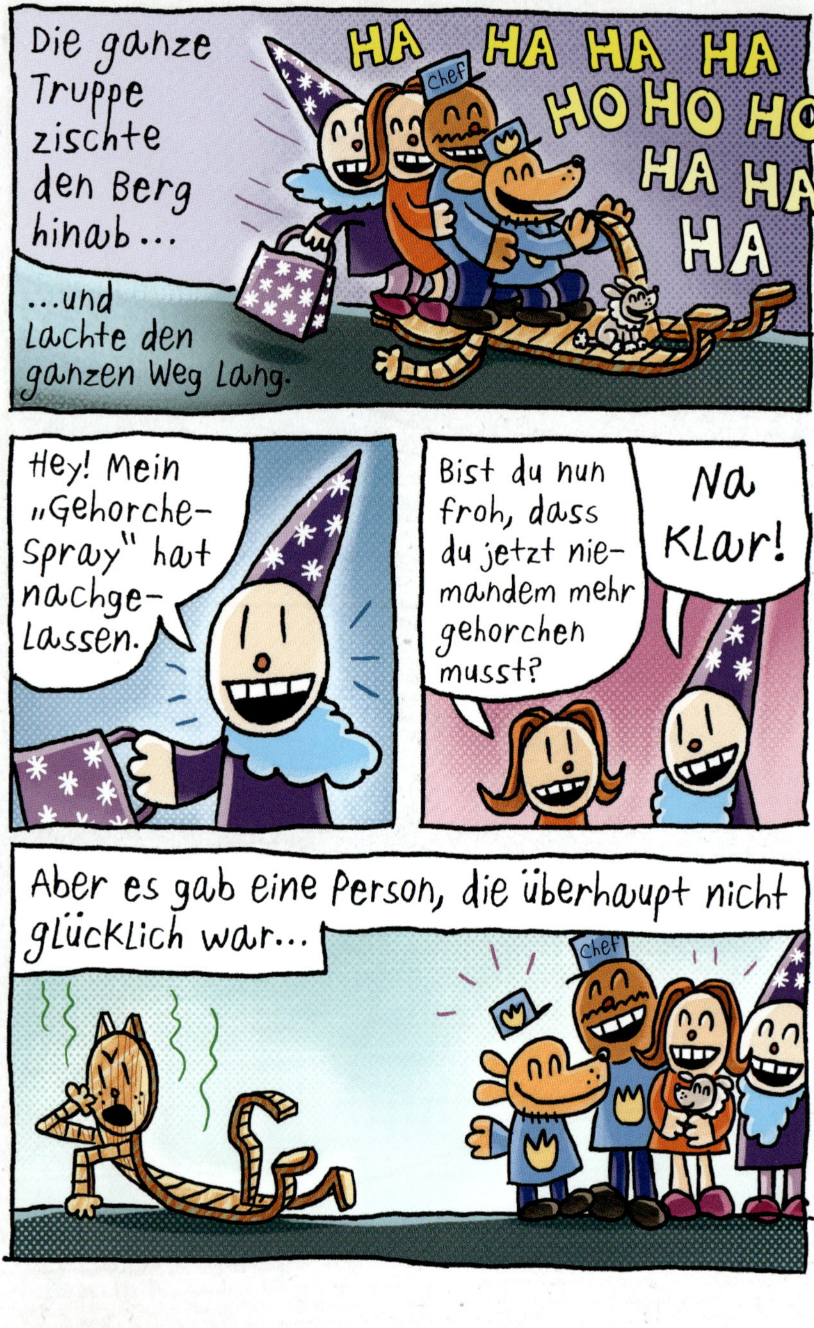
Die ganze Truppe zischte den Berg hinab …
HA HA HA HA HO HO HO HO HA HA HA
Chef
… und lachte den ganzen Weg lang.
Hey! Mein „Gehorche-Spray" hat nachgelassen.
Bist du nun froh, dass du jetzt niemandem mehr gehorchen musst?
Na klar!
Aber es gab eine Person, die überhaupt nicht glücklich war …
Chef

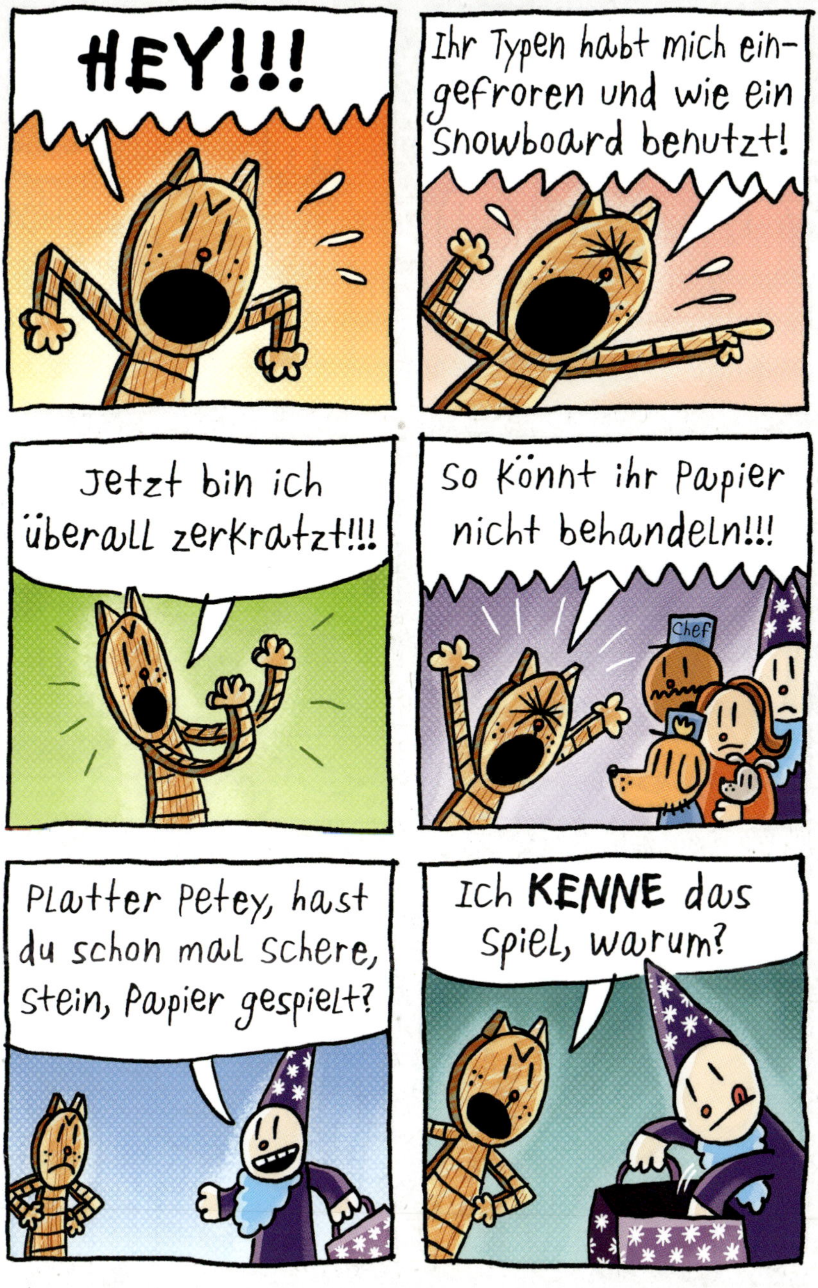
HEY!!!
Ihr Typen habt mich eingefroren und wie ein Snowboard benutzt!
Jetzt bin ich überall zerkratzt!!!
So könnt ihr Papier nicht behandeln!!!
Chef
Platter Petey, hast du schon mal Schere, Stein, Papier gespielt?
Ich KENNE das Spiel, warum?

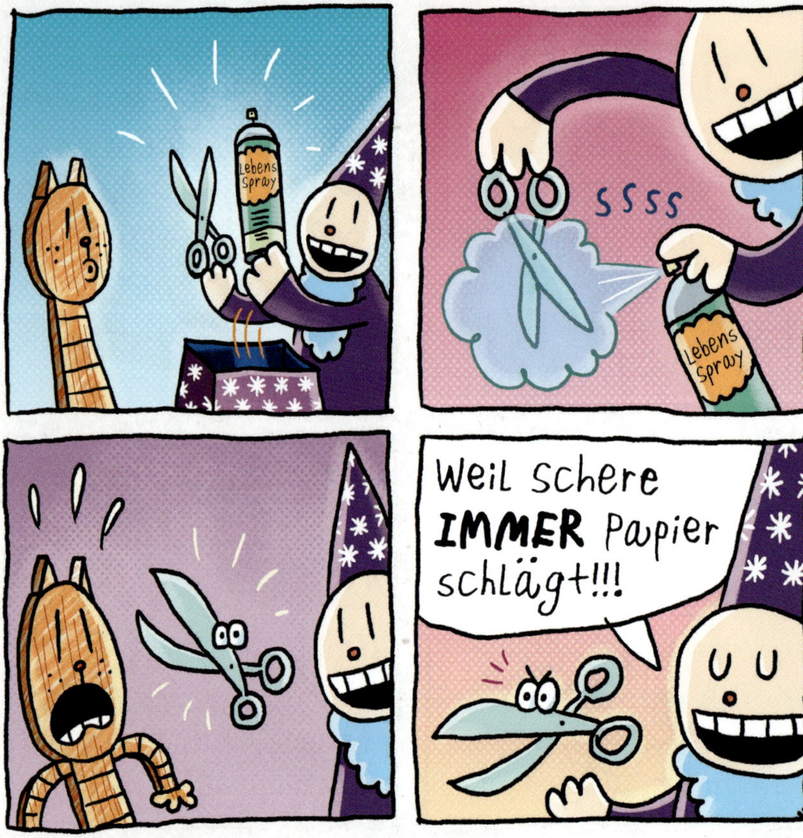

DREIFACH SCHNITT-O-RAMA

Linke Hand hier.

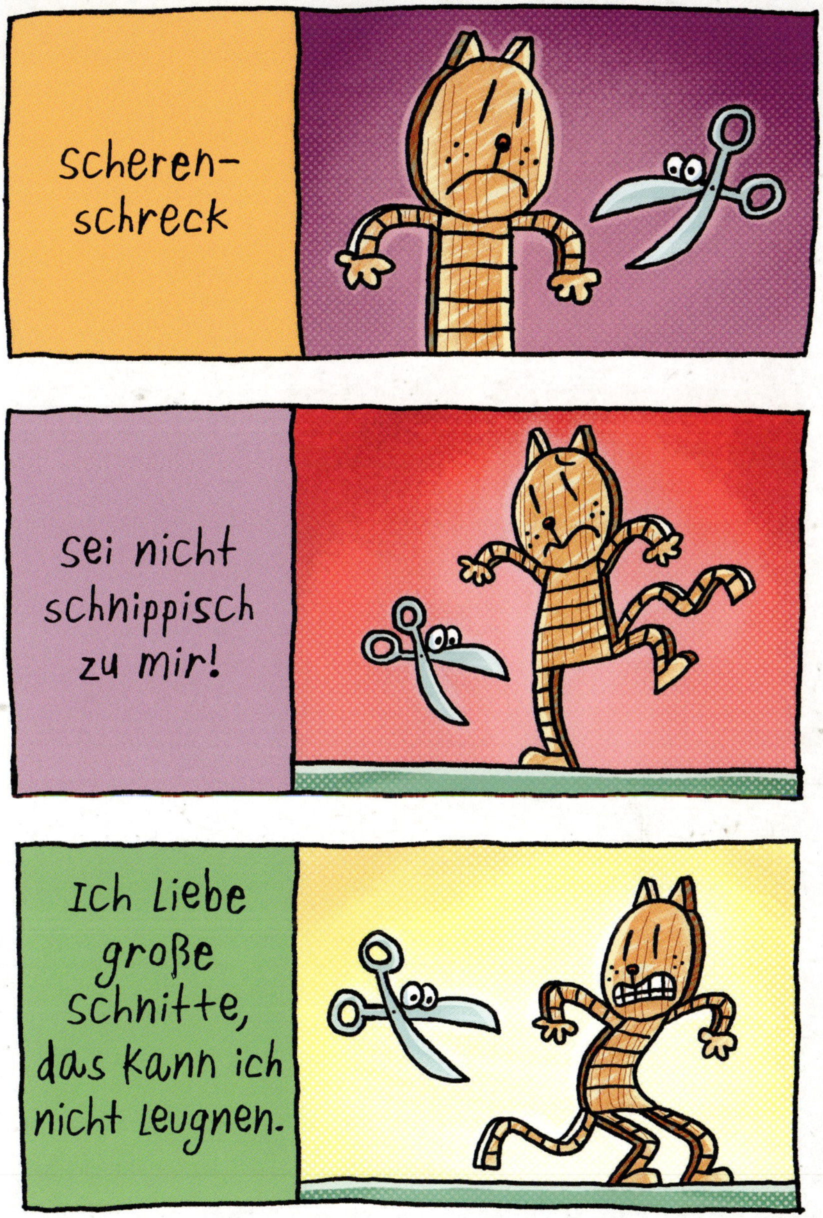

Rechter Daumen hier.

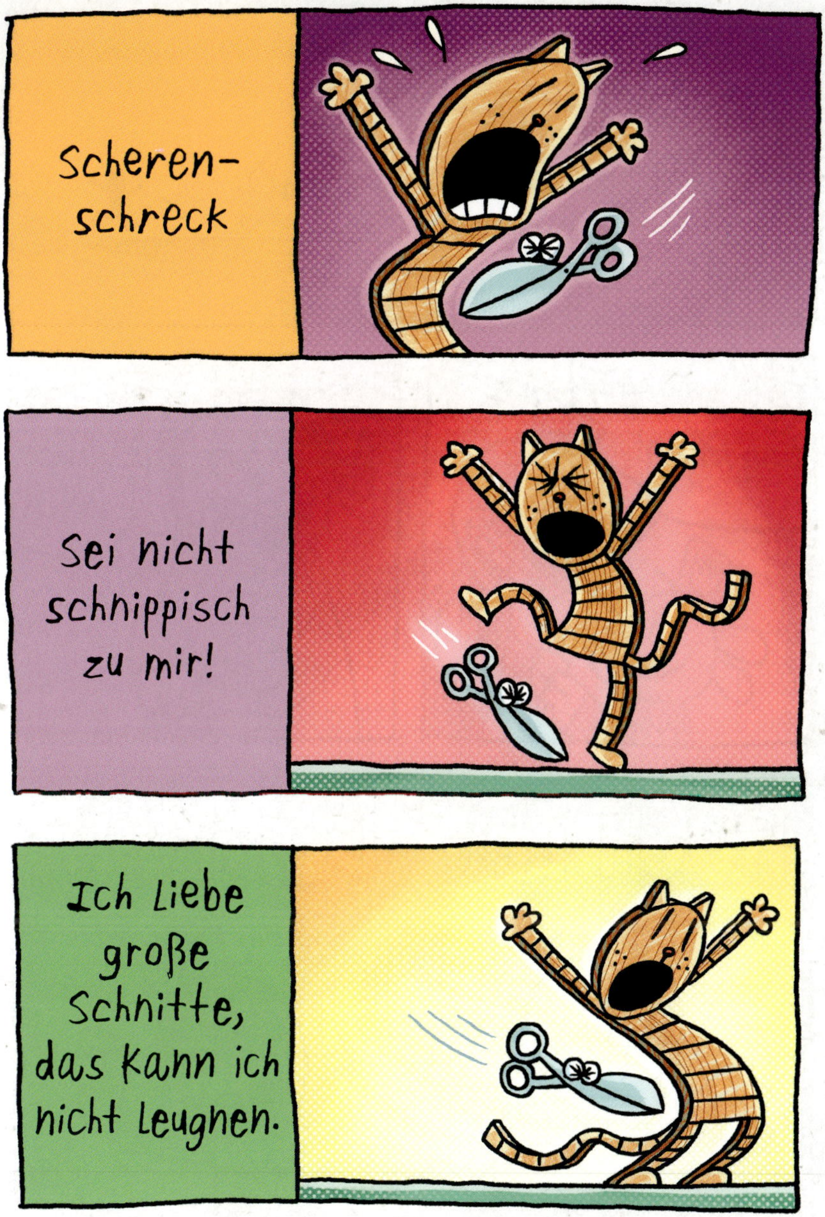
Scheren-
schreck
Sei nicht
schnippisch
zu mir!
Ich Liebe
große
Schnitte,
das kann ich
nicht Leugnen.

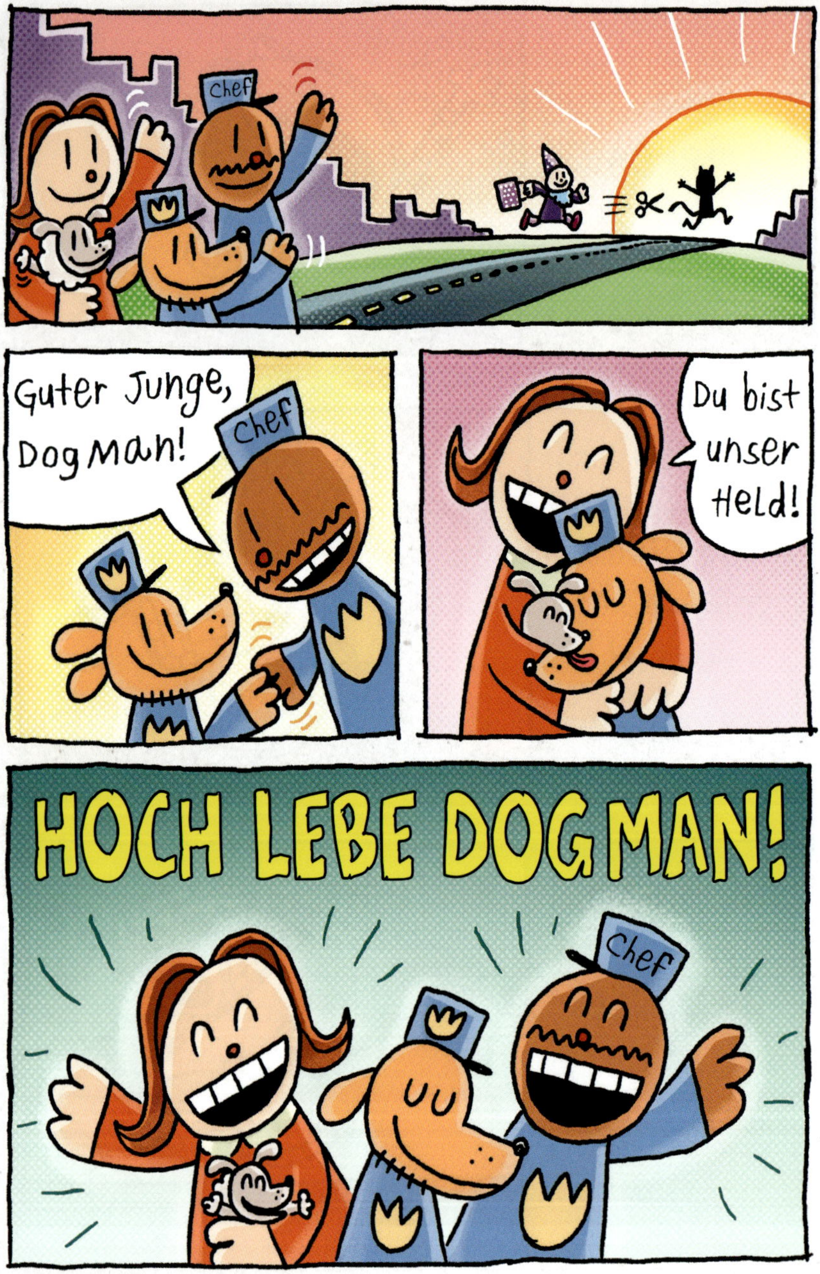
Chef
Guter Junge, DogMan!
Chef
Du bist unser Held!
HOCH LEBE DOGMAN!
Chef

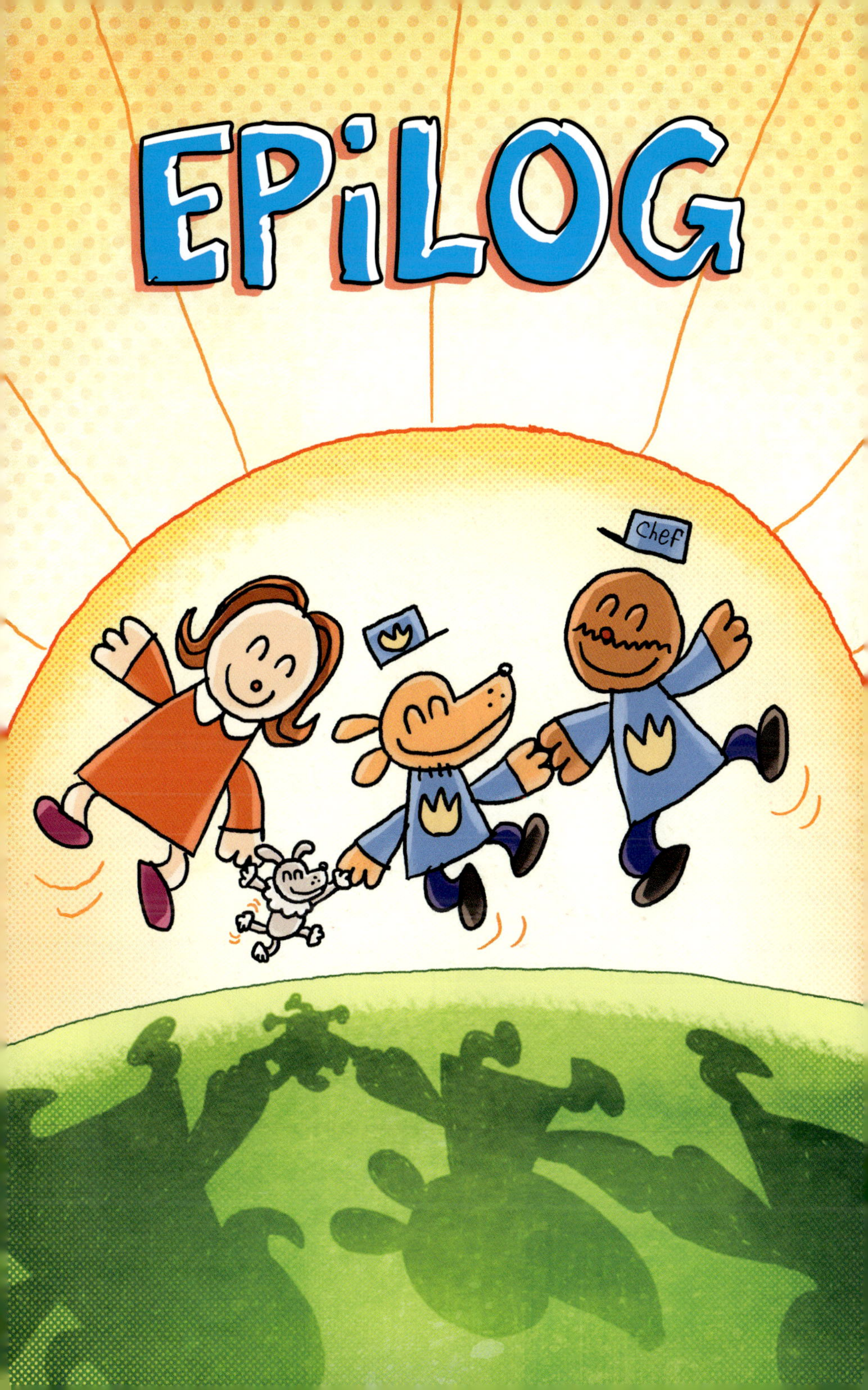
EPiLOG
Chef

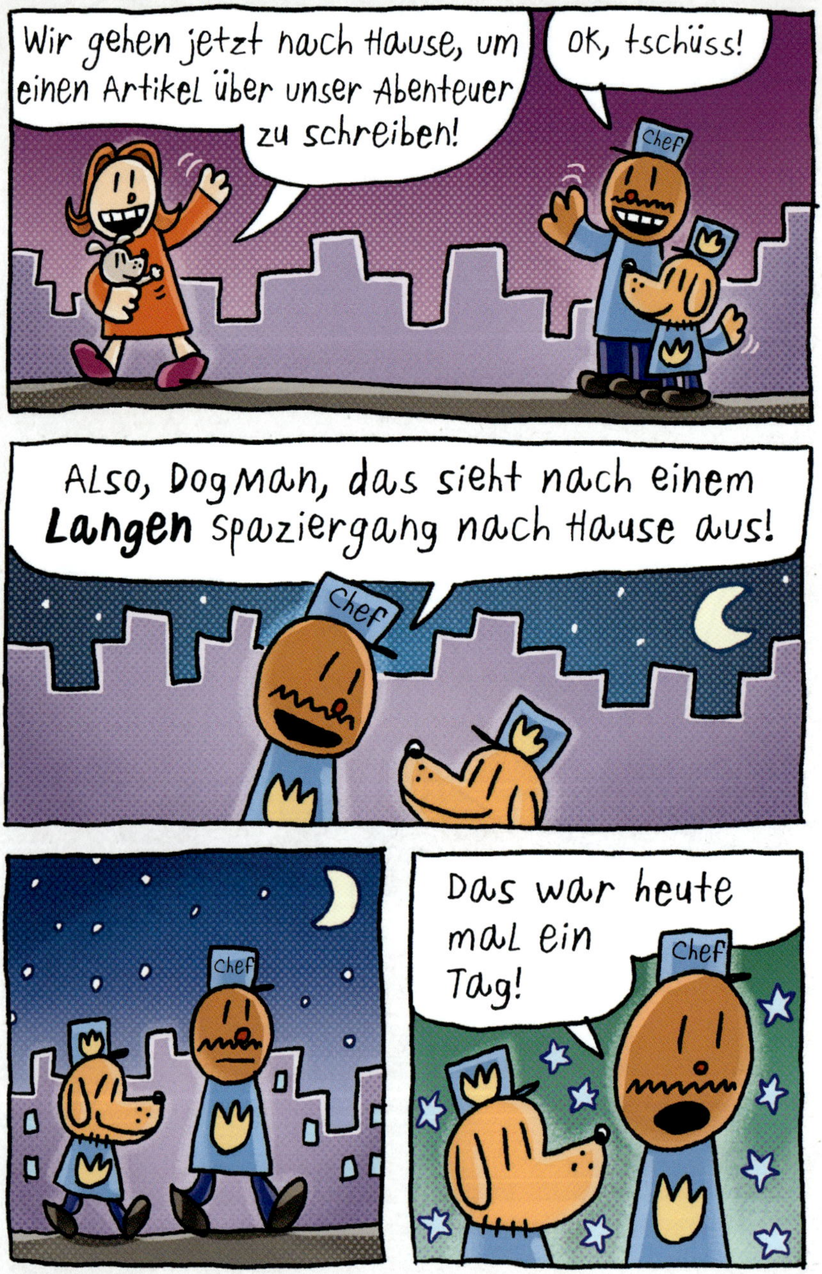
Wir gehen jetzt nach Hause, um einen Artikel über unser Abenteuer zu schreiben!
OK, tschüss!
Chef
Also, Dog Man, das sieht nach einem **langen** Spaziergang nach Hause aus!
Chef
Chef
Das war heute mal ein Tag!
Chef

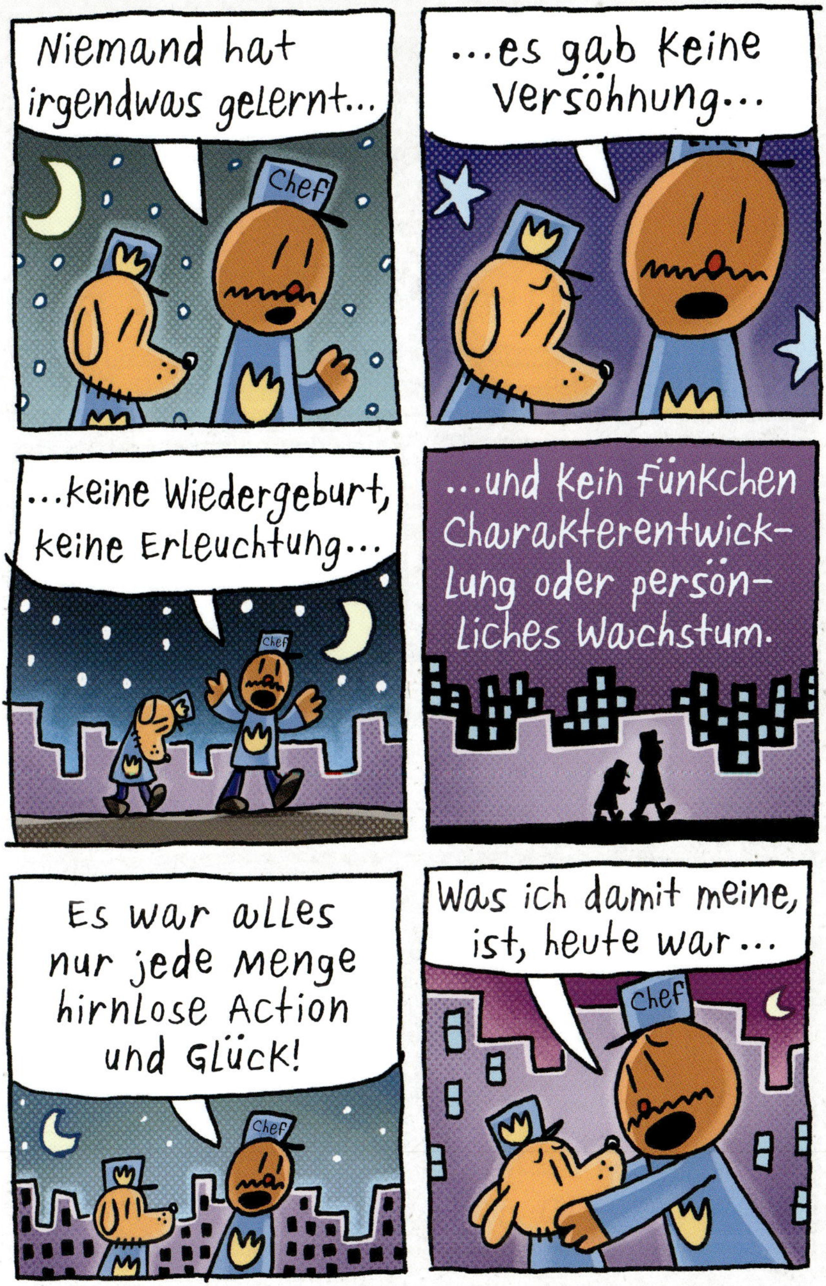
Niemand hat irgendwas gelernt …
… es gab keine Versöhnung …
Chef
… keine Wiedergeburt, keine Erleuchtung …
… und kein Fünkchen Charakterentwicklung oder persönliches Wachstum.
Es war alles nur jede Menge hirnlose Action und Glück!
Was ich damit meine, ist, heute war …

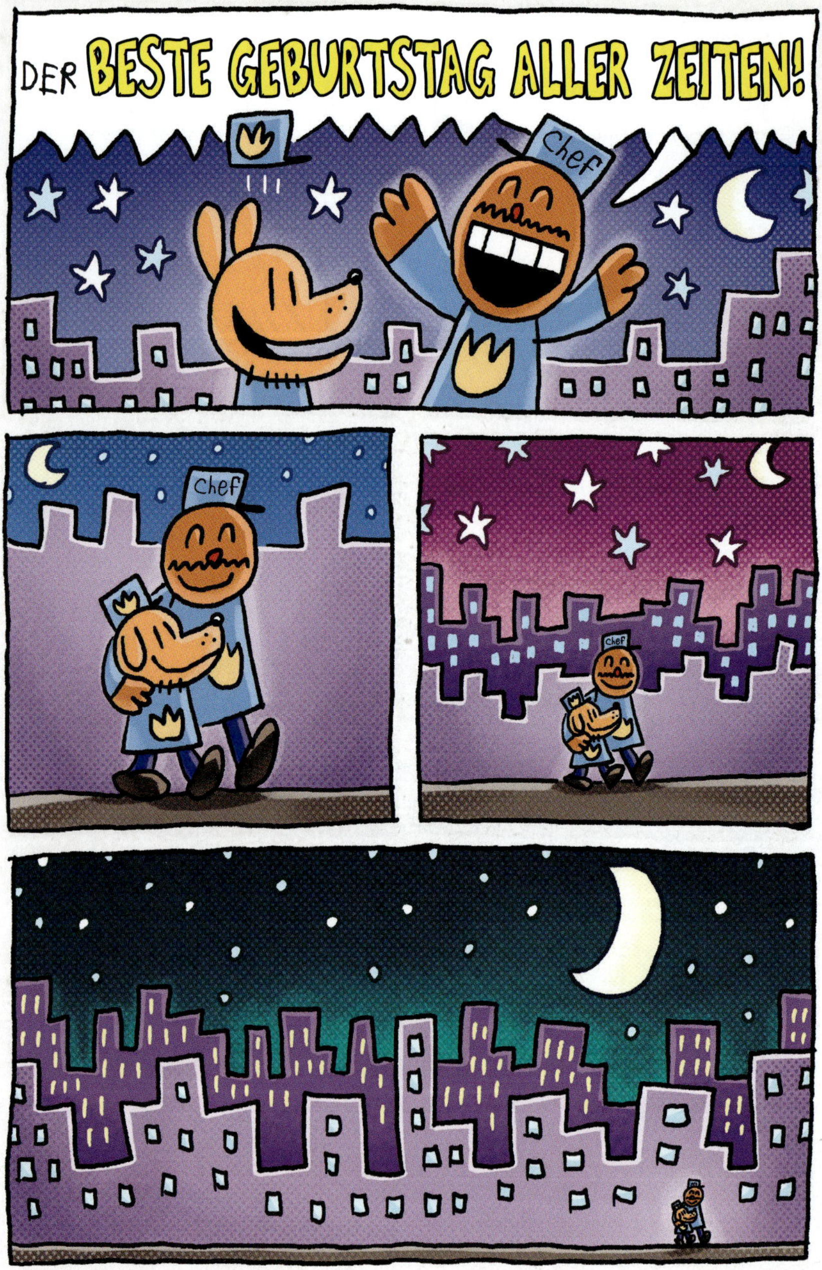
DER BESTE GEBURTSTAG ALLER ZEITEN!
Chef
Chef
Chef

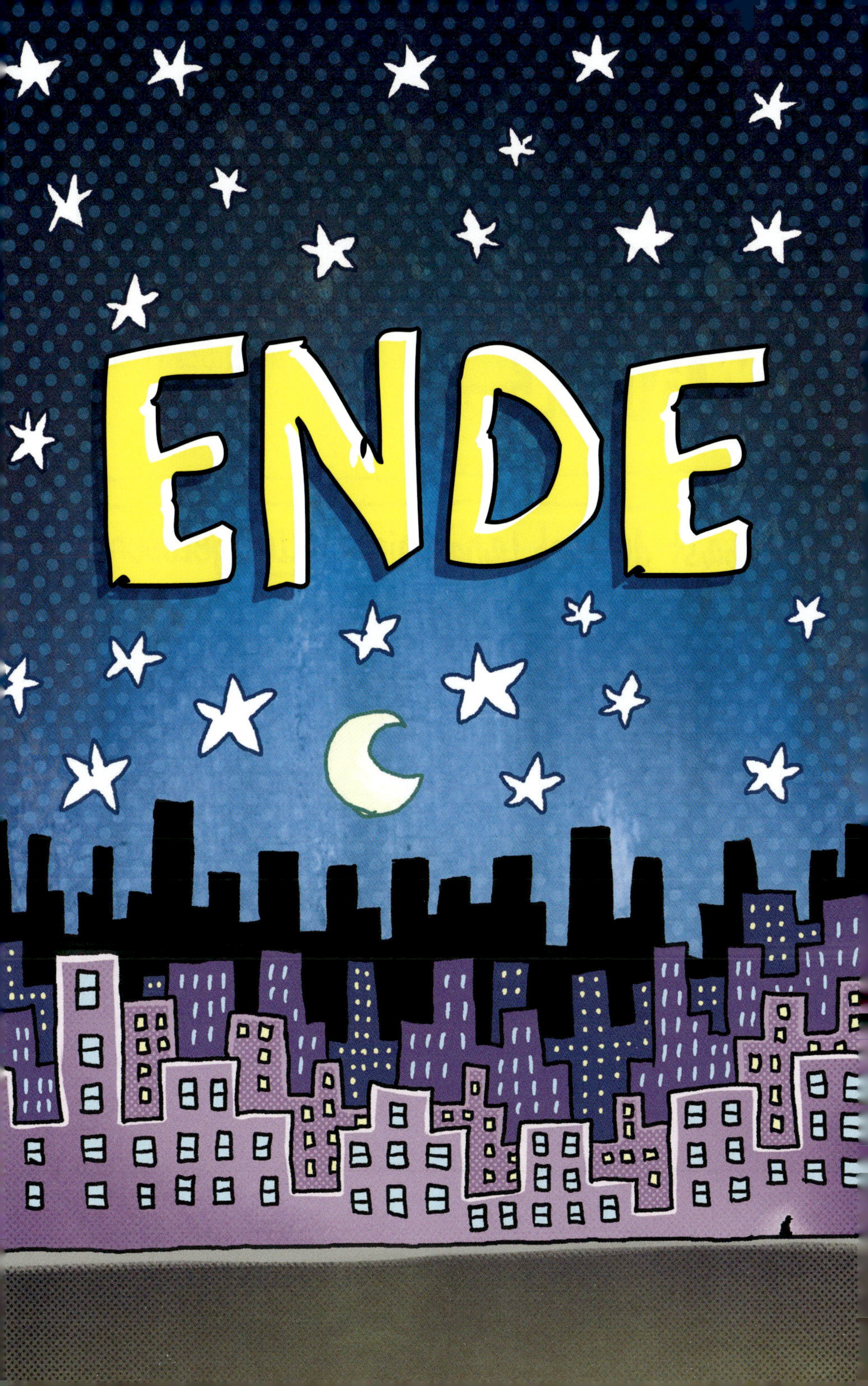
ENDE

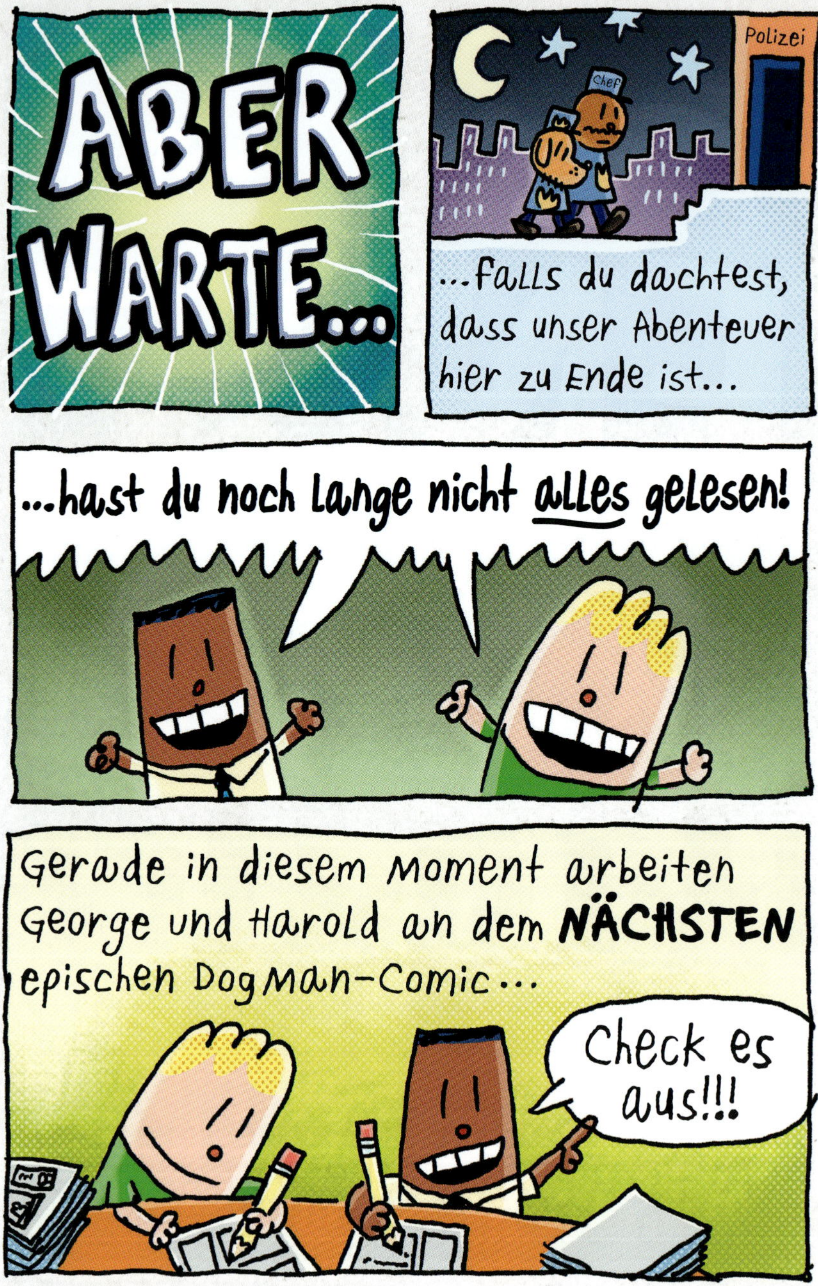
ABER WARTE...
Polizei
Chef
...falls du dachtest, dass unser Abenteuer hier zu Ende ist...
...hast du noch lange nicht alles gelesen!
Gerade in diesem Moment arbeiten George und Harold an dem NÄCHSTEN epischen DogMan-Comic...
Check es aus!!!

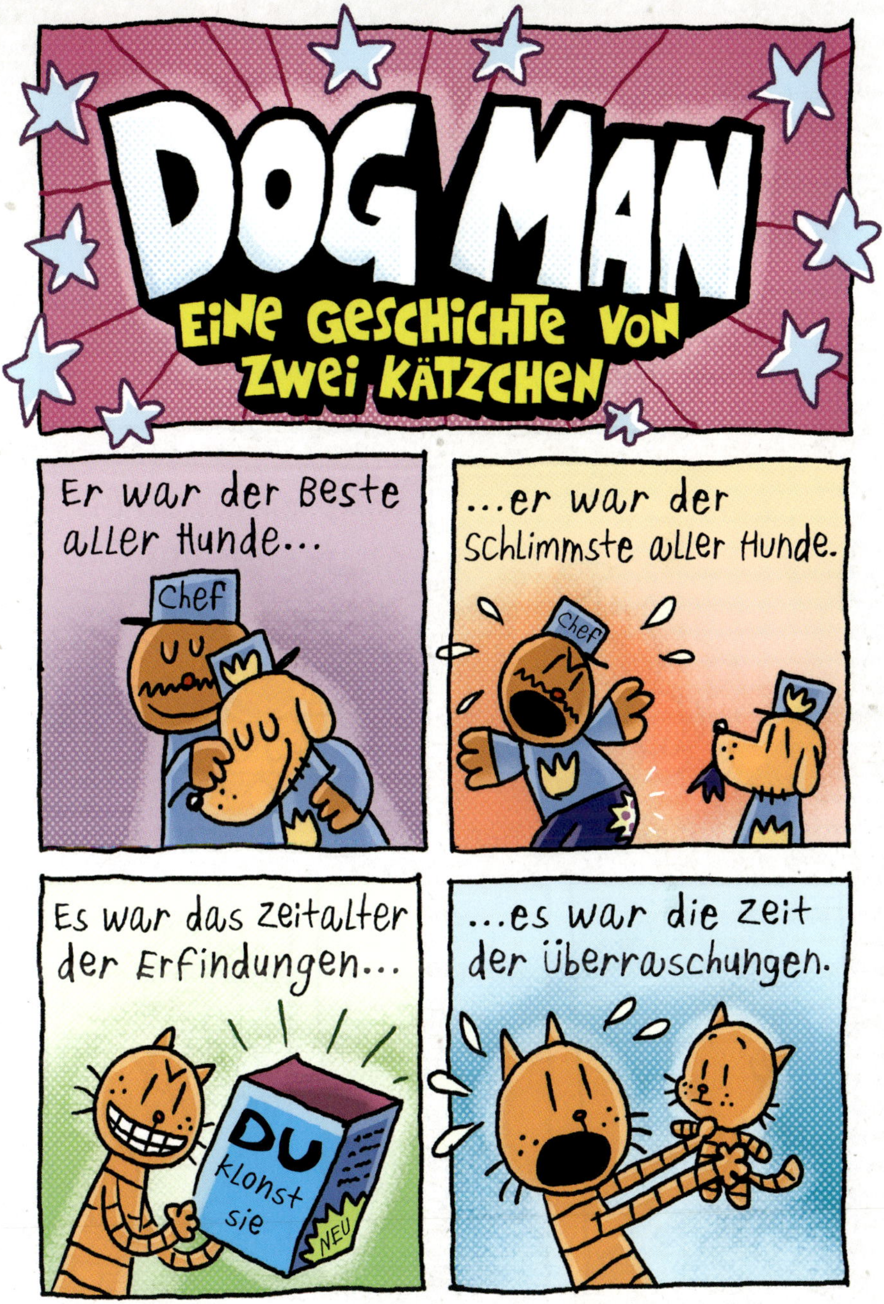
DOG MAN
EINE GESCHICHTE VON ZWEI KÄTZCHEN
Er war der Beste aller Hunde...
Chef
...er war der Schlimmste aller Hunde.
Chef
Es war das Zeitalter der Erfindungen...
DU klonst sie
NEU
...es war die Zeit der Überraschungen.

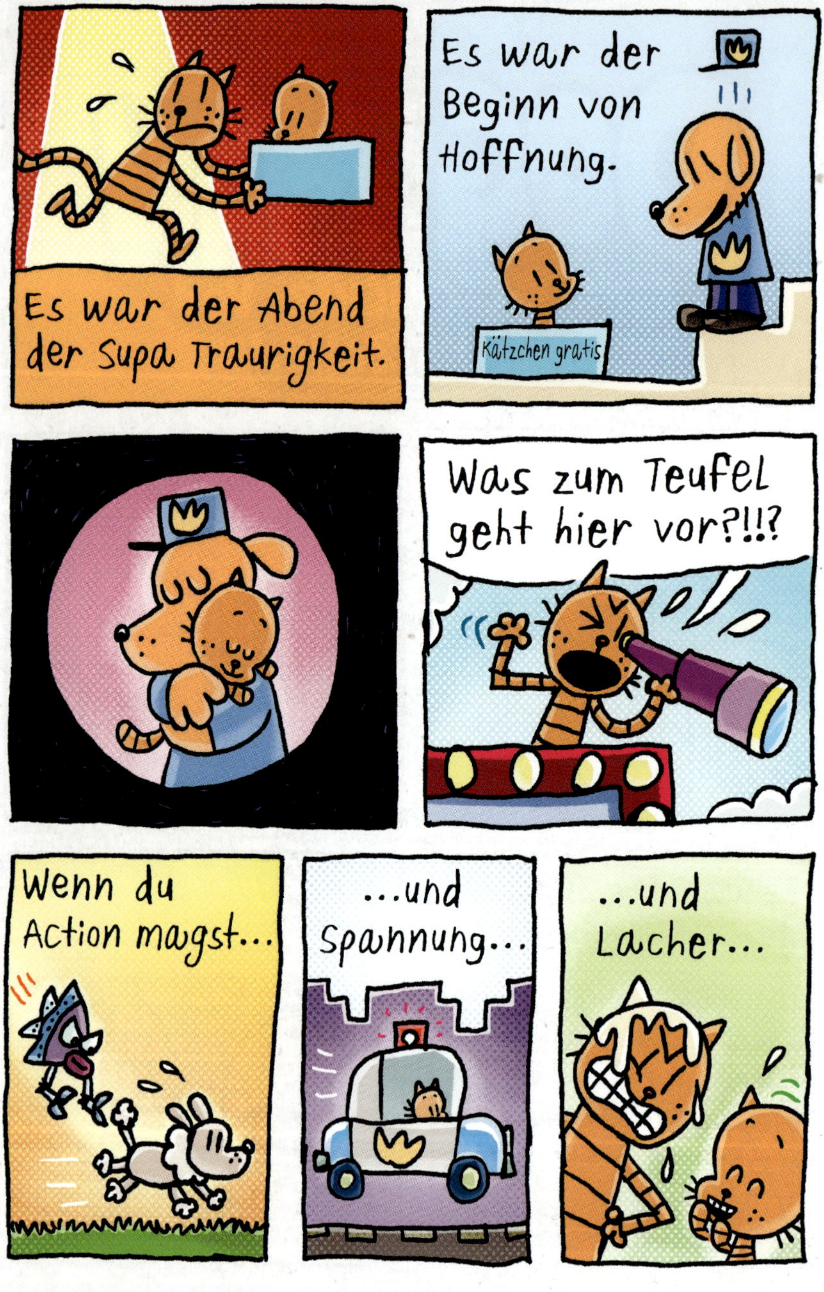
Es war der Abend der Supa Traurigkeit.
Es war der Beginn von Hoffnung.
Kätzchen gratis
Was zum Teufel geht hier vor?!!?
Wenn du Action magst...
...und Spannung...
...und Lacher...

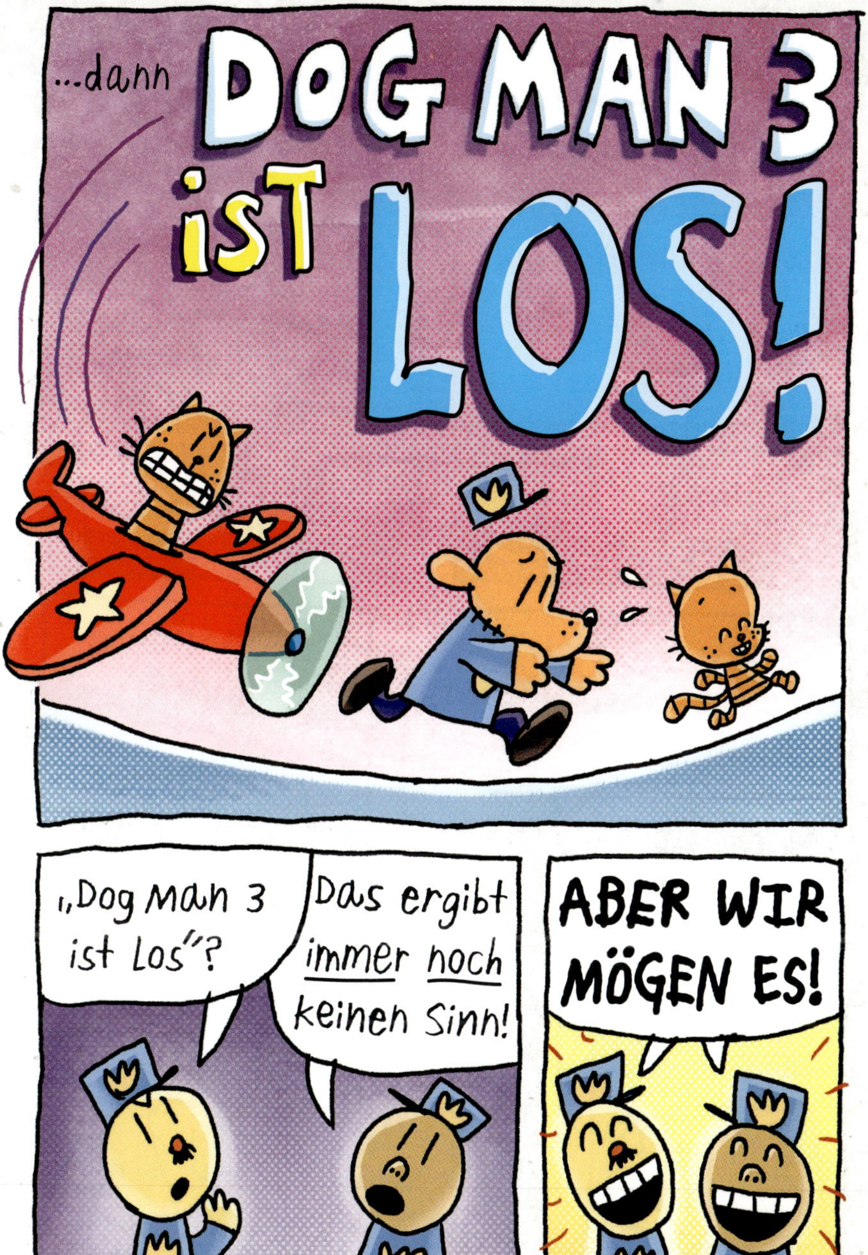
...dann
DOG MAN 3 ist LOS!
„Dog Man 3 ist Los"?
Das ergibt immer noch keinen Sinn!
ABER WIR MÖGEN ES!

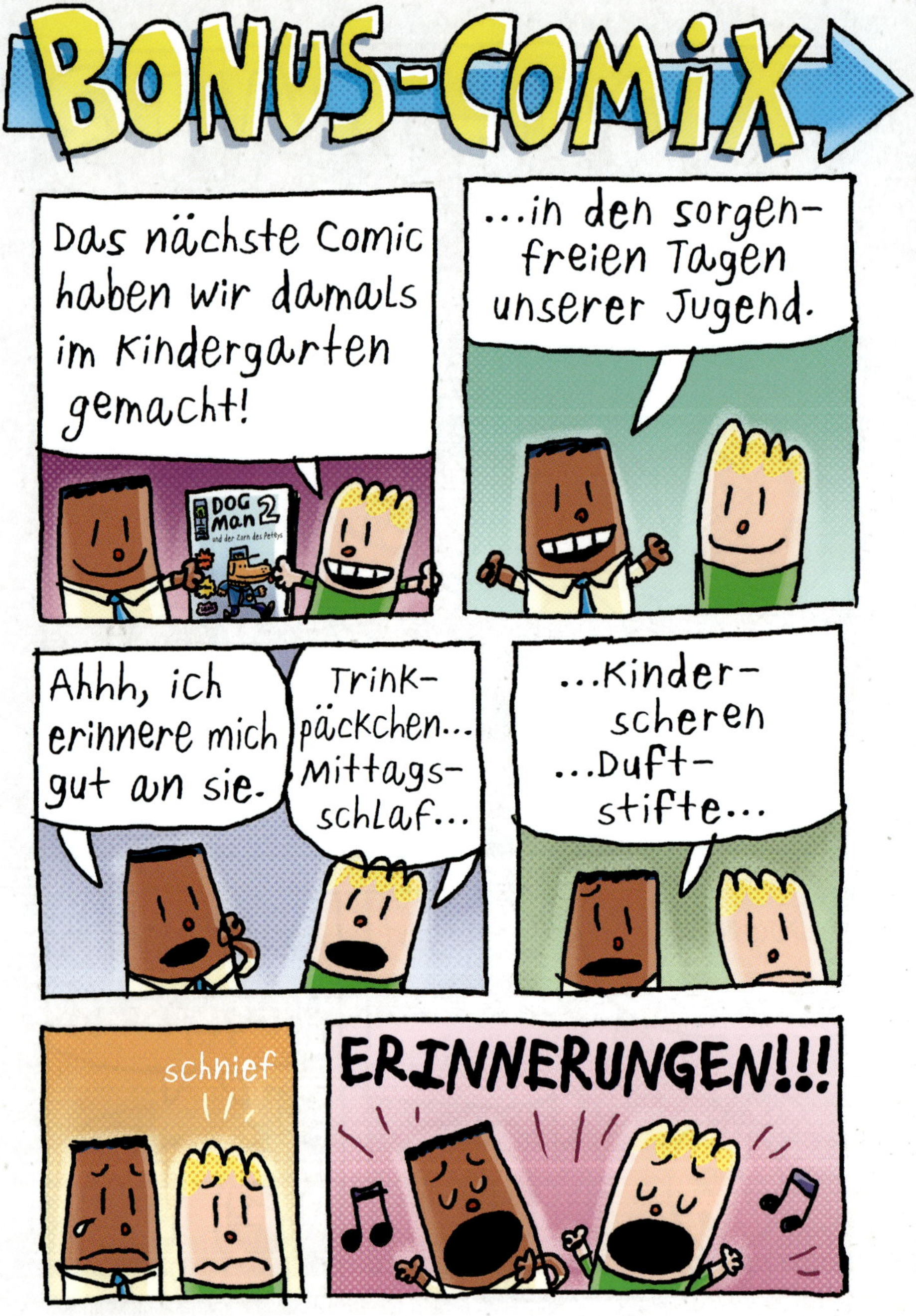
BONUS-COMIX
Das nächste Comic haben wir damals im Kindergarten gemacht!
DOG Man 2 und der Zorn des Peteys
...in den sorgen-freien Tagen unserer Jugend.
Ahhh, ich erinnere mich gut an sie.
Trink-päckchen... Mittags-schlaf...
...Kinder-scheren ...Duft-stifte...
schnief
ERINNERUNGEN!!!

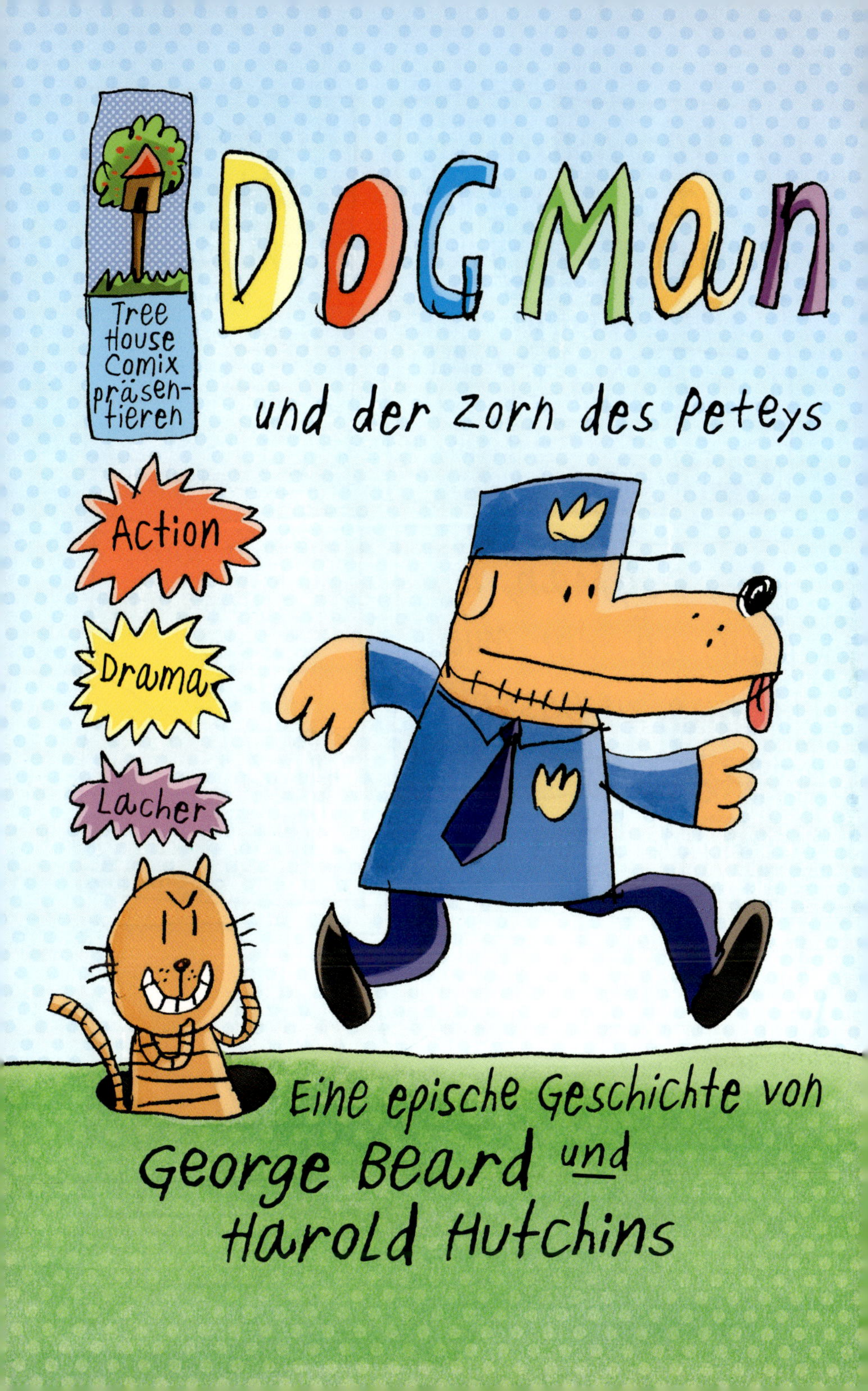
Tree House Comix präsentieren
DOG MAN
und der Zorn des Peteys
Action
Drama
Lacher
Eine epische Geschichte von
George Beard und
Harold Hutchins

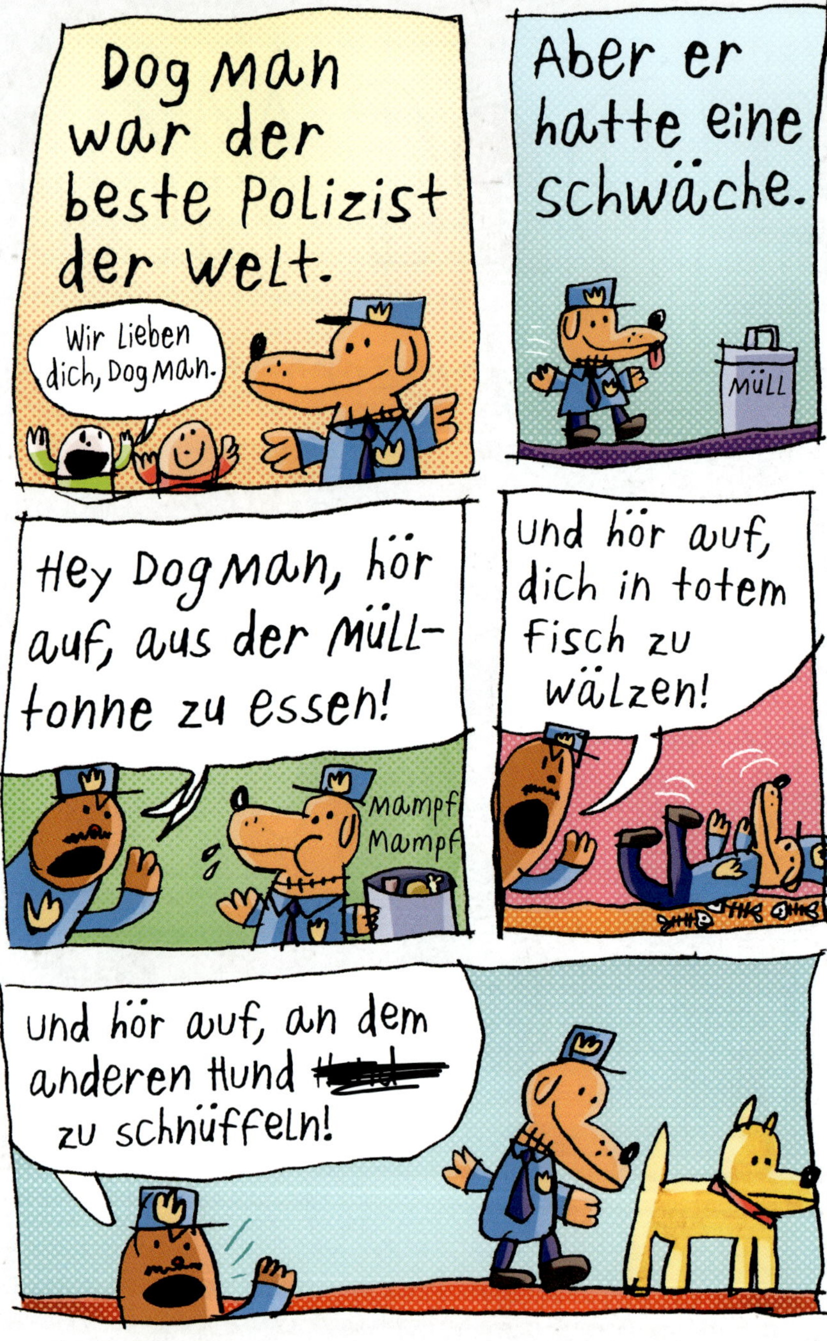
Dog Man war der beste Polizist der welt.
Wir Lieben dich, Dog Man.
Aber er hatte eine schwäche.
MÜLL
Hey Dog Man, hör auf, aus der MÜLL-tonne zu essen!
Mampf Mampf
und hör auf, dich in totem Fisch zu wälzen!
und hör auf, an dem anderen Hund zu schnüffeln!

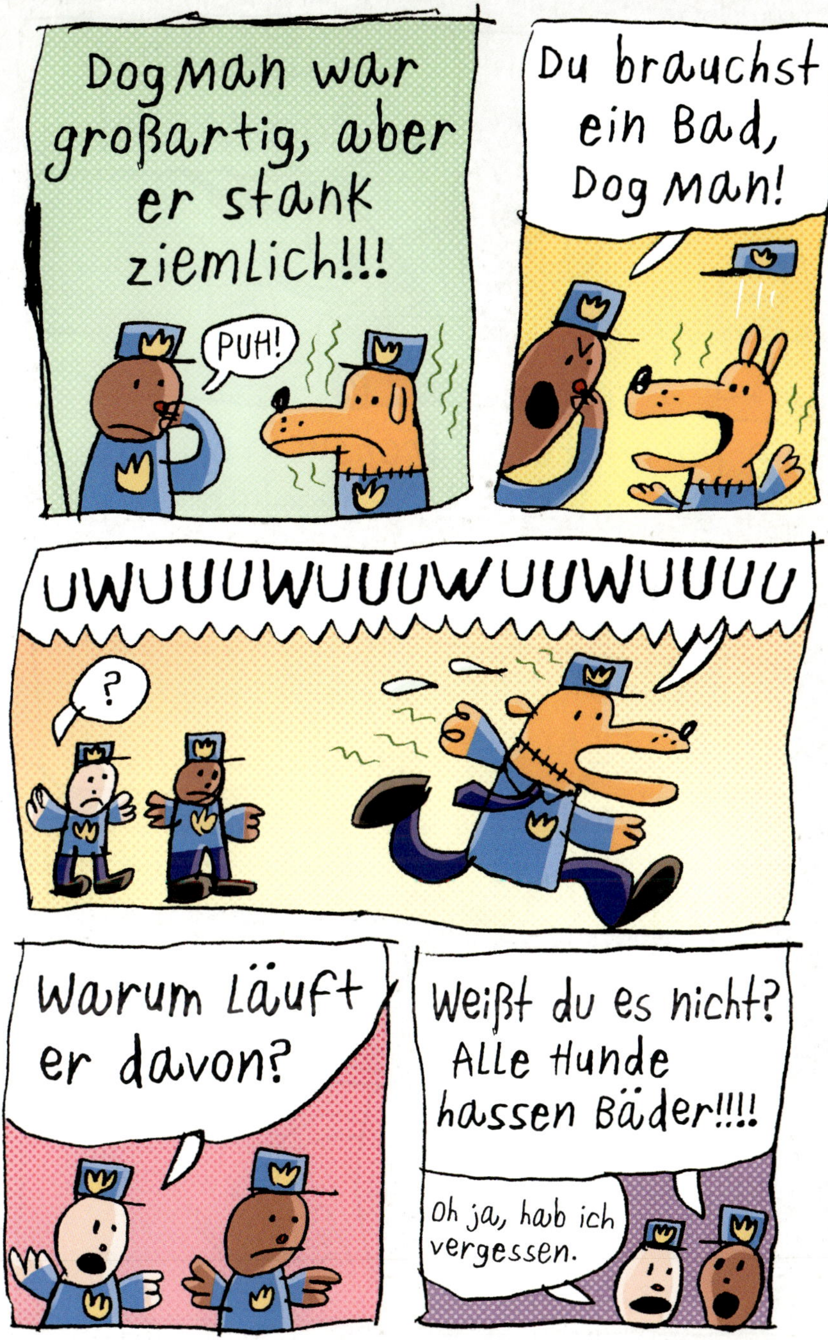
Dog Man war großartig, aber er stank ziemlich!!!
PUH!
Du brauchst ein Bad, Dog Man!
UWUUUWUUUWUUWUUUU
?
Warum läuft er davon?
Weißt du es nicht? Alle Hunde hassen Bäder!!!!
Oh ja, hab ich vergessen.

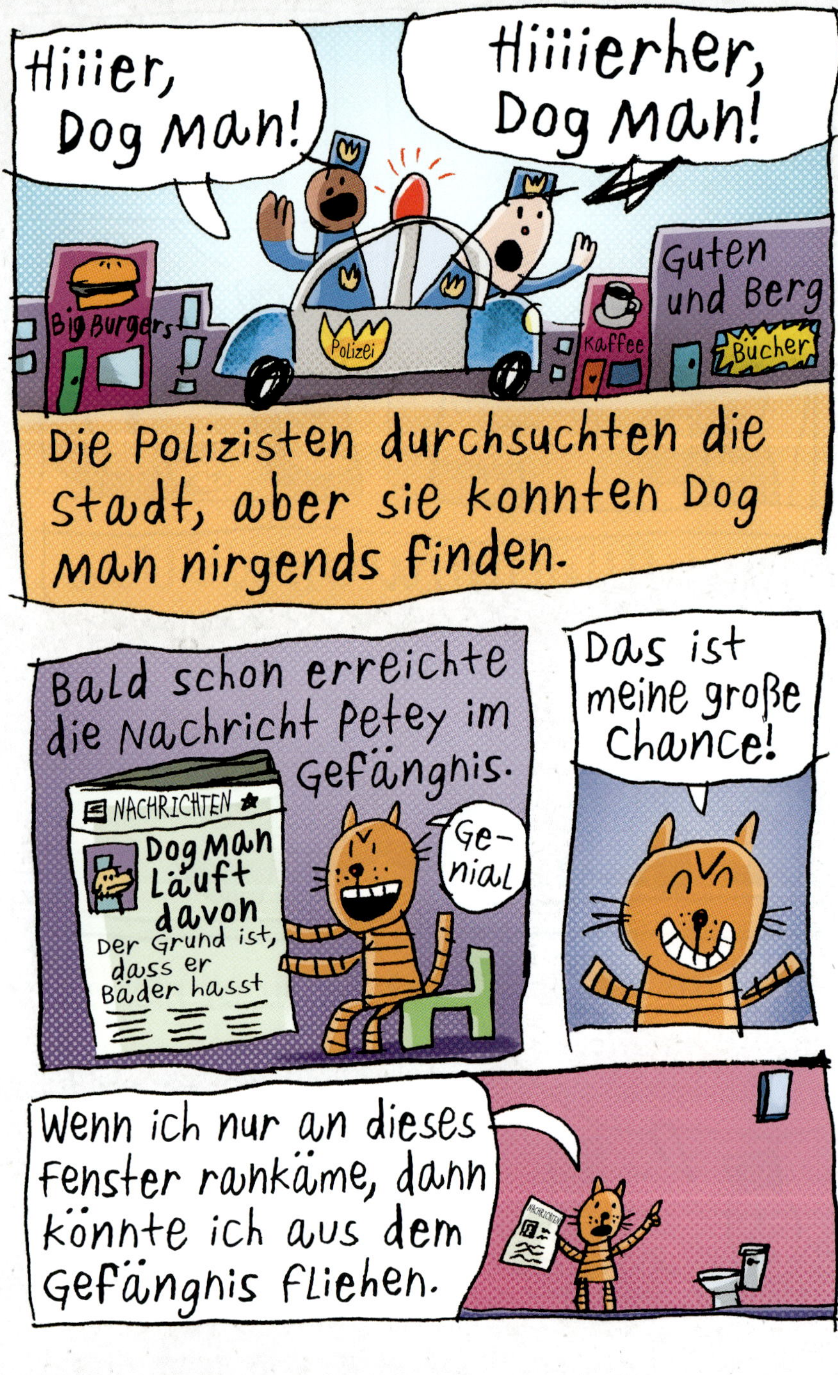
Hiiier, Dog Man!
Hiiiierher, Dog Man!
Big Burgers
Polizei
Kaffee
Guten und Berg
Bücher
Die Polizisten durchsuchten die Stadt, aber sie konnten Dog Man nirgends finden.
Bald schon erreichte die Nachricht Petey im Gefängnis.
NACHRICHTEN
Dog Man Läuft davon
Der Grund ist, dass er Bäder hasst
Ge-nial
Das ist meine große Chance!
Wenn ich nur an dieses Fenster rankäme, dann könnte ich aus dem Gefängnis fliehen.
NACHRICHTEN

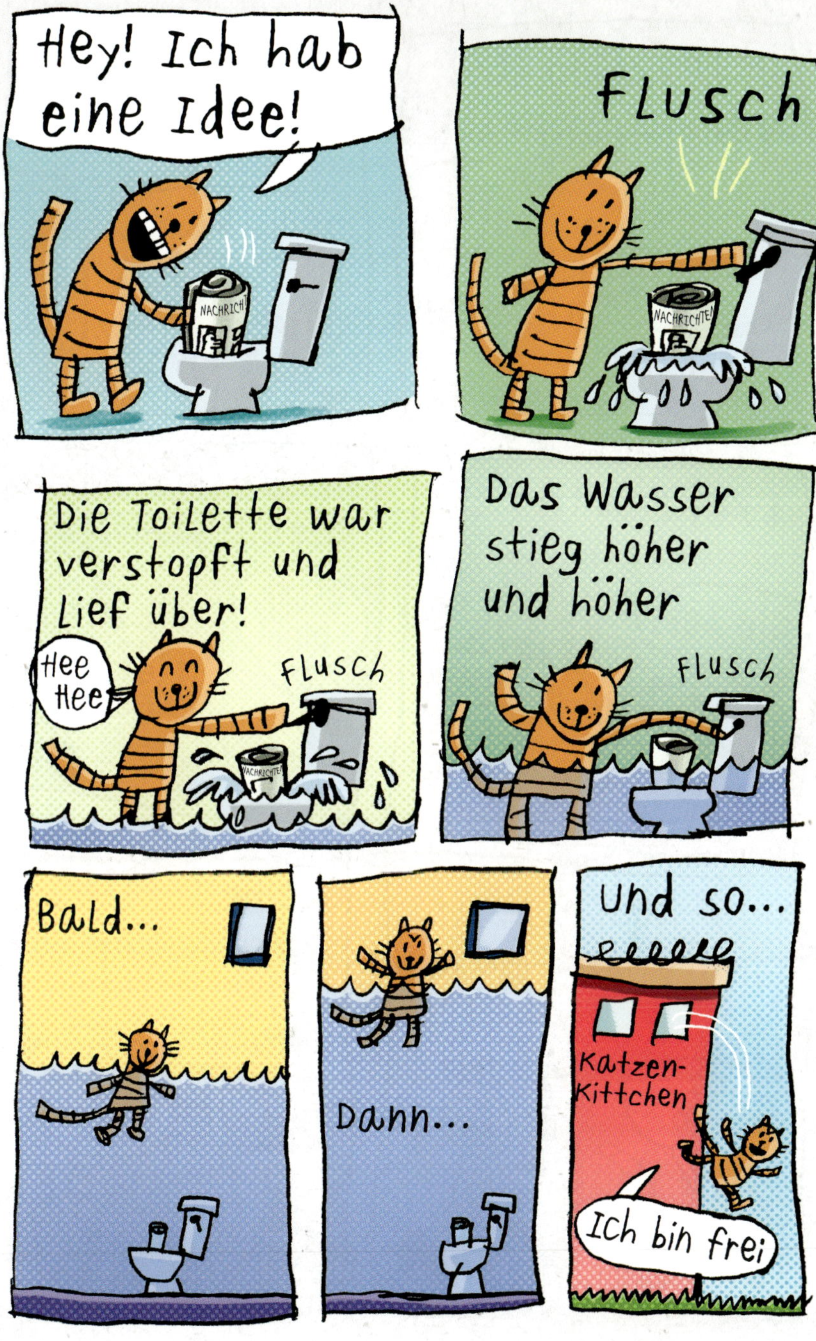
Hey! Ich hab eine Idee!
NACHRICHT
FLUSCH
NACHRICHTEN
Die Toilette war verstopft und lief über!
Hee Hee
FLUSCH
NACHRICHTEN
Das Wasser stieg höher und höher
FLUSCH
Bald...
Dann...
Und so...
Katzen-Kittchen
Ich bin frei

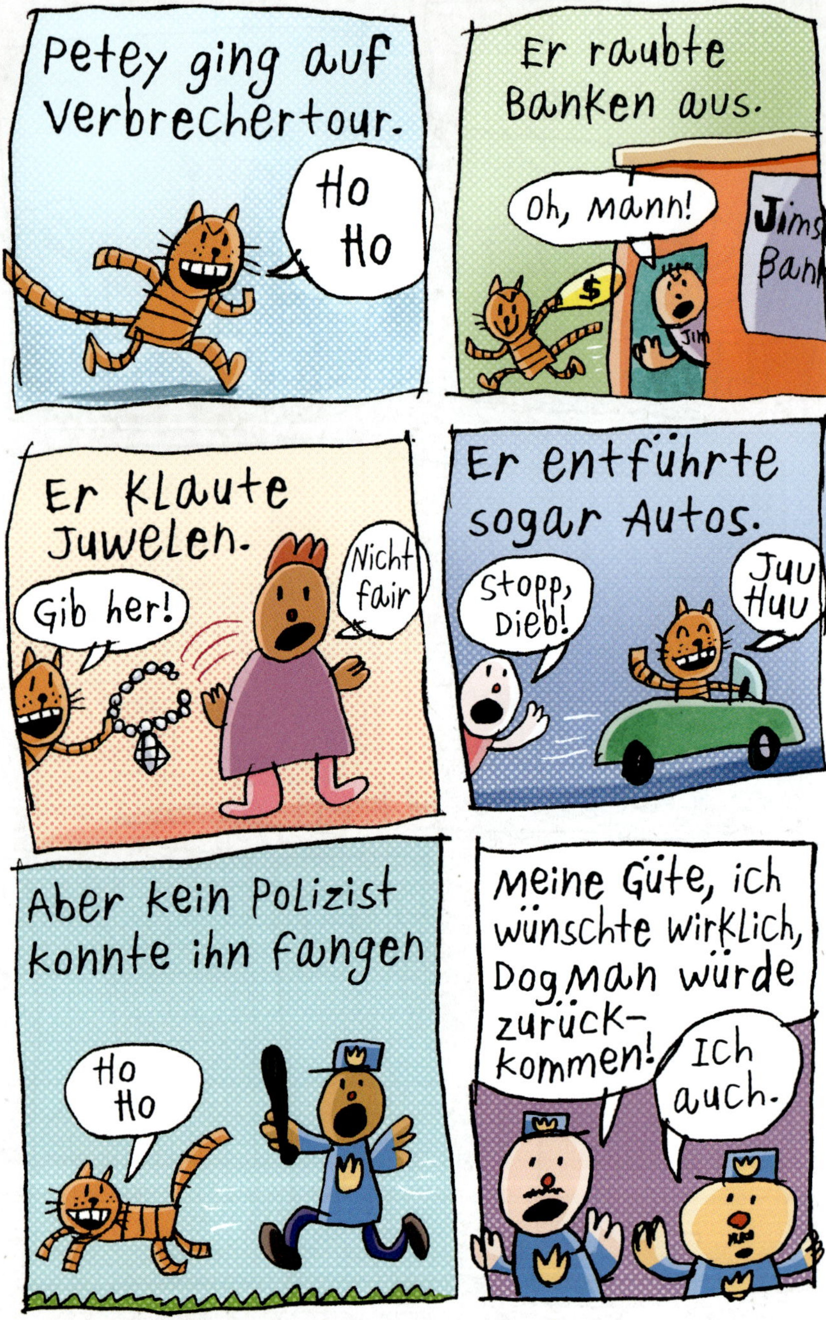
Petey ging auf Verbrechertour.
Ho Ho
Er raubte Banken aus.
Oh, Mann!
Jims Bank
Jim
Er klaute Juwelen.
Gib her!
Nicht fair
Er entführte sogar Autos.
Stopp, Dieb!
Juu Huu
Aber kein Polizist konnte ihn fangen
Ho Ho
Meine Güte, ich wünschte wirklich, Dog Man würde zurück-kommen!
Ich auch.

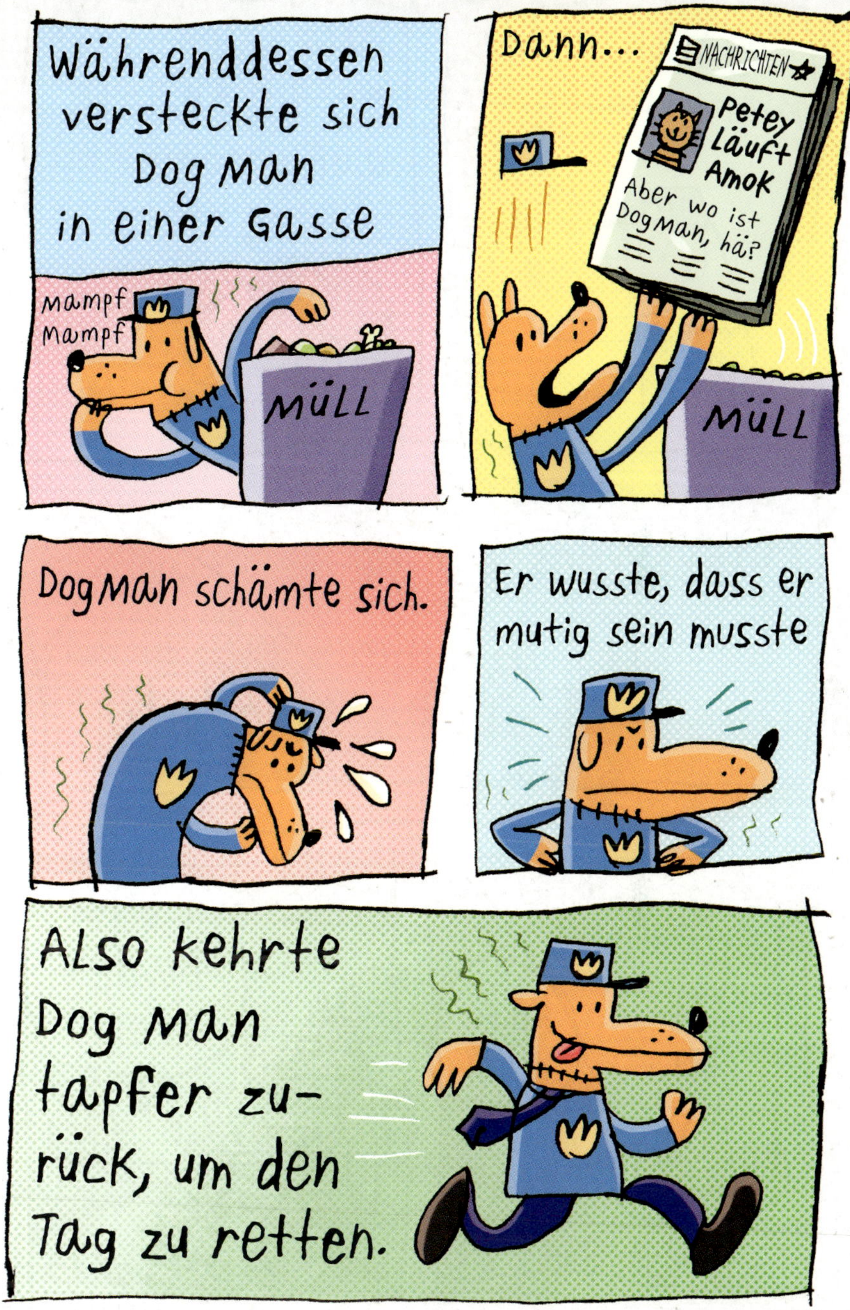
Währenddessen versteckte sich Dog Man in einer Gasse
Mampf Mampf
MÜLL
Dann...
NACHRICHTEN
Petey Läuft Amok
Aber wo ist DogMan, hä?
MÜLL
DogMan schämte sich.
Er wusste, dass er mutig sein musste
Also kehrte Dog Man tapfer zu-rück, um den Tag zu retten.

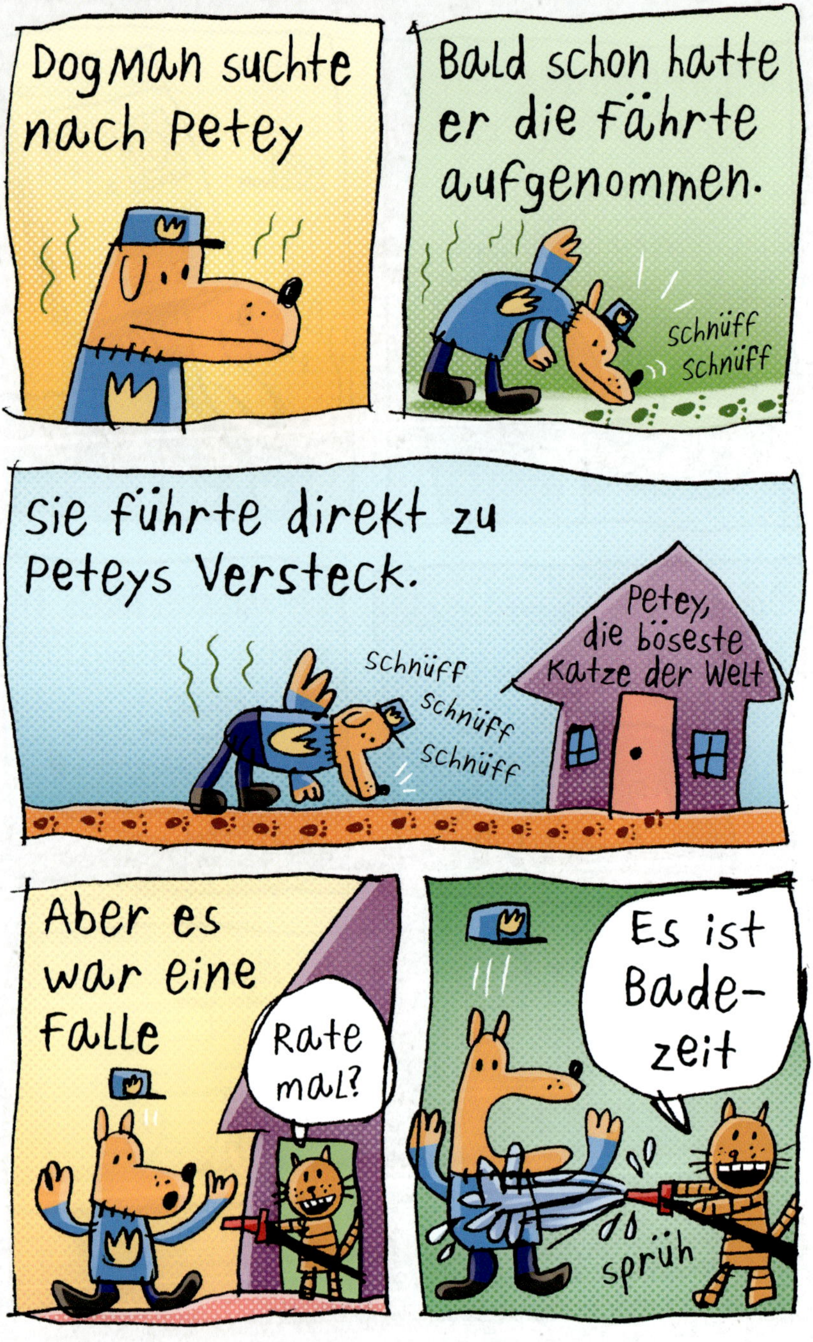
Dog Man suchte nach Petey
Bald schon hatte er die Fährte aufgenommen.
schnüff
schnüff
Sie führte direkt zu Peteys Versteck.
schnüff
schnüff
schnüff
Petey, die böseste Katze der Welt
Aber es war eine Falle
Rate mal?
Es ist Badezeit
sprüh

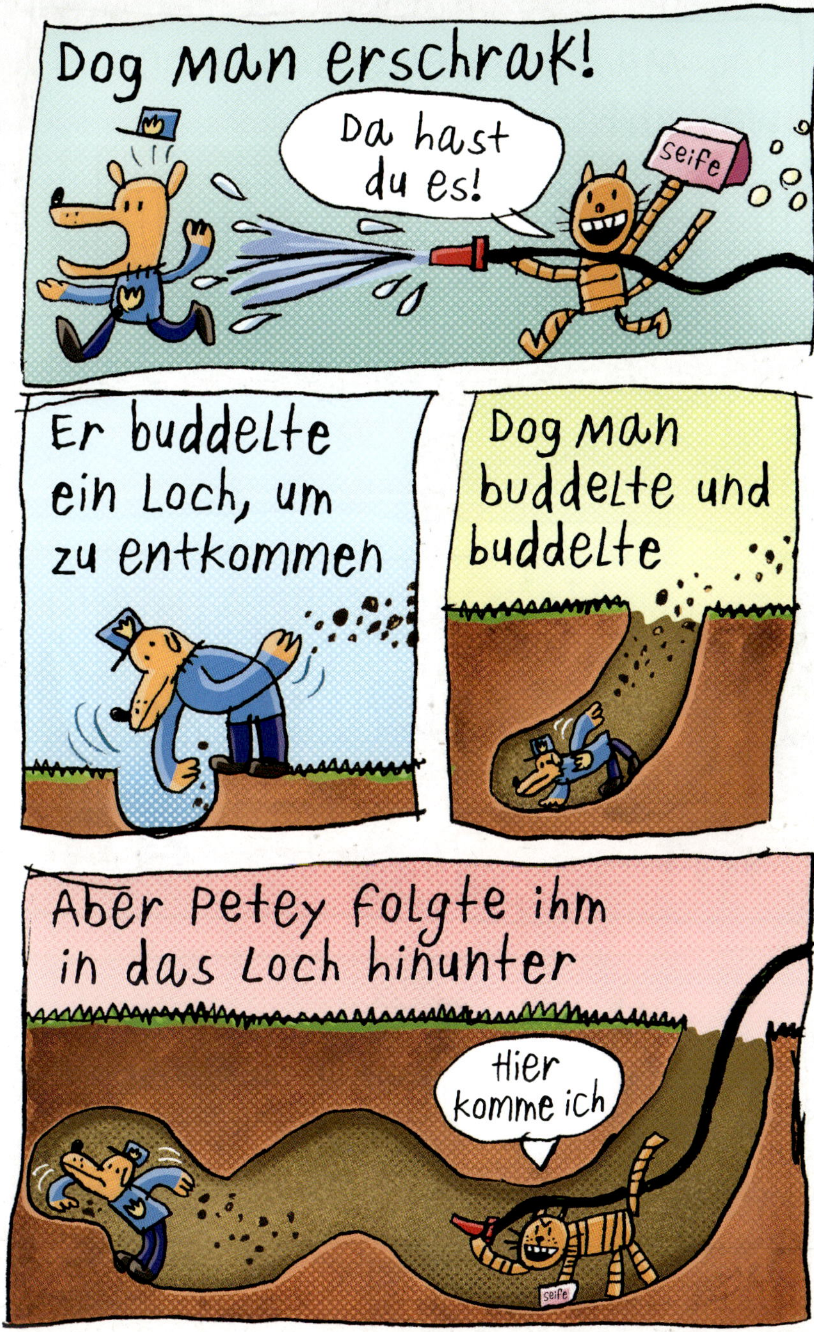
Dog Man erschrak!
Da hast du es!
Seife
Er buddelte ein Loch, um zu entkommen
Dog Man buddelte und buddelte
Aber Petey folgte ihm in das Loch hinunter
Hier komme ich
Seife

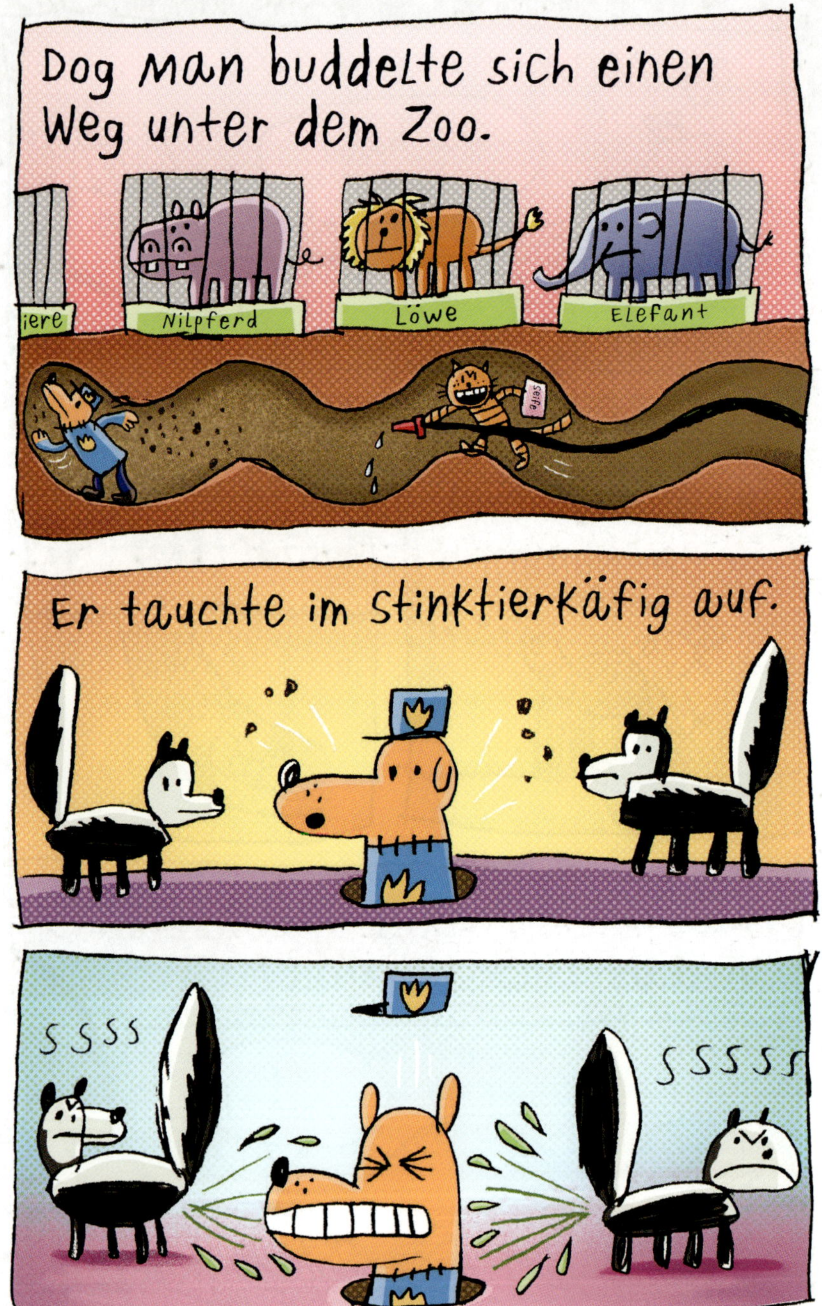
Dog Man buddelte sich einen Weg unter dem Zoo.
iere
Nilpferd
Löwe
Elefant
Seife
Er tauchte im Stinktierkäfig auf.
SSSS
SSSSS

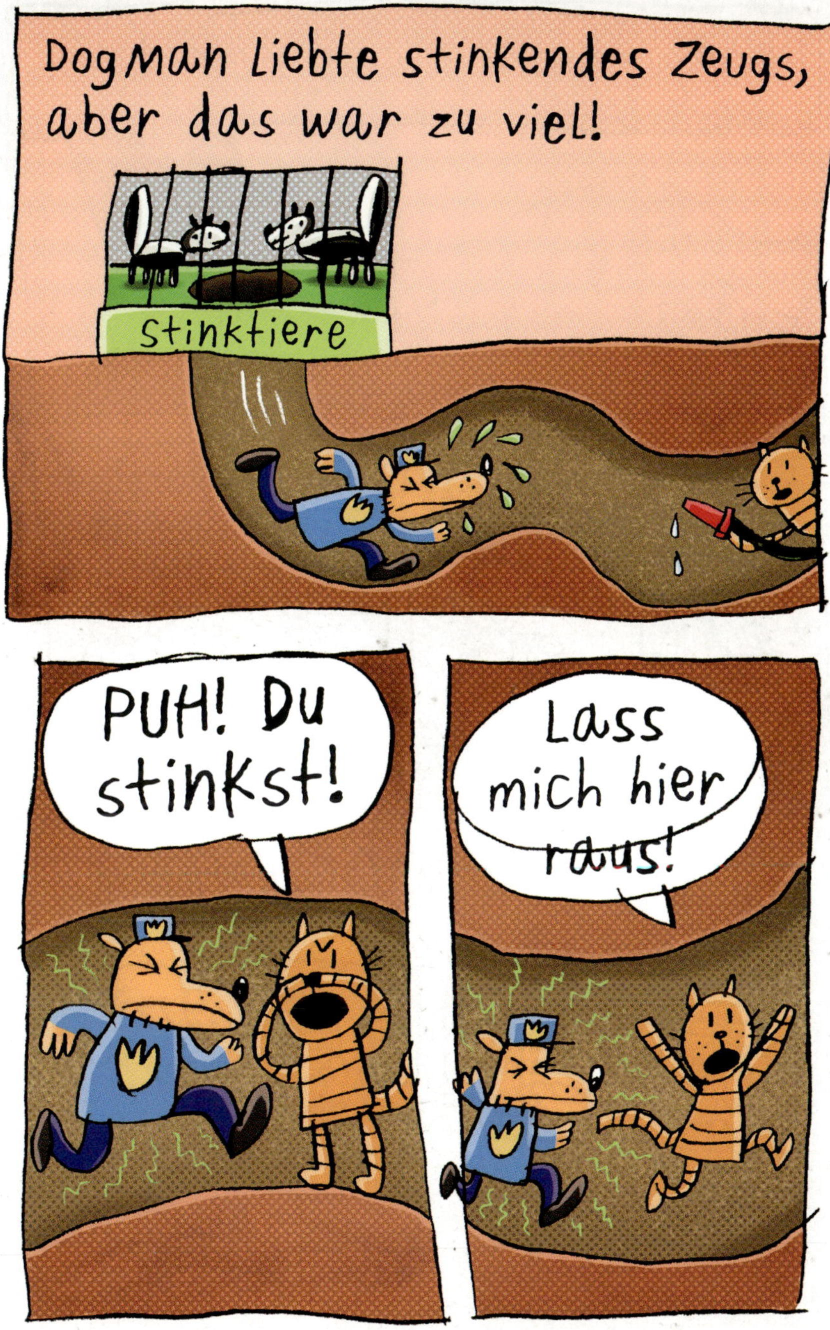
DogMan liebte stinkendes Zeugs, aber das war zu viel!
Stinktiere
PUH! Du stinkst!
Lass mich hier raus!

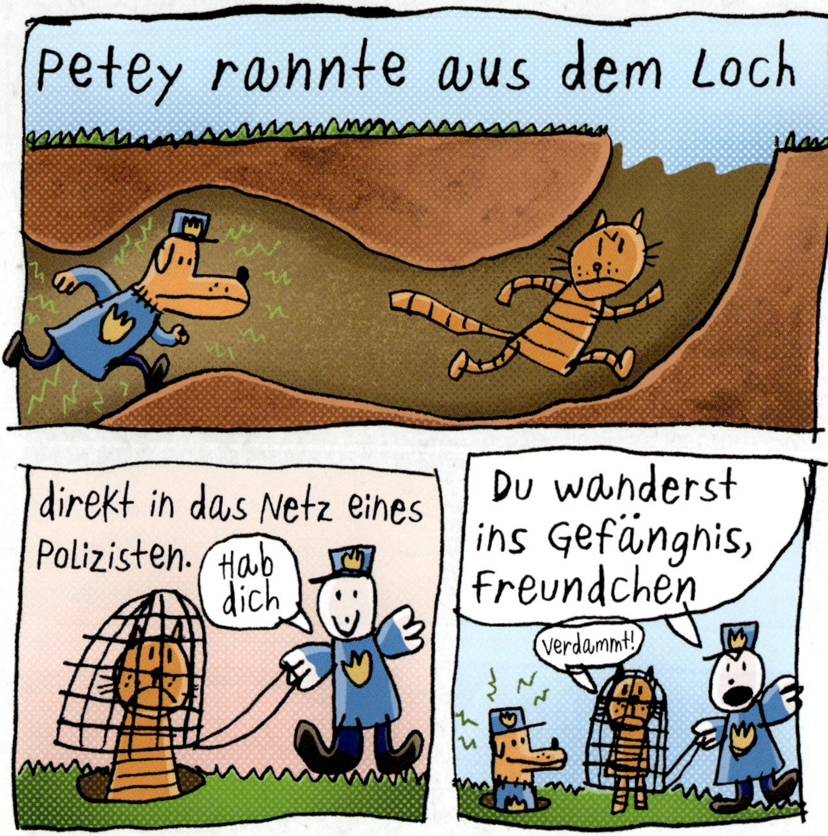

FLIP-O-rama

so geht es.

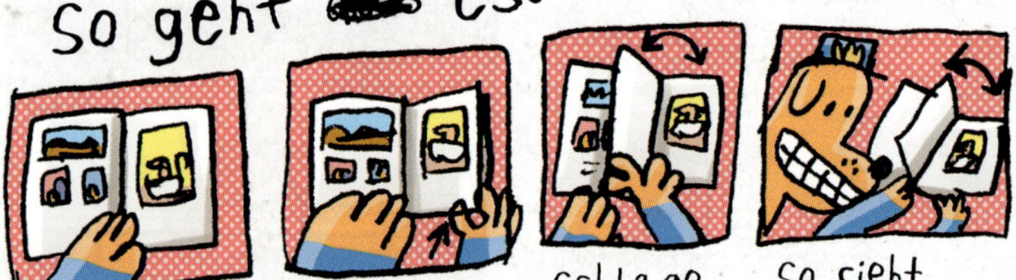

Lege deine Linke Hand hier auf die gestrichelte Linie

Halte die andere Seite mit deinem Daumen

Schlage die Seite vor und zurück

So sieht es wie ein Trickfilm aus

Linke Hand hier

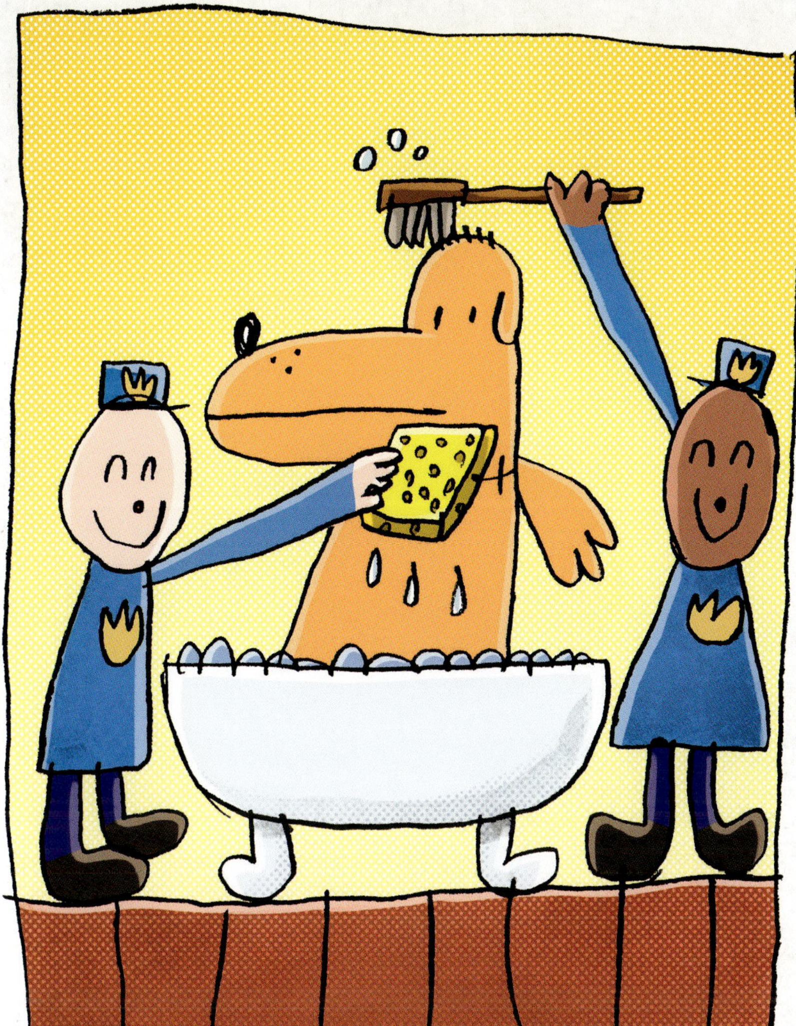

Badezeit für Dog Man

Rechter Daumen hier

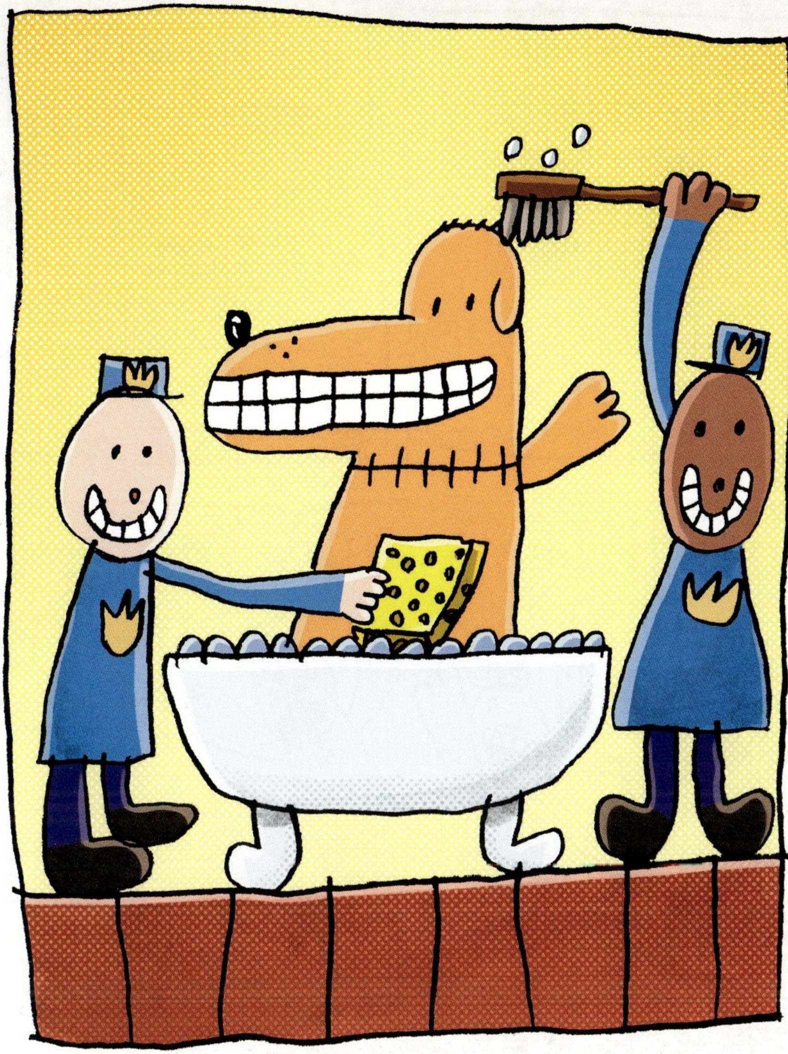

Badezeit für Dog Man

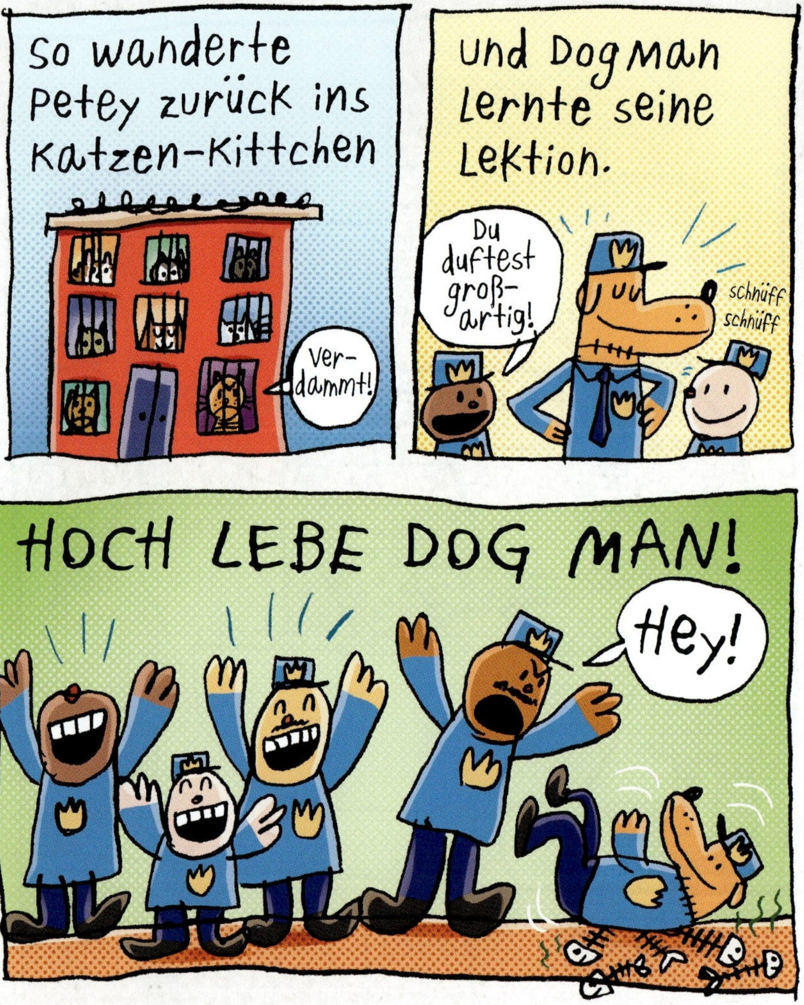

ENDE

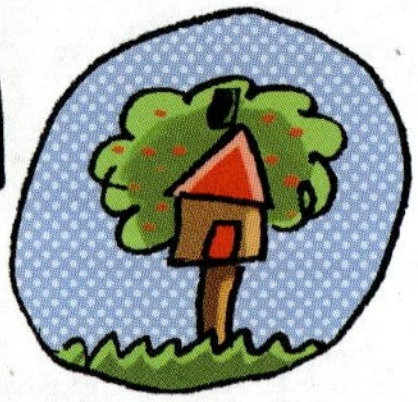

Diese Geschichte wurde präsentiert von Tree House Comix inc.

ZEICHNE DOG MAN

in 41 lächerlich einfachen schritten!

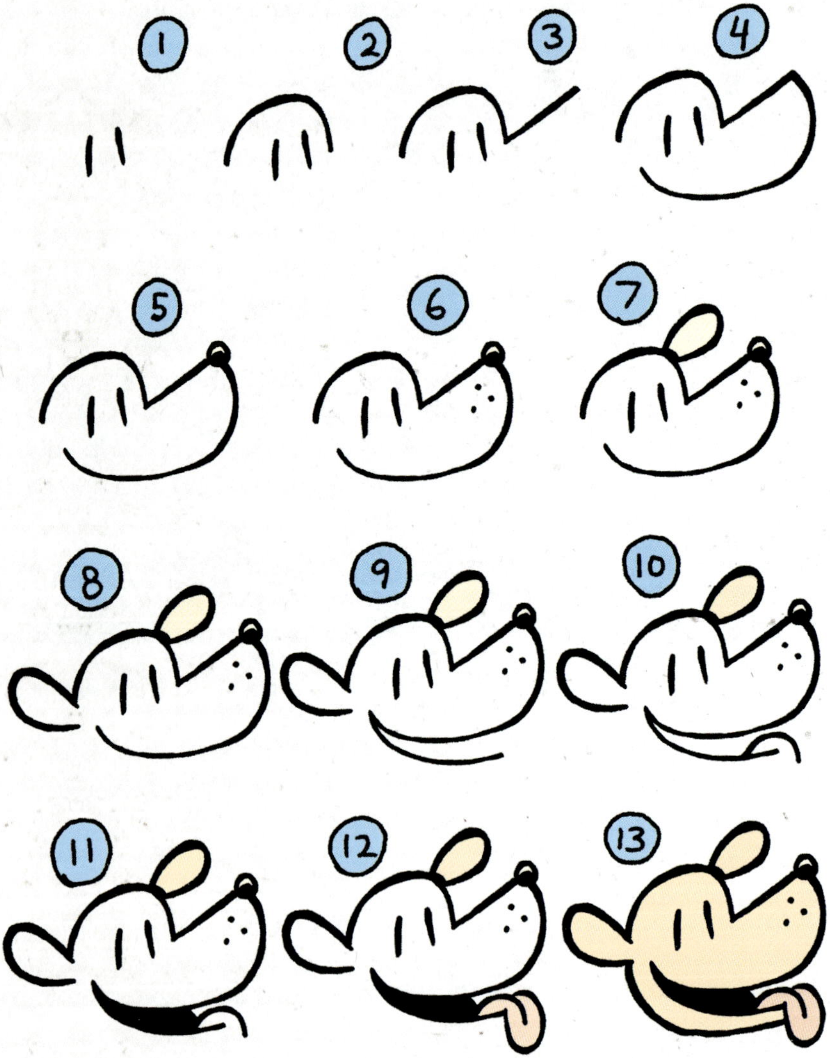

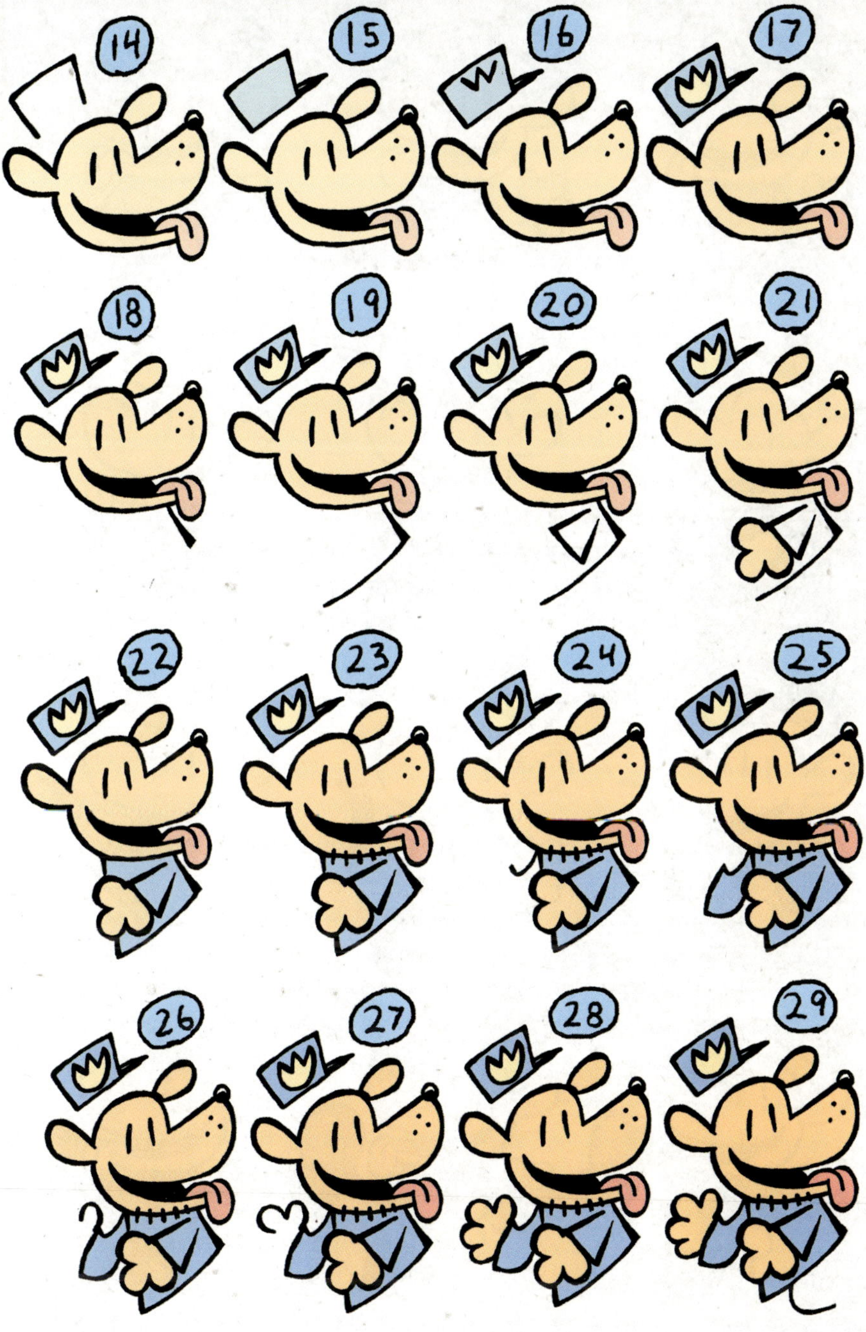
14
15
16
17
18
19
20
21
22
23
24
25
26
27
28
29

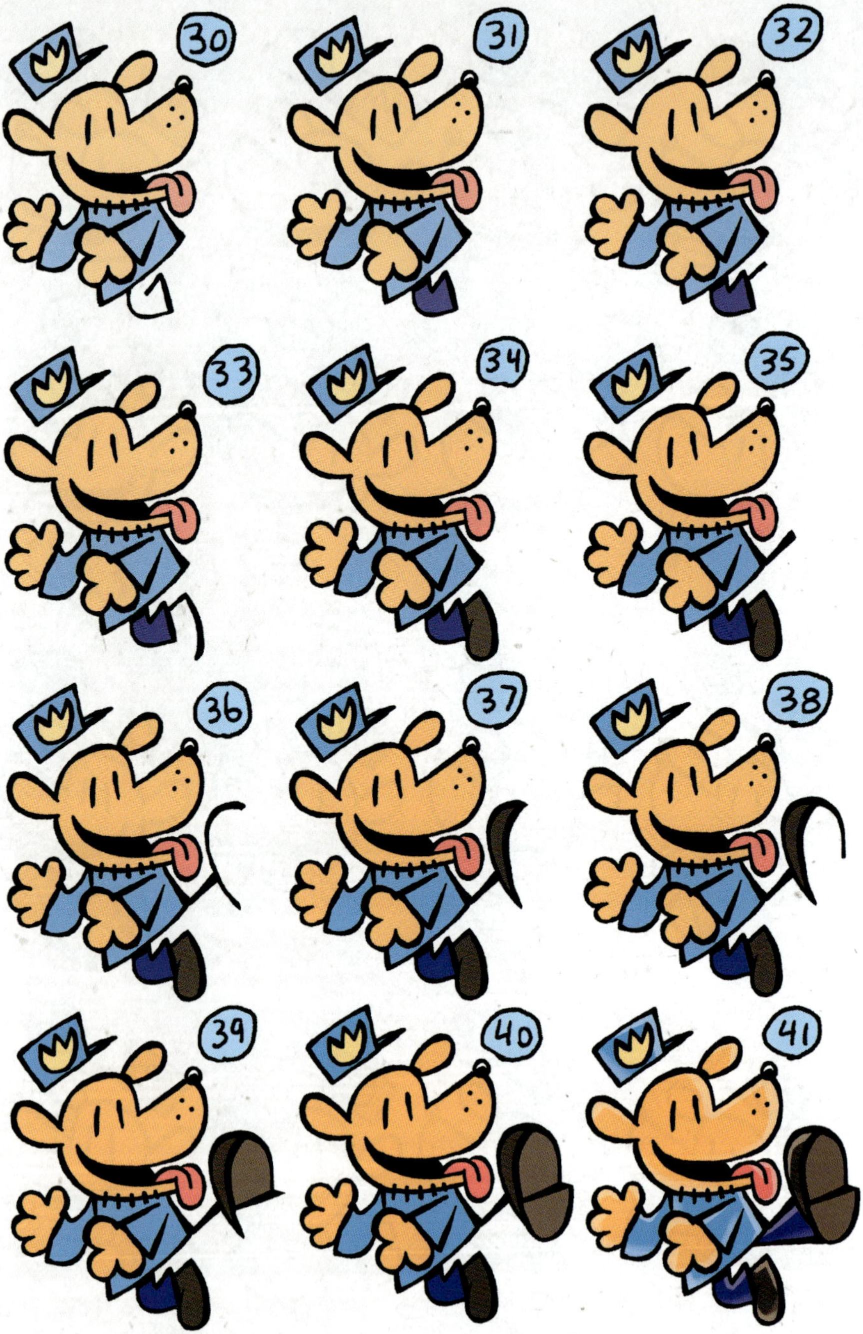
30
31
32
33
34
35
36
37
38
39
40
41

ZEICHNE PETEY

in **28** lächerlich einfachen Schritten!

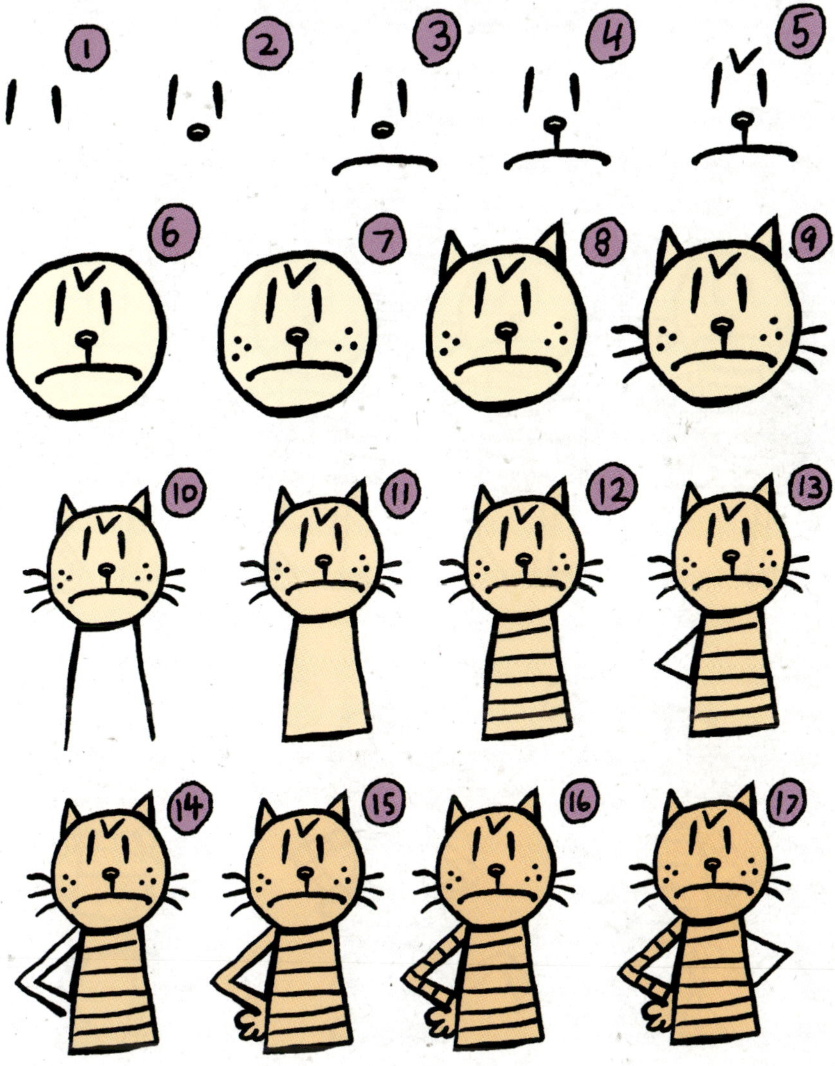

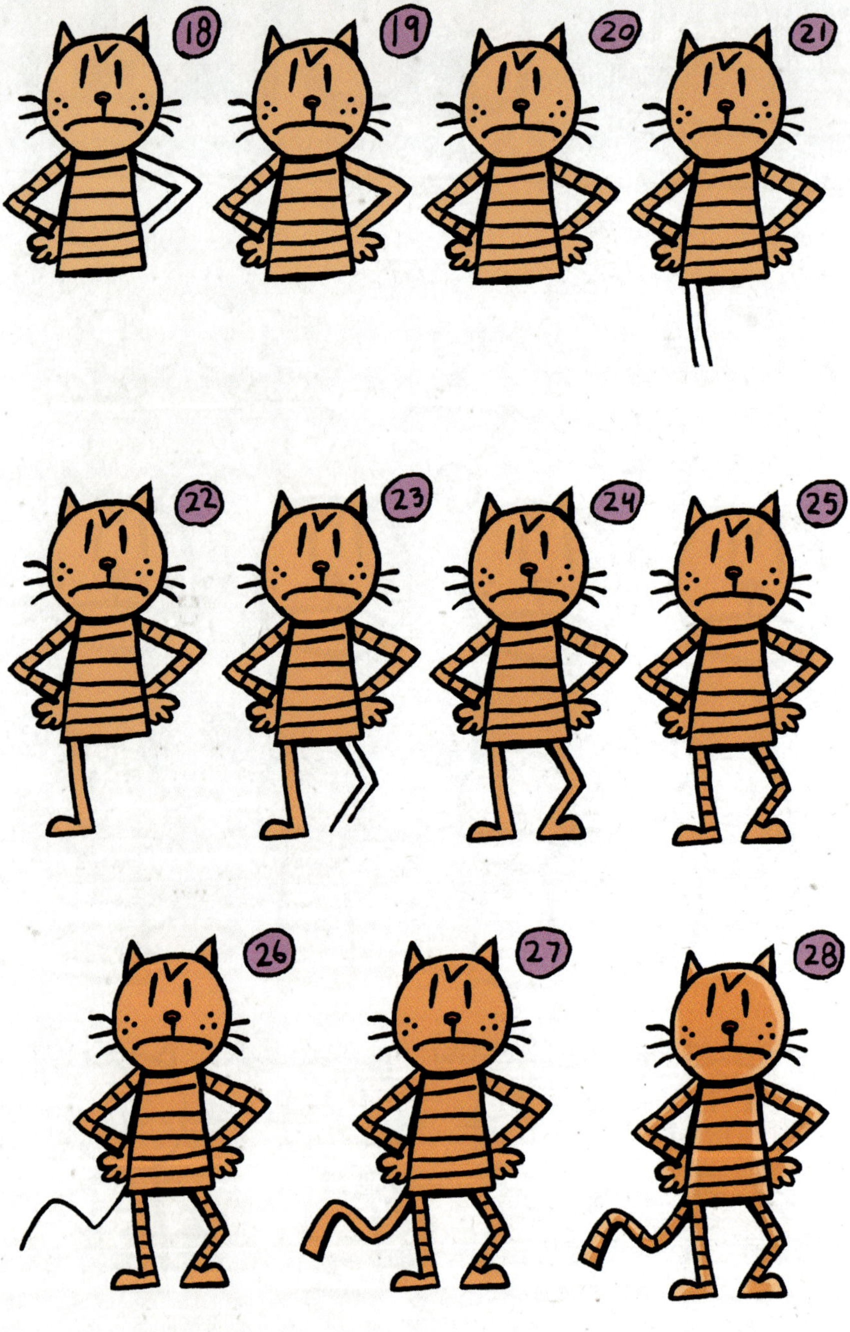
18
19
20
21
22
23
24
25
26
27
28

ZEICHNE DEN PLATTEN PETEY

in **8** weiteren lächerlich einfachen schritten!

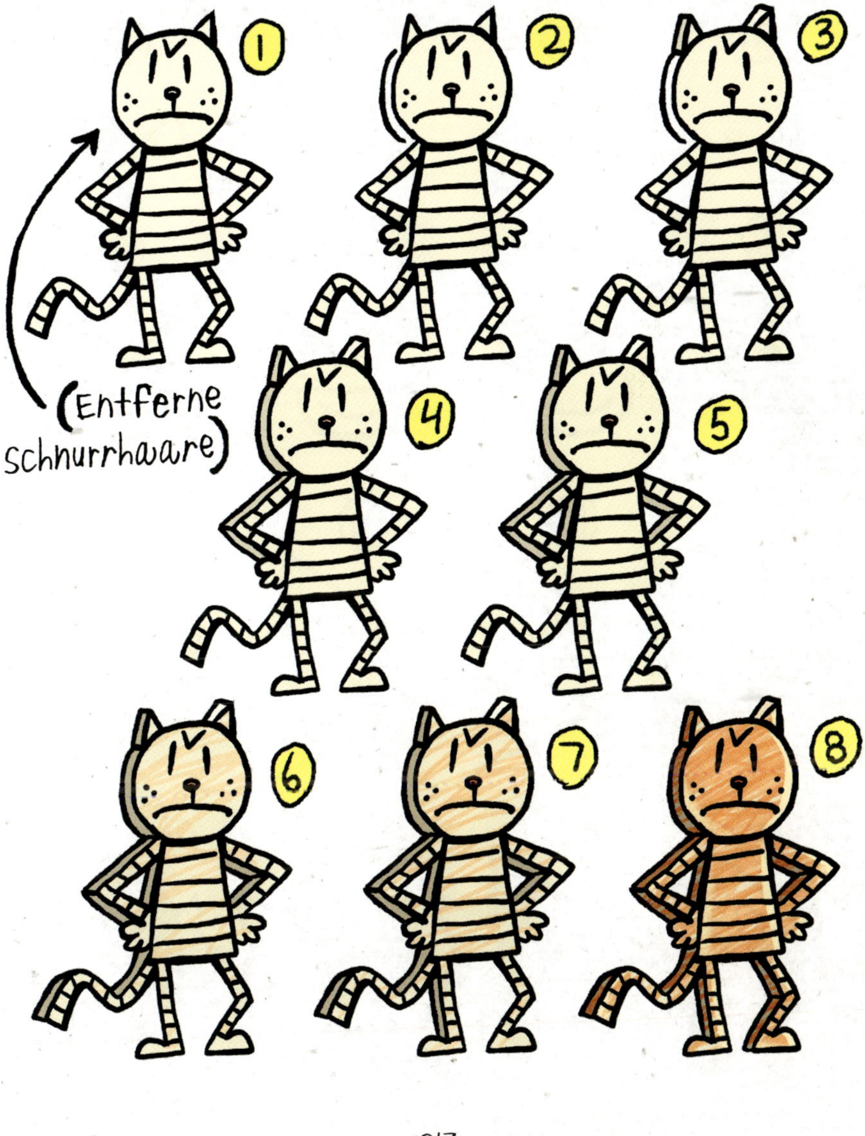

ZEICHNE FLIPPY

in 16 lächerlich einfachen schritten!

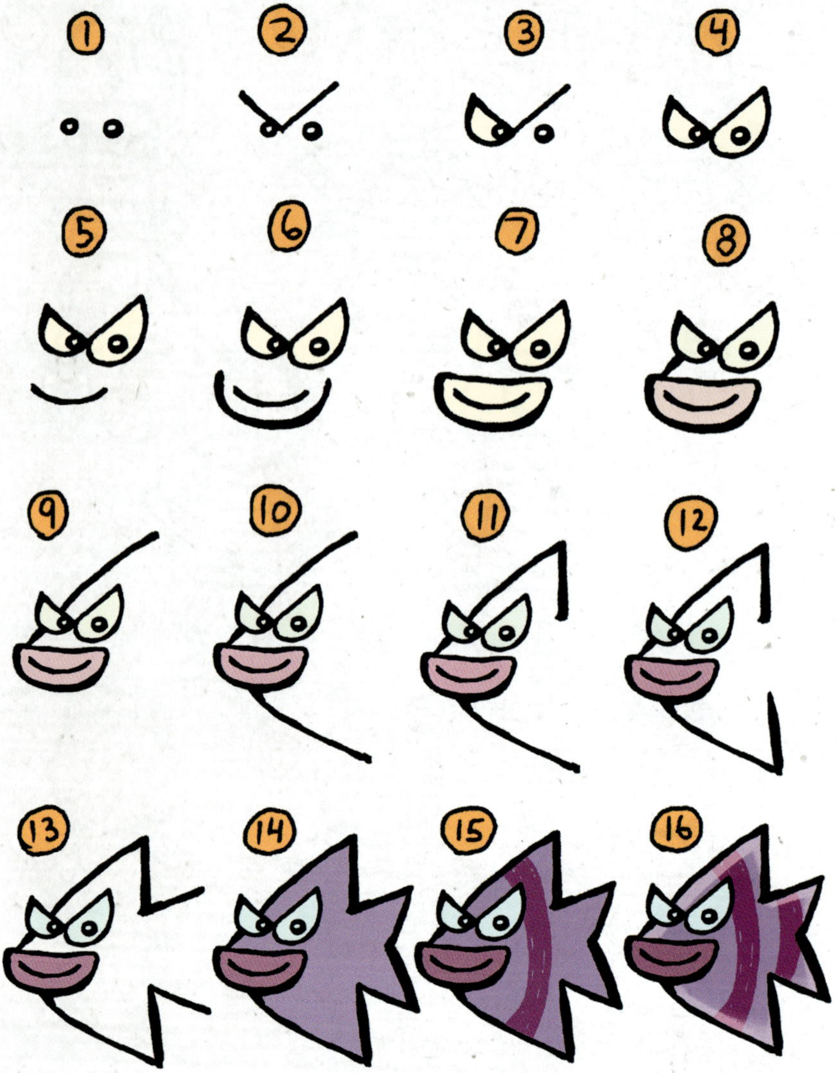

ZEICHNE ZUZU

in **24** Lächerlich einfachen Schritten!

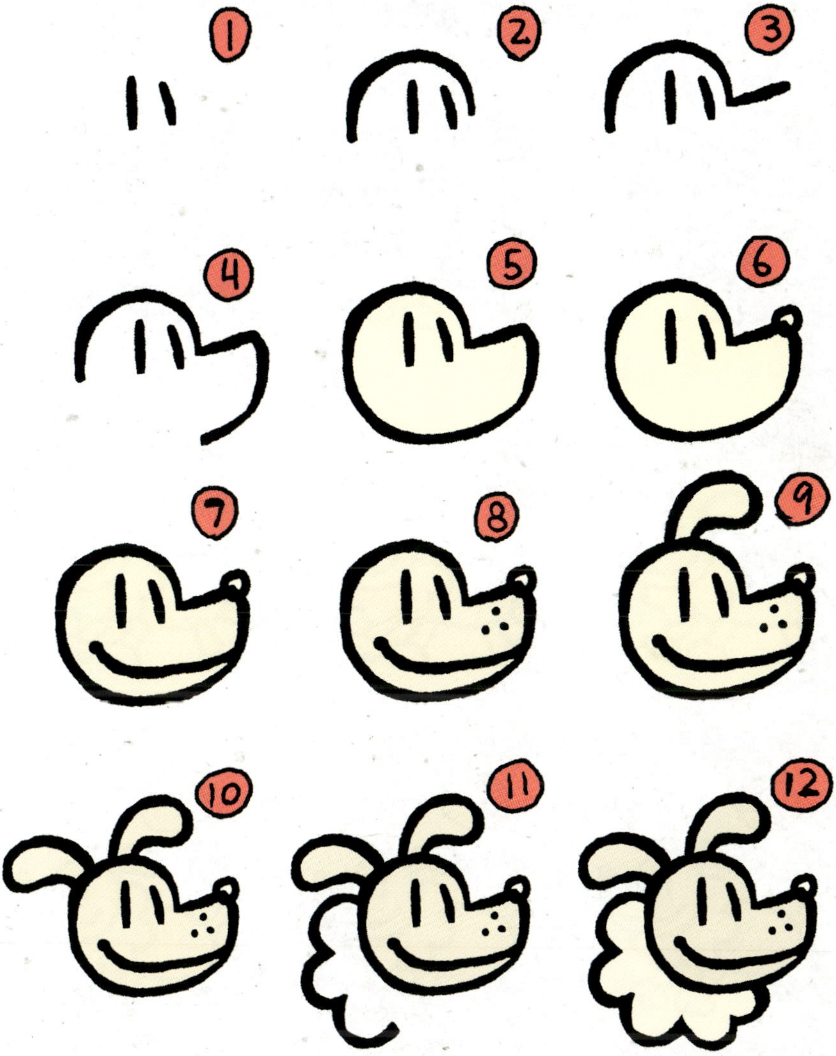

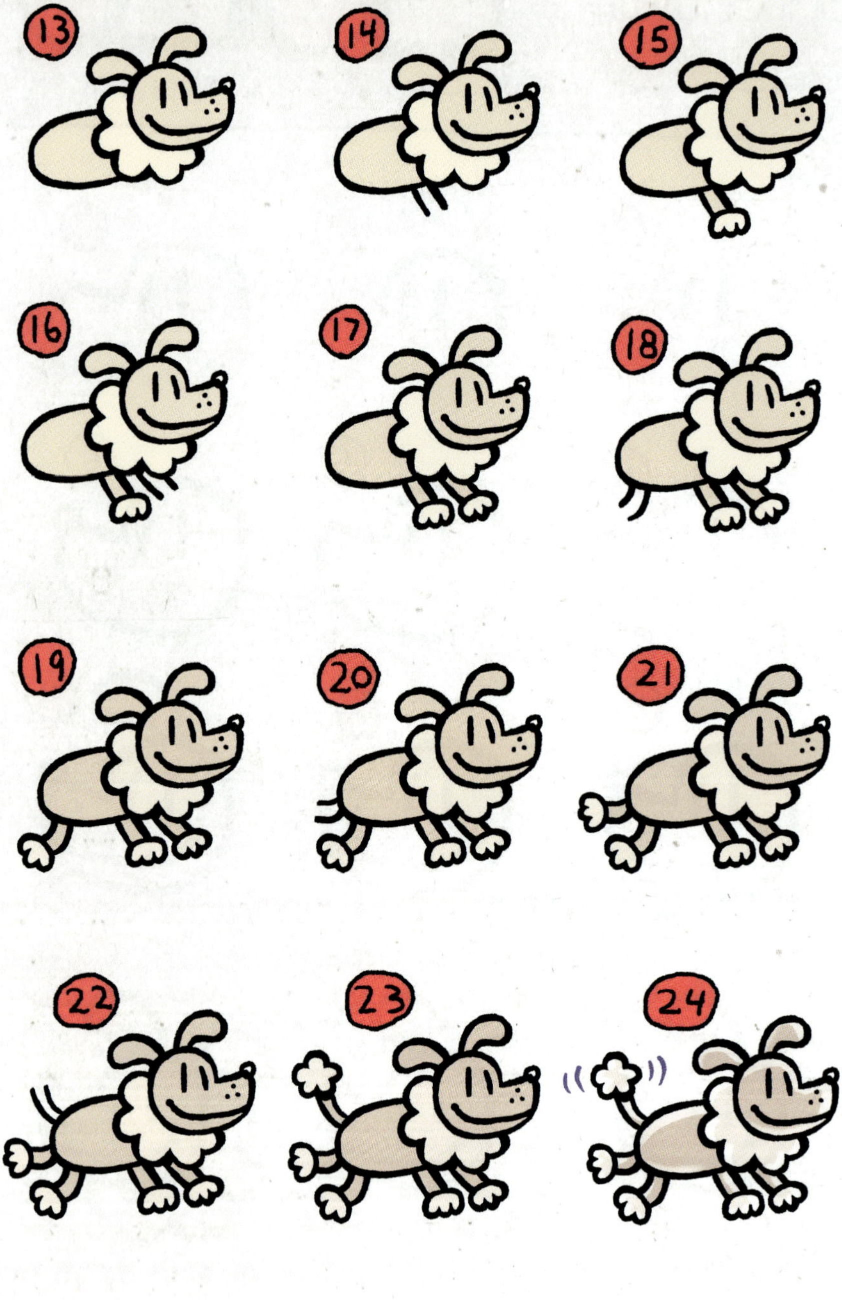
13
14
15
16
17
18
19
20
21
22
23
24

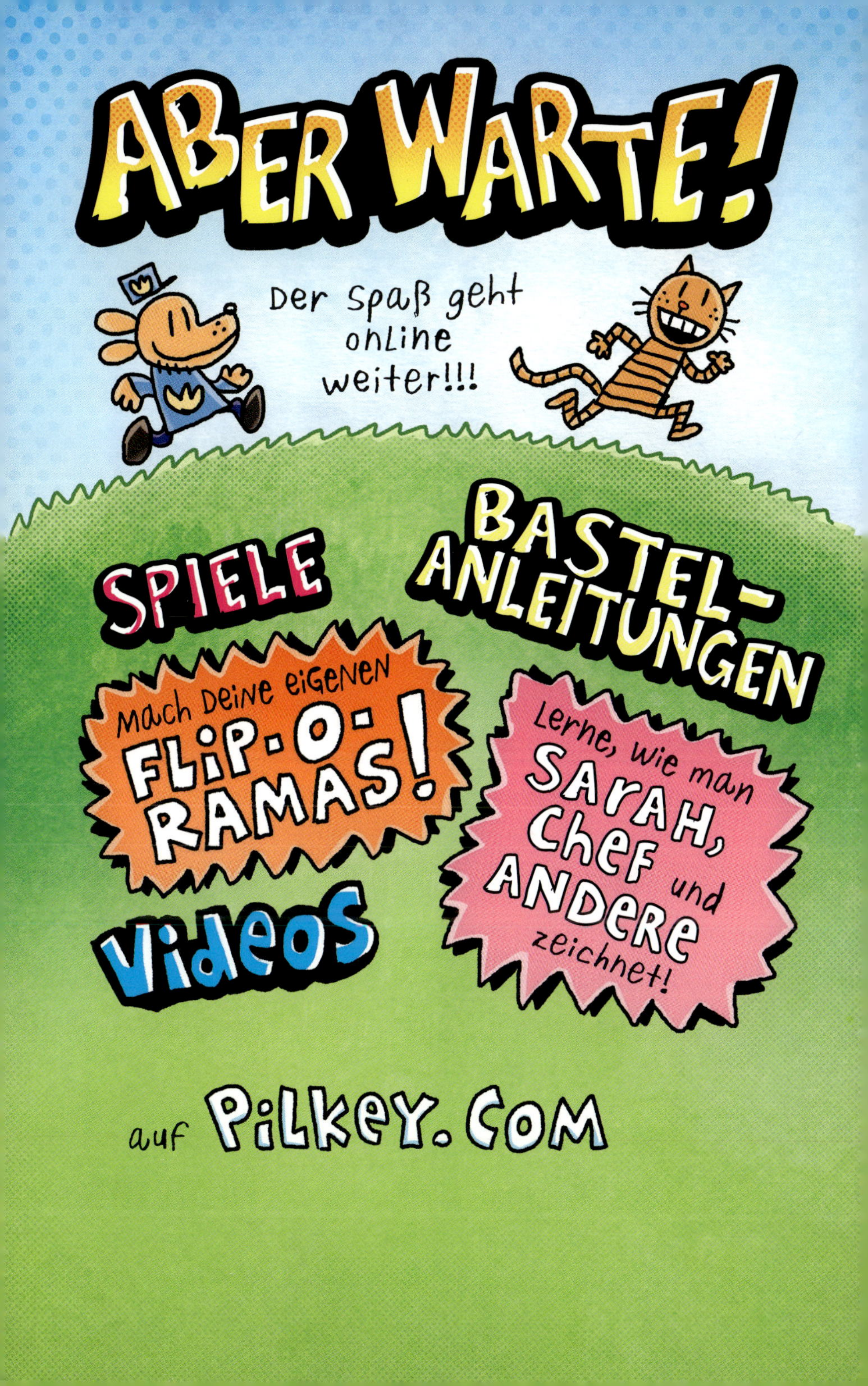
ABER WARTE!
Der Spaß geht online weiter!!!
SPIELE
BASTEL-ANLEITUNGEN
Mach deine eigenen FLIP-O-RAMAS!
Lerne, wie man SARAH, CHEF und ANDERE zeichnet!
VIDEOS
auf PILKEY.COM

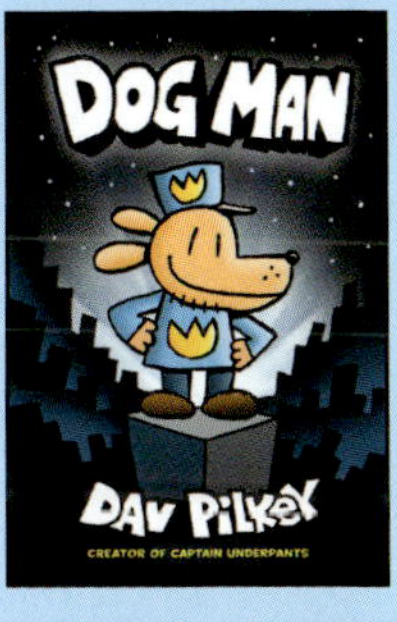

FANS FEIERN DEN SUPER-HUND!

★ "Aufrührerisch lustig und einzigartig."
— School Library Journal, Sterne-Rezension

★ "Ein völlig entfesseltes Vergnügen."
— Booklist, Sterne-Rezension

★ "Leser (egal wie alt) werden vom Anfang bis zum Ende kichern."
— Publishers Weekly, Sterne-Rezension

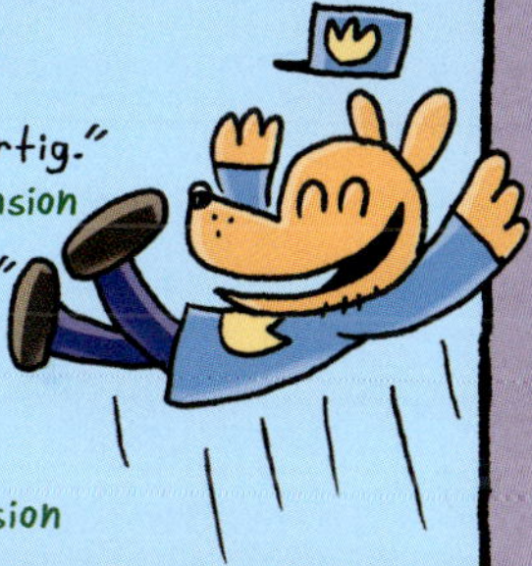

PLANET PILKEY

Lade dir die kostenfreie Planet-Pilkey-App herunter und starte das digitale Abenteuer. Erschaffe einen Avatar, mache deine eigenen Comics und vieles mehr auf planetpilkey.com!

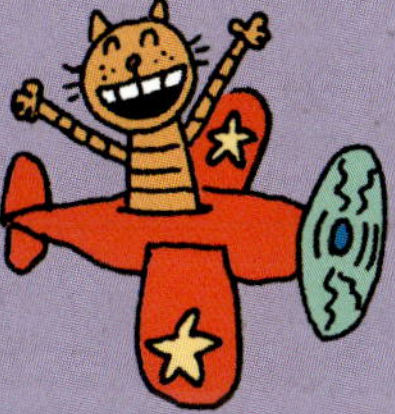

Laden im App Store | JETZT BEI Google Play

ÜBER DEN AUTOR-ILLUSTRATOR

Als Dav Pilkey ein Kind war, wurden bei ihm ADHS, Legasthenie und Verhaltensprobleme diagnostiziert. Dav störte den Unterricht so sehr, dass seine Lehrer ihn jeden Tag dazu zwangen, draußen vor der Klassentür zu sitzen. Glücklicherweise schrieb und zeichnete Dav gerne Geschichten. Er verbrachte seine Zeit auf dem Schulflur damit, seine eigenen Comic-Bücher zu machen.

In der zweiten Klasse kreierte Dav Pilkey einen Comic über einen Superhelden namens Captain Underpants. Seitdem schreibt und zeichnet er Bestseller, die lustige und positive Themen behandeln und Leser auf der ganzen Welt begeistern.

ÜBER DEN KOLORIERER

Jose Garibaldi wuchs im Süden von Chicago auf. Als Kind war er ein Tagträumer und Kritzler, und jetzt ist es sein Job, beides zu tun. Jose ist ein professioneller Illustrator, Maler und Comiczeichner, der für viele Firmen, darunter Nickelodeon, MAD Magazine, Cartoon Network und Disney, gearbeitet hat. Derzeit arbeitet er als visueller Entwicklungskünstler bei Dreamworks Animation an DIE ABENTEUER VON CAPTAIN UNDERPANTS. Er lebt mit seinen wunderbaren Hunden Herman und Spanky in Los Angeles, Kalifornien.